U1010292

山东省社科规划项目：
“行政重大决策社会稳定风险评估困境及化解路径”（编号16CFXJ10）
山东省社科规划项目：
“我国PPP模式法律规则困境及化解路径研究”（编号20CFXJ01）
山东省教育科学“十三五”规划课题：
“山东省教育治理体系和治理能力现代化的政策研究”（编号YZ2019076）
聊城大学出版基金资助

职业教育公私合作法治研究

翟月玲——著

RESEARCH ON THE RULE OF LAW
OF
PUBLIC-PRIVATE PARTNERSHIP IN VOCATIONAL EDUCATION

By Zhaiyueling

法律出版社
LAW PRESS·CHINA
北京

图书在版编目(CIP)数据

职业教育公私合作法治研究 / 翟月玲著. -- 北京 :
法律出版社, 2022
ISBN 978 - 7 - 5197 - 7143 - 0

Ⅰ. ①职… Ⅱ. ①翟… Ⅲ. ①政府投资-合作-社会资本-职业教育-教育法-研究-中国 Ⅳ. ①D922.164

中国版本图书馆 CIP 数据核字(2022)第 177484 号

职业教育公私合作法治研究
ZHIYE JIAOYU GONGSI HEZUO FAZHI YANJIU

翟月玲 著

策划编辑 刘秀丽
责任编辑 刘秀丽
装帧设计 汪奇峰

出版发行 法律出版社
编辑统筹 法商出版分社
责任校对 王晓萍
责任印制 胡晓雅
经　　销 新华书店

开本 710 毫米×1000 毫米 1/16
印张 18.5　　字数 281 千
版本 2022 年 10 月第 1 版
印次 2022 年 10 月第 1 次印刷
印刷 唐山玺诚印务有限公司

地址:北京市丰台区莲花池西里 7 号(100073)
网址:www.lawpress.com.cn
投稿邮箱:info@lawpress.com.cn
举报盗版邮箱:jbwq@lawpress.com.cn
销售电话:010-83938349
客服电话:010-83938350
咨询电话:010-63939796
版权所有·侵权必究

书号:ISBN 978-7-5197-7143-0
定价:68.00 元
凡购买本社图书,如有印装错误,我社负责退换。电话:010-83938349

自　序

目前,“供给侧结构性改革”与制度供给创新已成为中国经济领域与社会领域最热门的词汇。从2015年中央财经改革领导小组会议,到2022年国务院常务会议,中央已多次提及“供给侧结构性改革”与制度供给创新。中央强调“供给侧结构性改革”与制度供给创新不仅引领“十三五”发展,而且引领“十四五”规划与发展。中央如此关注的“供给侧结构性改革”与制度供给创新的目的是什么?对我国职业教育发展会带来哪些影响?在“供给侧结构性改革”形势下,我国薄弱职业教育学校将何去何从?如何进行制度供给创新以扩大优质职业教育总量?如何适应当今的法治社会发展?本书基于职业教育办学体制进行反思。由此,笔者选取职业教育公私合作法治作为研究对象。

职业教育公私合作一般是指在优质职业教育资源不足的学校,公私两种资本共同成为提供职业教育服务主体的一种供给机制。我国职业教育公私合作从邓小平南方谈话就已经初露端倪,正式开始是在1994年①,当时为满足民众对优质职业教育日益增长的需要,我国开始了部分公立学校“改制”试点,即在不改变学校公有所有权属性的基础上,赋予学校更大的办学自主权,允许

---

① 其标志性文件是《国务院关于〈中国教育改革和发展纲要〉的实施意见》(国发〔1994〕39号),明确指出要鼓励职业教育多渠道多形式办学。

学校在经费投入、招生、收费、人事等方面实行民营化运作。清理改制学校最早开始于2006年[①],中央及地方以治理职业教育乱收费为由开始了对改制学校的清理整顿。全国范围对改制学校"一刀切"式清理是在2011年正式开始的,教育部专门出台了改制学校清理规范工作的通知,要求各地加大对公办职业教育改制学校清理规范工作的政策指导和推进力度,确保2012年秋季开学前,完成对改制学校或公或私地站队分类,[②]清理改制学校的主要理由是改制过程中出现的职业教育腐败问题、职业教育公平问题、国有资产流失问题、高收费问题等一直没有得到很好的解决。虽然改制学校已被清理,但留给我们很多思考,当初改制的目的是什么?为什么被清理?改制的利与弊?职业教育腐败问题、职业教育公平问题、国有资产流失问题、高收费问题是改制学校特有的问题吗?改制学校清理政策"一刀切"合适吗?

本书是在笔者主持的山东省社科规划项目"行政重大决策社会稳定风险评估困境及化解路径"、山东省社科规划项目"我国PPP模式法律规则困境及化解路径研究"和山东省教育科学"十三五"规划课题"山东省教育治理体系和治理能力现代化的政策研究"基础上进一步研究而成。该书围绕我国职业教育公私合作过程中遇到的一系列问题,通过比较分析、数据统计、个案分析等方法阐释薄弱职业教育学校公私合作的背景、基本理论,分析薄弱职业教育学校公私合作过程中的供需矛盾、价值选择困境、资本困境,探寻职业教育公私合作法治的根源,提出可行性法治建议,具有重要的理论与实践意义。

对于薄弱职业教育公私合作学校的界定,本书仅指两种情况:一是指所有权未发生变化,经营权发生转移的学校,即只是采用民办经营机制进行运行的公立学校,学校所有权不变,仍属公办性质,只是在招生、教师聘用和分配制度、收费等方面进行民营化运作;二是原始所有权组合方式和运营方式均发生变化的公私合作学校,主要是指以股份方式新组建的改制职业院校。本书的"改制"学校是指运行机制发生变化,无论在校园与法人方面,还是财务与教学管理方面都能保持独立的学校。

对薄弱职业教育学校改造采取公私合作方式已成为一种国际趋势,不仅仅

---

① 以教育部等七部门《关于2006年治理教育乱收费工作的实施意见》为标志性事件。

② 全面完成职业教育改制学校的清理规范工作。

发达国家在改造薄弱职业教育学校时实施这一战略,很多发展中国家也采取了这一战略,不仅仅在公立的薄弱职业教育学校有公校私营的模式,许多国家对薄弱私立学校也进行私立公助,只是发展中国家因政府财力不足对私立学校的资助程度较低,资助方式和类型比较少。

职业教育公私合作得以成立的理论前提主要是:政府主导的职业教育治理模式应逐步走向多元主体公私合作的职业教育治理模式;教育分义务教育与非义务教育阶段,针对非义务阶段的职业教育,在对职业教育经费投入不足,民众对优质职业教育资源的需求不断扩大,而优质职业教育资源又供不应求的情况下,可以允许市场适当介入。在我国职业教育公私合作过程中,市场介入不是为了单纯地减轻政府财政压力,而是扩大优质职业教育资源供给。可以借鉴域外相关经验,对职业教育采取公私合作方式,进一步加大财政投入力度,并出台专门的薄弱职业教育公私合作立法,拨付专门的改造经费。只有薄弱职业教育质量得到提升,我国职业教育整体质量才能提高,民众对优质职业教育资源的需求才能得以满足,职业教育公平问题才可能得以解决。只有采取多元主体公私合作的职业教育法治模式,职业教育领域的行政垄断才有可能被打破,职业教育寻租与腐败才有可能被消除,学校国有资产流失的状况才有可能得以改善。

通过对国内外薄弱职业教育公私合作的法治考察与研究,笔者认为职业教育公私合作法治的有效实施需具备四个条件:一是政府对自己、市场和学校之间的定位与职能分工要有一个清晰的认识,政府对公私合作的薄弱职业教育学校不能实施行政垄断,不能强力控制,应采取多元主体公私合作的职业教育法治模式。二是确立薄弱职业学校的评定标准,包括校长水平、优秀师资水平与数量、学习困难学生占比、基础设施条件、学生家庭收入、优质职业教育资源获得的方便度、优质学习品质与生活品质的养成等。只有满足相关条件,才能被评为薄弱职业教育学校,才能被定为公私合作的改革对象,也才能享受国家相关立法规定的权利,接受国家和地方政府的特别资助。三是政府要针对职业教育加大经费投入力度,在一般经费的基础上,再拨付专项经费予以支持。薄弱职业学校对社会的吸引力不足,如果政府出于减轻财政压力的目的进行薄弱职业教育学校改革,改革就会像以前一样走向失败。四是应建立和完善相应的法律法规。比如,制定“职业教育公私合作促进法”,建立职业教育公私合作的质量标准、财政保障机制、招投标机制,形成多方位的公私合作监管体系等。

随着我国市场经济的不断完善,我国社会法治发展逐步完善,职业教育体制改革也会进一步深化,职业教育公私合作法治将会成为我国今后要逐步推广的制度之一。薄弱职业教育学校公私合作只是政府公办职业教育的有益补充,占比不能太大,有学者提出不能超过20%,虽然数据界定不一定准确,但可供我们参考。总之,职业教育公私合作要进一步深化其改革力度,应进一步加强其法治规范,以保障职业教育公私合作的健康发展,满足民众对优质职业教育资源的需求,提高民众的职业教育满足感与幸福感。

本专著共由绪论和九章内容组成,具体框架结构安排如下:

绪论部分。主要是从研究的缘起与问题的厘定、国内外研究现状、主要的应用理论工具、采用的研究方法以及研究思路等方面进行研究,并分析了本书所具有的理论与现实意义。

第一章分析了职业教育公私合作的背景。首先,介绍了我国职业教育的供给侧结构性改革的背景,分别从供给侧结构性改革的内涵和职业教育供给侧结构性改革的现实背景进行介绍。其次,本章分析介绍了职业教育供给制度创新改革的背景,主要从职业教育制度供给创新的主要影响因素、制度供给创新中的成本—收益分析、制度创新中的意愿制度、制度均衡与制度非均,以及职业教育公私合作的制度供给创新五个方面进行介绍。

第二章分析了职业教育公私合作法治的基本理论。首先,介绍了职业教育公私合作的缘起,为分析相关概念奠定了理论基础。其次,分析了优质职业教育资源、职业教育公私合作办学体制、学校产权、股份制职业教育、职业教育供求与职业教育供求均衡等相关概念,为后文分析做一个基本铺垫。再次,分析了办学体制与职业教育供求的一般关系,主要是从两个方面分析:一是单一办学体制与职业教育供求的关系;二是多元化办学体制与职业教育供求的关系。又次,对职业教育的性质进行分析。从职业教育投资的成本、职业教育投资的收益和职业教育产品的供给三个方面剖析职业教育的性质。最后,分析了薄弱职业教育学校公私合作的核心问题。主要是从政府在职业教育整体发展中的定位问题、职业教育均衡发展与优质职业教育资源不足的矛盾问题、公办学校与民办学校的定位问题、国有资产的保值增值问题与教师人事变革问题进行分析。

第三章分析了优质职业教育资源的供需矛盾。首先,分析了职业教育单一供给与多元需求之间的矛盾。其次,分析了职业教育单一供给的弊端,分别从政府单一供给的低效率与单一供给体制对市场排斥所带来的不利影响进行了分析。最后,分析了政府、社会、个人在职业教育供给中的责任。从职业教育多元化供给的必要性、政府在职业教育供给中的责任、社会与个人在职业教育供给中的责任进行分析。

第四章分析了我国职业教育公私合作的价值取向。一是对职业教育公私合作发展的初级阶段、发展阶段、清理阶段进行逐阶段分析。二是职业教育公私合作的价值嬗变。从改革初期与发展阶段的效率优先、兼顾公平价值取向,到清理阶段的单一公平价值取向,主要分析总结制约职业教育公平与效率最佳结合的主要制度因素。

第五章对职业教育投入不足进行实证分析。主要是从六个方面进行分析。一是以 F 省为例,从拨款主体、拨款额度、拨款方式、拨款使用对我国职业教育现行财政拨款制度进行分析。二是以 F 省为例,进行中职学校与高职院校差异比较及职业教育培养成本与财政拨款额度的数量差异分析。三是分析了职业教育经费投入总体不平衡不充分。从经费收入总量与事业发展规模不匹配、高等职业教育经费投入力度低于普通高等教育、生均财政拨款额度省际差距大、财政经费拨款模式不合理、职业院校生均财政拨款占比低、生均财政经费拨款增幅慢进行分析。四是分析了教育经费投入结构的不合理性。从财政经费投入占整体办学经费比重较大、学费收入占事业收入比重较大、多元化办学经费筹措能力不足、职业院校缺乏自主筹融资能力等方面进行分析。五是分析了职业教育经费来源渠道太窄。从财政拨款补充渠道单一、职业院校的发展受地方经济制约、政府对非热门专业扶持力度小、高学费降低学生和家长的投入热情、各级财政的职业教育经费投入差异大等方面进行分析。六是分析了职业教育经费投入存在问题的原因。主要原因是对地方政府经费投入的依赖性太强、缺乏多样性的教育经费来源制度、未能体现培养成本差异、财政经费使用效率不明、传统教育观念制约等。

第六章分析了职业教育公私合作的具体个案。首先,以 X 学校个案为例,分析了名校公私合作的成效、优势,并分析了名校公私合作存在的争议。其次,针对薄弱职业教育学校公私合作个案,通过访谈的形式,分析了薄弱职业教育学校公私合作难以成功的主要原因,同时分析了薄弱职业教育学校公私合作面临的主要难题。最后,分析了新建股份制办学的学校个案,分别从资产投入多元化、收益分配股份化、管理机制现代化对股份制办学进行了分析,并对股份制办学带来的一系列问题进行反思。

第七章分析总结了域外职业教育公私合作法治的经验启示。主要是从两大部分进行介绍,一方面介绍了域外职业教育公私合作模式,主要是域外职业教育公校私营模式与私学公助模式。另一方面介绍了域外职业教育公私合作法治带来的启示,一是兼顾职业教育公平与效率的价值取向,二是采用职业教育资源补偿机制。

第八章对职业教育公私合作法治进行反思。首先,针对职业教育腐败问题、职业教育公平问题、国有资产流失问题、职业教育乱收费问题在职业教育公私合作方面进行反思。其次,针对改制学校清理政策没有对义务学校与非义务学校进行区分、没有区分城乡差异与地区差异、没有区分重点学校与薄弱学校进行反思。再次,针对二元对立的公私学校区分误区、对公私合作学校过多的行政干预、对职业教育公私合作学校的性质存在认识误区等方面进行反思。最后,针对职业教育公私合作失败的原因进行剖析,认为职业教育行政垄断、政府和学校的自利性、职业教育制度性缺陷、“重点”校和“城市”化取向的政策惯性是主要原因。

第九章提出了职业教育公私合作法治的对策建议。首先,确立职业教育公私合作的立法价值取向。其次,确立职业教育公私合作法治的基本原则:一是确保职业教育“质”与“量”的同时,推进职业教育优质工程;二是职业教育“存量”保“均衡”,职业教育“增量”扩“优质”;三是公办学校与非公办学校的“平等竞争”;四是确保国有资产不流失。再次,明确我国职业教育公私合作补偿的立法机制:一是立法打造高效互通的职业教育信息化系统平台;二是完善优质职业教育资源配置立法;三是确立薄弱职业教育学校的教师资源配置的法治机制;四是整合职业教育公私合作的信托模式。又次,健全多元主体职业教育公私合作的学校产权立法:一是明晰职业教育公私合作各类产权的归属;二是通过立法清晰界定办学积累资产的归属权和收益权;三是学校资产分类建账,探索科学管理的法治路径;四是将公众有效参与提升到法律规制层面。最后,完善职业教育公私合作的法律责任:一是以职业教育立法为先导,出台“职业教育公私合作促进法”;二是强化过程性评价机制;三是强化问责机制;四是强化过程性监管责任。

从整体来看,本书具有以下三方面的特色:

一是学术思想特色。构建一套推进职业教育公私合作的法律思想体系,提升包括乡村职业教育和薄弱职业教育在内的全面职业教育振兴,提升人民群众对优质职业教育的获得感和幸福感水平,助力2035年职业教育现代化目标的实现。

二是学术观点特色。一方面,职业教育公私合作的法治障碍主要集中在优质职业教育资源供需矛盾、制度价值选择定位不准确、资本投入不足等方面,需要强化法治强制力。另一方面,应制定专门的“职业教育公私合作促进法”,针对职业教育腐败问题、职业教育公平问题、国有资产流失问题、乱收费问题等予以规范,构建以公私合作主体、合作行为、权责配置、程序规范为中心,以鼓励规则、监督评价规则为两翼的法治体系,破解职业教育办学僵化、职业教育水平低下与效率不高的难题,化解由此带来的社会风险,为职业教育治理现代化保驾护航。

三是研究方法特色。突破教育学研究局限,跳出教育学看职业教育,采用教育学、管理学、经济学与法学多学科交叉的研究方法解决职业教育难题,如采用管理学方法分析优质职业教育资源供给困境与价值选择困境,采用经济学方法分析资本困境,采用德尔菲法增强法治对策建议的可行性。

目　录

Contents

绪　论

一、研究的缘起与问题厘定

(一)研究的缘起

1. 优质职业教育资源供不应求

“上学”不再难,但是上“好学难”,其主要矛盾是现行办学体制下,优质职业教育资源供不应求,这是现阶段我国职业教育面临的主要矛盾。重点学校、示范校、择校问题、“校中校”、“一校两制”和“改制”问题、高收费问题等几乎都是这一问题的折射。在我国,无论是人均职业教育资源,还是城乡、地区与家庭差异,相对于我国众多的人口及迅速增长的职业教育需求,特别是民众对优质职业教育资源不断增长的需求来说,供不应求显而易见。我国职业教育发展不均衡,这种不均衡在优质学校与薄弱职业教育学校之间、在城乡职业教育之间尤为明显。优质职业教育资源供应不足与公众对优质职业教育资源的需求不断增长之间的矛盾如果得不到很好的解决,将会影响我国整个职业教育的发展。

2. 优质职业教育资源配置的政策性不公

出现的职业教育公平问题最终都可以归因于制度问题,一方面,我国现实存在的职业教育不公平问题本身是由制度导致的;另一方面,职业教育不公平问题能通过制度进行一定程度的调节。

我国职业教育发展不均衡、优质职业教育资源配置不公平是人们一致认同的基本事实,校际的差距不断拉大,主要归因于职业教育制度的精英化取向——"重点学校""示范校"制度。在职业教育资源稀缺的情况下,"重点学校"制度将公共职业教育资源集中向重点学校倾斜①的同时,也相应产生了数量众多的薄弱职业教育学校。这些在人才短缺时代曾为早出人才、多出人才的培养做出贡献的重点学校制度,现已成为禁锢我国职业教育发展的紧箍咒。

当前,我国的薄弱职业教育学校主要是非示范学校,这些薄弱职业教育学校普遍出现基础设施落后、师资短缺、生源不足、校风校纪差等问题,严重影响了职业教育质量的提升和学生的发展,也影响了整个职业教育质量的提升。

3. 职业教育投入严重不足

近年来,无论从我国政府财政拨款来看,还是从我国学生家庭职业教育投资能力来看,抑或从职业教育经费构成来看,职业教育投入都严重不足。

在政府财政经费方面,无论是从职业教育总经费中的国家财政性经费占比,还是职业类国家财政性经费占比分析,政府的财政投入都居高不下。社会对职业教育的重视只体现在对学校的要求上,而没有体现在经费投入上,非财政性投入制度性支持不足。在职业教育经费构成中,我国职业教育学校学生所交学杂费过高,职业教育由学生个人承担的教育成本过高,且民办学校投入总量少,职业教育经费构成比例不太合理。而且学杂费的增长与城乡人均可支配收入的增长基本同步,家庭的职业教育支出负担过重,职业教育的有效需求也因此受到抑制。

总之,我国社会职业教育投入严重不足。职业教育领域的政府财政投入居高不下,地方政府财力有限,职业教育投入心有余而力不足。优质学校尚有能力和条件筹措到一定资金来弥补经费的不足,而薄弱职业教育学校只能艰难支撑。

4. 对职业教育学校公私二元区分标准的困惑

对于公私学校区分的基本标准,学术界有三种不同的观点:一是以经费来

---

① 对重点学校的人员配置、教育经费投入、办学条件、教育教学管理等方面做出了十分"倾斜"的制度规定。在这种制度导向下,我国形成了一批拥有优质职业教育资源的"重点学校""名牌校""示范校"。

源为标准进行区分,公共财政出资即为公,否则为私;二是以学校是否拥有办学自主权作为区分标准,以公共财政组织再投资建校,拥有自主权的学校为私,否则为公;三是以产权为标准进行区分。职业教育领域公私合作制度的发展与国际趋势,极大地改变了人们对公私学校的区分标准。其实,三种区分标准的趋同性越来越明显,学界不再用公私二元对立观念来区分。严格意义上来讲,类似我国香港特别行政区的直资学校和美国的特许学校等不属于私立学校,只是公校私营,运营权发生变化,仍属公立学校。公与私不再是谁消灭谁的问题,而是要相互协调。

如何化解优质职业教育资源供不应求的矛盾?如何破解优质职业教育资源配置不公的问题?如何化解薄弱职业学校教育质量不高的难题?这是目前我国职业教育领域亟须解决的问题。

5. 对职业教育改制学校清理政策的反思

2011 年我国政府有关部门发布了清理公私合作学校的通知①,要求各地要切实采取有效措施,做好公私合作学校清理,并明确了清理的时间、标准、对策与目的,国家对职业教育公私合作从多元办学主体转向乱收费的整治对象。其实,对职业教育公私合作学校的这一定位早在 2006 年就已初露端倪②,到 2012 年为止这一清理工作表面上已基本完成。虽然政策清理针对的并非职业学校,但现实操作并未区分职业类与非职业类。

办学体制多样化是我国的战略规划③,在我国目前办学主体多样化格局尚未真正形成的情形下,在国家财力不足和优质职业教育资源供需矛盾异常尖锐的形势下,在全国范围迅速停止并清理职业教育公私合作学校是否妥当?这需

---

① 教育部、国家发改委发布的《关于进一步做好普通高中改制学校清理规范工作的通知》要求"各地要切实采取有效措施,明确清理规范的目标、时限和具体办法,确保 2012 年秋季开学前,全面完成教育公私合作的清理规范工作。定性为公办学校的,执行当地同类公办学校招生收费制度;明确定性为民办学校的,应履行民办学校审批手续,取得办学许可证,依照有关法律、法规进行登记;不具备继续办学条件和要求的学校应予以撤并、停办。坚决纠正以改制为名的乱收费行为"。

② 从 2006 年教育部七部委下发《关于 2006 年治理教育乱收费工作的实施意见》,到 2011 年教育部、国家发改委《关于进一步做好普通高中改制学校清理规范工作的通知》,再到 2012 年教育部等国家七部门《关于 2012 年治理教育乱收费规范教育收费工作的实施意见的通知》,全国各省治理教育公私合作学校几乎是齐步走。

③ 办学体制多样化是《国家中长期教育改革和发展规划纲要(2010—2020 年)》强调的主要内容之一。

要我们冷静思考。

6. 问题的提出

联合国教科文组织强调①要为“所有人提供优质教育”,这说明为全民提供优质教育服务已成为全球性②的教育主题。早在1995年欧盟国家就提出优质教育学校的模式,1997年我国香港特别行政区设立了优质教育发展基金,1999年美国出台《教育优异法案》等皆将提高优质教育服务的理念付诸实践。我国职业教育发展也面临着进一步扩大和提高优质职业教育的任务。如何通过优质职业教育服务,更好地实现素质教育提出的学生发展目标,这是社会发展和人的全面发展对职业教育提出的时代要求。职业教育至关重要,同时担负着提高国民素质、输送国家人才的重要使命。可以预见,今后一段时期,随着民众生活水平的不断提高,民众对优质职业教育资源的需求会越来越强烈,而其紧缺是当前制约整个职业教育发展的瓶颈。这与实现2035年职业教育现代化目标不相适应。职业教育存在的很多困难和问题,都是从优质职业教育供需基本矛盾派生出来的。一方面,大量学生家长需要优质职业教育资源;另一方面,薄弱职业教育学校生源缺乏,办学举步维艰。因此,加快薄弱职业教育学校改革与创新是事关民众根本利益的大事,也是职业教育质量全面提升的要求。

如何解决优质职业教育资源供求之间的矛盾?如何满足民众对优质职业教育资源不断增长的需求?如何改造薄弱职业教育学校?这些都是政府不得不面对、不得不回答的问题,也是一个必须完成的时代命题。然而,我国改制学校清理制度的出台使这一矛盾的解决陷入困境,一项好的制度应该立足问题的解决,而不能使矛盾加剧,否则就失却合理性与合法性,带来制度的合法化危机。

---

① 2000年联合国教科文组织通过的《全民教育行动纲领》申明:世界全民教育论坛的目标,不仅强调要为“所有人提供教育”,还要为“所有人提供优质教育”。提出世界教育的发展应从全民教育目标向全民优质教育目标转变。

② 早在1995年,欧美国家教育改革与研究中心组织专家经过数年的研究,提出一个优质教育学校的模式。为实现国家优质教育的目标,美国专门制定并实施了《1999年教育优异法案》,承诺每一个孩子的父母和纳税人在所属的社区都拥有高质量的公立学校。我国香港特别行政区教育统筹委员会于1997年发表题为《优质学校教育》的报告书,提出了面向21世纪的教育行动计划,为推动该计划的实施,特区政府专门设立了“优质教育发展基金”。为了提供优质教育服务,提升教育的品质,我国台湾地区在教育的每个阶段确立了“品质教育”的理念,将“全面品质教育管理的思想渗透于教育之中”,并作为提高教育质量的一种途径加以推行。

(二)研究问题厘定

在职业教育投入不足的情况下,解决优质职业教育资源供不应求的矛盾,一个行之有效的途径就是通过多元主体公私合作方式改造薄弱职业教育学校,提高薄弱职业教育学校的职业教育质量,扩大优质职业教育资源总量,满足民众不断增长的对优质职业教育资源的需要,缓解优质职业教育供需之间的矛盾。多元主体公私合作改造薄弱职业教育学校可以分两步走:第一步,加大对薄弱职业教育学校的投入。首先是政府的财政性职业教育拨款要在原有经费的基础上,增加薄弱职业教育学校的专项教育资金,对薄弱职业学校的基础设施、职业教育设备、优秀师资、优质职业教育资源获取渠道等条件更新换代。第二步,在政府投入仍然不足或者改造技术难以胜任的情况下,吸引社会力量合作改造薄弱职业教育学校。合作方可以是个人、私营部门也可以是非营利部门,但必须从薄弱职业教育学校改造需要出发来选择合作伙伴。

其实,职业教育公私合作在实践中已取得了一定成效,比如薄弱职业教育学校优质职业教育资源的供给大幅增加,同时整个职业教育质量得到提升。但职业教育公私合作实践中的矛盾依然十分尖锐,在社会上引起广泛反响的问题主要有职业教育腐败问题、职业教育公平问题、国有资产流失问题、高收费问题等,正是由于这些问题一直没有得到很好的解决,才使职业教育公私合作招致政府下令清理的命运。我们不禁要问,职业教育腐败问题、职业教育公平问题、国有资产流失问题、高收费问题等是职业教育公私合作领域特有的现象吗?只要清理了职业教育公私合作学校,就能解决教育腐败问题、教育公平问题、国有资产流失问题、高收费问题吗?这些问题的本质与根源是什么?

基于以上的思考,本专著研究的主要问题如下:

1. 政府为什么要清理职业教育公私合作学校?其背后的根源是什么?

2. 清理职业教育公私合作能解决职业教育领域优质职业教育资源供不应求的矛盾吗?能解决投入不足的问题吗?能解决学校产权存在的弊端吗?如果不能,职业教育公私合作学校清理制度实施的意义何在?有没有比清理制度更好的替代方案?

3. 我国目前大量存在的薄弱职业教育质量低下的问题如何解决?

4. 如何用法治手段化解薄弱职业教育学校公私合作的难题?

以上问题都有待于从理论和实践层面加以研究与探讨。

二、研究综述

文献综述主要是通过检索收集最全最新的专家学者研究成果,特别注意检索经典文献,引用层次较高的文献,引用权威机构及名家文献。参考国内外优秀专家名著和优秀的硕博论文,防止出现重复研究和研究成果滞后于形势的情形。

(一)国外研究现状

1. 关于职业教育公私合作制度方面的研究

国外职业教育公私合作政策的制定和实施是职业教育市场化改革的一部分。从20世纪七八十年代至今,各国职业教育公私合作政策的内容与形式比较丰富,已取得了一定的成效,但在实施过程中也出现许多问题,国内外有不少学者对国外职业教育公私合作政策进行研究。对职业教育公私合作政策的研究一般分两大类:第一类是对职业教育公私合作政策进行较系统地研究;第二类是对职业教育公私合作某个具体政策进行相关研究。

对公私合作政策进行较全面系统地研究的第一人是萨瓦斯,其深刻分析了公私合作过程中出现的一些问题,并对这些问题提出了一些切实有效的解决对策①。虽然这本书不是针对职业教育领域公私合作问题进行的相关研究,但对本书研究域外各国职业教育公私合作政策的背景和实践操作等有一定的借鉴价值。新西兰学者诺尔曼·拉洛奎(Norman LaRocque)对职业教育领域的公私合作的合同类型进行分类研究,提出了比较完善的职业教育公私合作政策建议②。贝尔菲尔德和莱文对职业教育公私合作的含义与原因进行了界定与分

① “世界民营化大师”萨瓦斯教授在《民营化与公私部门的伙伴关系》一书中,结合49个国家30多年的公私合作实践,采用系统、翔实的资料,从公私合作的背景、理论与实践三个方面论证了公共资源领域公私合作是改善政府管理的最佳途径。

② 诺尔曼·拉洛奎在《教育服务供给的契约模式——类型研究和国际案例分析》和《教育领域内的公私合作伙伴关系:一项国际评论》两篇文章中,对世界各国职业教育公私合作的契约方式进行分类,呈现了丰富的案例,为本书对各国职业教育公私合作政策进行案例分析、分类比较提供了翔实的资料。

析,并通过个案剖析制度实施的积极影响①。

萨拉蒙(Lester M. Salamom)对公私合作主体之间的关系从理论上进行分析,并对合作实践、合作模式、国家制度的影响及国际发展趋势进行了研究。②

2. 关于职业教育公私合作的实践背景与原因研究

贝尔菲尔德(Clive R. Belfield)和莱文(Henry M. Levin)认为职业教育公私合作有四个方面的原因:一是来自家长和学生对职业教育的需求;二是政府供给的不足;三是社会经济全球化发展给职业教育系统带来压力;四是为减少现有公立职业教育系统中的不公平现象。③

3. 职业教育公私合作方式研究

在职业教育公私合作具体形式方面,可借鉴诺尔曼·拉洛奎的教育公私合作的相关分类,他将职业教育公私合作的契约模式划分为四种类型:一是公校私营模式。公校私营是一种政府与第三部门、营利部门签订合同,由第三部门、营利部门管理公立学校模式。如美国的特许学校、合同学校,英国的信托学校等。二是政府购买教育服务合同,即政府向私立学校购买学生的入学位④。三是公私合作建设职业教育基础设施,政府与第三部门、营利部门就学校基础设施的资金筹措、设计、建造等签订合约。四是由第三部门、营利部门提供学校管理或学校课程,政府向第三部门、营利部门购买课程、管理等。⑤

4. 国外关于职业教育公私合作的理论基础研究⑥

国外关于职业教育公私合作的理论基础方面的研究主要集中在以下方面:

(1)新公共管理主义和新自由主义。有学者⑦认为正是这两大理论,推动

---

① 美国学者贝尔菲尔德和莱文在《教育民营化:原因、结果和规划影响》一文中,对职业教育民营化的含义、产生的主要原因进行了界定与分析,并大量介绍各国职业教育公私合作政策的主要案例及政策实施产生的影响等,对全面了解国外职业教育公私合作政策的整体情况提供了一定的参考。

② [美]萨拉蒙:《公共服务中的伙伴——现代福利国家中政府与非营利组织的关系》,田凯译,商务印书馆2008年版,第6页。

③ Clive R. Belfield, Henry M. Levin, Education Privatization, *Causes, Consequences and Planning Implications*, in UNESCO: International Institute for Educational Planning, 2002, p. 29 – 34.

④ 如菲律宾的教育服务合同、新西兰的选择教育等。

⑤ [新西兰]诺尔曼·拉洛奎:《职业教育服务供给的契约模式——类型研究和国际案例分析》,何金辉译,新西兰公开刊物数据分类国家图书馆职业教育论坛报告2006年,第12页。

⑥ 王天义、韩志峰、李艳丽:《PPP的国际镜鉴与启示》,载《重庆社会科学》2016年第10期。

⑦ 朱科蓉认为国外关于职业教育公私合作的理论背景主要是新自由主义和新公共管理主义,正是这两大主义推动了英美等国家的职业教育民营化改革。

了国外关于职业教育公私合作的改革与发展。

(2)“成本分担”理论。美国纽约大学校长、经济学家D.约翰斯通用“成本分担”理论解释,职业教育是作为一种投资,能为个人和社会带来双重效益,因此,按照“受益者负担”原则,受职业教育者个人和政府都应当支付相应的职业教育成本。

(3)“第三条道路”理论。吉登斯(Giddens)指出,纯粹的市场机制和纯粹的政府机制都可能失灵,需要找到对二者进行协调的第三条道路。[①]

国外研究述评:

总体来讲,通过文献综述发现,国外学者对国际上职业教育公私合作多持支持态度,普遍认为公私合作将竞争机制引入职业教育领域,打破了公立学校由政府单一主导的办学模式,创新发展出一种公立和私立之间的新型办学体制,扩大了学校本身的自主权,同时家长和学生也获得了更多的选择权。但同时指出,这种新型模式在运行过程中也存在诸多弊端,因此,针对问题提出诸多对策建议,为本书奠定了基础。

本书拟在国外关于职业教育公私合作研究基础上进一步扩展,从职业教育公私合作法治的角度进行相关的研究,在学者们从新公共管理主义和新自由主义、“成本分担”理论、“第三条道路”理论对职业教育公私合作进行理论论证基础上,从多元主体公私合作法治化视角进行论证,采用公私合作的理论,剖析职业教育多元主体公私合作的全部内涵。因此,从多元主体公私合作法治视角,对职业教育公私合作进行研究将是本书努力的方向。

(二)国内研究现状

目前,国内对职业教育公私合作法治研究不多,主要集中在相关政策研究方面,这也对本书提供一定的借鉴。其一般也分两大类:第一类是对职业教育公私合作政策进行较系统地研究;第二类是对职业教育公私合作某个具体政策进行相关研究。大部分关于职业教育公私合作政策方面的研究属于第二类。

---

① 英国社会学家吉登斯在《第三条路:重塑社会民主主义》一书中指出,纯粹的市场机制和纯粹的政府机制都可能失灵,需要找到对二者进行协调的第三条道路。

1. 关于职业教育公私合作的实践研究

王浦动教授和美国萨拉蒙[①]在《政府向社会组织购买公共服务研究——中国与全球经验分析》中认为，公私合作的理论基础是供给者与生产者的分离，并对中外各国公私合作的过程、面临的问题与经验进行分析。虽然该书的主要研究内容并不是职业教育公私合作方面的内容，但其分析问题的思路对本书研究有很大的借鉴价值。《中国教育改革前沿报告——浦东新区教育公共治理结构与服务体系研究》[②]一书从教育公私合作的概念界定、职业教育公私合作政策的经验、实践中存在的问题等方面进行了阐述。

2. 关于职业教育公私合作法治的相关研究

文东茅的《转制学校的合法性危机与重建》分四步从改制学校的合法性角度进行论证：第一步是提出问题，对"改制学校"概念、类型进行界定。第二步是以一个城市为个案，从学校改制的法律和政策依据、历史和国际经验、领导的认同、转制学校的绩效四个方面论证了学校改制试点的合法性。第三步是对学校改制政策环境的变化过程进行了相应梳理，指出职业教育改制学校清理政策之所以得到地方政府的支持，可能主要是基于以下考虑：收费问题凸显政府职业教育治理责任，改制职业学校的合法性受到社会质疑；制度价值观从"效率"到"公平"的转变；招生"掐尖"——免费吸引优秀生源"作秀""挖墙脚"——吸引其他学校的优秀教师等不规范办学行为，使转制学校的办学绩效本身受到质疑。第四步是对改制学校提出法治对策，提出务必取消高收费，并进行私学公助或公学私助改革尝试；政府承担公办学校的义务，进一步凸显政府在职业教育中的责任；改制学校必须"依法办学"，与其他类型学校公平竞争。

3. 关于职业教育公私合作法治原因方面的相关研究

有学者认为我国职业教育公私合作的原因，是 1992 年邓小平南方谈话提出的"五自主"。[③] 还有学者认为我国转制学校发展的原因：一是世界性职业教

---

① 王浦动教授和美国萨拉蒙在《政府向社会组织购买公共服务研究——中国与全球经验分析》指出，政府购买公共服务的理论基础是供给者与生产者的分离。本书对中外各国政府购买公共服务进行了相关分析，书中列举了大量的实践案例来介绍各国政府购买公共服务的具体过程、经验与问题等。

② 上海市浦东新区社会发展局：《中国教育改革前沿报告——浦东新区教育公共治理结构与服务体系研究》，上海教育出版社出版 2009 年版，第 77 页。

③ 李金初：《走出公立学校"转制"认识的误区》，载《教育发展研究》1999 年第 4 期。

育变革的影响;二是顺应经济变革的需要;三是以往公办体制低效;四是民众对优质职业教育资源的需求得不到满足。①

4. 职业教育公私合作理论基础方面的研究

(1)制度变迁理论。有学者认为制度变迁理论可以解释我国公办职业教育学校改制属于“渐进式制度变迁”。②

(2)新公共管理理论。有学者认为新公共管理理论可以解释我国公办职业教育学校转制,具体表现在两个方面:一是为我国公办职业教育学校转制提供了一个符合国际职业教育发展趋势的解决方式;二是为我国公办职业教育学校转制过程中正确处理政府与学校、社会之间的关系提供了一个适当的指导。③冯建军认为通过“两权分离”,可以推进我国公办职业教育学校转制。④ 何鹏程、宋兹深提出我国职业教育公私合作已逐渐形成了契约式的职业教育服务、多元供给形式的职业教育服务。⑤

(3)多元供给理论。有学者提出可将政府能力不足的公共服务领域采取市场化运作向公众提供。第三部门、营利部门等社会专业组织可以与政府部门签订合同,通过“委托管理”“专项服务”等方式,购买相关公共服务。⑥ 有学者认为多元供给理论把市场的公平竞争机制和自由选择机制引入职业教育领域,打破了政府对职业教育的行政垄断,实现了职业教育服务供给主体的多元化。⑦

5. 关于职业教育公私合作对策方面的相关研究

针对职业教育改制,有学者提出四点对策:进一步做好清理规范工作;坚持分类管理;实行公私合作多元办学体制,满足人们对优质职业教育资源的多样

---

① 钱扑:《当前我国转制学校成因分析》,载《教育科学》2002 年第 6 期。

② 方建锋:《颇具争议的公立学校转制:大胆的政策构想与明显的操作误差——关于上海转制学校的综合个案报告》,载《上海教育科研》2003 年第 1 期。

③ 汤赤:《教育评估在政府购买教育服务中的作用——上海市浦东新区的探索与实践》,载《教育发展研究》2007 年第 4A 期。

④ 陈少强:《政府和社会资本合作的概念辨析》,载《经济研究参考》2017 年第 49 期。

⑤ 徐玖玖:《公私合作制 PPP 项目法律激励机制的制度重估及其优化》,载《商业研究》2019 年第 6 期。

⑥ 蒋云根:《我国现阶段教育公共服务存在的问题及对策研究》,载《天津行政学院学报》2008 年第 1 期。

⑦ 钟智、李伟涛:《教育公共服务的比较研究》,载《教育发展研究》2008 年第 9 期。

化需求;促进区域职业教育质量的提升。[①] 有学者提出上述第二条建议与第三条建议存在冲突,一方面主张多元化办学,另一方面又对学校坚持公私二元划分标准,前后不一,自相矛盾。有学者建议:明确办学主体多样化改革的指导原则;规范多元办学主体改革的具体行为;保障学校改革过程中教师、学生家长的合法权益;规范学校改制过程中的学校资产管理。[②] 有学者认为对改制学校应坚持引导与规范并举;应坚持因地制宜,区别对待;应根据实际情况创新改革思路。[③]

国内关于职业教育公私合作法治研究寥寥无几,文东茅的《转制学校的合法性危机与重建》一文坚持公私合作继续推行的主张,但是该文既没有对义务教育学校改制和非义务教育学校改制进行区分,也没有对优质职业教育学校改制和薄弱职业教育学校改制进行区分;既没有对学校改制试点的原因和目的进行相关研究,也没有对改制中出现的相关问题的背后根源进行挖掘。也许是由于一篇期刊文章难以做充分论证的原因,但是这篇文章对职业教育改制学校清理政策提出相反观点,给笔者研究这一问题以极大的勇气与鼓舞。

通过国内对职业教育公私合作方面的研究发现,主张取缔义务教育阶段改制学校和名校办民校、校中校、一校两制的比较多,主张非义务教育阶段可适当继续实行改制的学者大有人在。在研究中发现,在我国目前职业教育办学主体二元化特征明显,政府主办仍然占据了主导地位,职业教育投入不足,而且优质职业教育资源供求矛盾加剧,引发了一系列社会问题。在这种情况下,职业教育改制学校清理政策显然有失合理性。

因此,寻找改制学校被清理的原因,查找政府清理改制学校的背后动因,能否用法治手段化解职业教育公私合作带来的现实问题与矛盾,将是本书研究的重点。

三、理论工具

本书的主要理论工具是多元主体公私合作理论。本书主要运用这一理论

① 徐建华:《深化公办改制学校办学体制改革的策略选择》,载《教育发展研究》2010 年第 17 期。

② 汪明:《公办中小学办学体制改革问题的探讨》,载《教育研究》2005 年第 8 期。

③ 田晓伟:《促进民间资本参与教育服务供给的治理分析与机制构建》,载《清华大学教育研究》2017 年第 5 期。

对我国职业教育公私合作法治进行理论层面的分析。

多元主体公私合作理论是指政府部门、第三部门①和私人部门在自愿和合作基础上,利用各自的优势组成利益共同体,在目标一致、风险共担、利益共享的前提下,向公众提供公共产品或服务而开展的一系列合作。这一理论更多地强调政府职业教育职能的转变,其主要职责是明确公私合作中职业教育产品或服务的内容、质量、标准等,并进行有效规制与监督。这里的"公"(public)指公共部门,具体包括各级政府部门和第三部门;"私"(private)指私人部门,即所有营利性组织、机构或个人;多主体是指两个或两个以上部门之间形成合作关系,且合作的主要目的是利用各部门优势,更好地为公众提供公共产品或服务。提供的公共产品或服务涉及的范围很广,包括道路建设、供电供水、医疗、职业教育等。多元主体公私合作的具体类型多种多样,而且属性介于完全公营和完全私营之间,在公私合作中所有权和经营权发生分离。多元主体公私合作理论突破了公有公办与民有民营的界限,实现了公有民营或私有公办或公私合作,如美国的特许学校、我国的改制学校。

多元主体公私合作理论的基本特征主要是目标一致、共担风险和共享权益。目标一致是指政府部门、第三部门、私人部门合作的目标具有共同性,即为了向公众提供某种公共产品或服务。多元主体是出于融资、利用新技术和引进新型管理等目的,在发挥各自优势的基础上,实现政府部门、第三部门、私人部门之间的合作。共担风险是指在多元主体合作过程中产生的风险并不是由政府部门或者其他非公部门单独承担,而是通过签订合约,依合约权利义务内容确定各方的责任大小与分担多少。② 也就是说,在多元主体公私合作理论中,如果一方主体不能很好地履行自己的职责,无论是出于主观还是客观原因,其他主体也会遭受损失。因此,在多元主体公私合作中,"共享权益"是指公私合作中,各主体权利义务相互关联,行使过程中需要相互合作,实现互惠,给各主体

---

① 即"非营利组织"指那些具有为公众服务的宗旨,不以营利为目的,组织所得不为任何个人牟取私利,组织自身具有合法的免税资格并可为捐赠人减免税的组织。

② 多元主体公私合作中的风险主要包括:"成本超出风险、运营风险、利润风险等商业性风险;债务偿付风险、汇率风险等财政风险;价格规制风险、充公风险、转资风险、争端解决风险等政治风险;技术风险、环境风险、不可抗力风险等其他风险。"风险转移对成功提供满意的公共产品或服务至关重要。风险转移不是简单地指政府应承担的某些责任转移到其他主体身上,而是多主体"共同承担"。参见[美]萨瓦斯:《民营化与公私部门的伙伴关系》,周志忍译,中国人民大学出版社 2002 年版,第 266 页。

都带来利益。当然,政府部门和第三部门更侧重社会公共利益,而私人部门更侧重个人利益,只有实现双赢才能更好地为公众提供相关的产品和服务。只有在目标一致、共担风险和共享权益的情况下形成多主体公私合作"利益共同体",才能保证公众很好地享有公共产品或服务。

在这种多元主体公私合作中,"合作服务可用于各种目的,比如职业教育事业发展、行为准则、协调资源等,可以是一项具体活动,也可以是一系列行为组合"。①

职业教育公私合作是指针对职业教育中的非优质学校,由政府提供相应的职业教育制度与经费,由非政府部门提供服务的一种合作方式。政府常常采用合同式外包,将职业教育服务包给非营利组织、私人部门、供应商,要求非营利组织或私人部门在一定时间内足资足量提供相应职业教育服务的一种方式。

职业教育公私合作的目的是向公众,尤其是弱势学校的学生提供更加公平和更加优质的职业教育。职业教育公私合作改变了以往职业教育基本由政府出资提供职业教育服务的局面。在这种多元主体公私合作模式下,政府部门的角色主要是职业教育的安排者,其主要职责是明确职业教育公私合作中职业教育产品或服务的内容、质量、标准等要求,并给予监督,而第三部门和(或)私人部门是职业教育产品的生产者或提供者,主要职责是提供符合合约要求的优质职业教育产品或服务,同时也可为自己创造一定收益。

20 世纪 90 年代以来,我国职业教育供给模式的转型改变了以往政府在该领域中的核心地位,表现为我国职业教育供给主体的多元化。在多元主体公私合作供给中,职业教育的供应与生产产生分离②,在现实中,这种分离有可能通过职能上的分工,在更好地完成价值的权威性分配基础上高效地进行物品生产,从而更加有效率地完成物品的供给。但是,我们必须认识到这种分离也增加了政府被"俘获"的可能性,即由于利润的驱动而导致生产主体对供应组织的影响,从而使得产出发生扭曲,带来我国职业教育公共性在一定程度上的缺失。

---

① *Public Private Partnership in Education—A Report by Education International*, Education International, 14(2009).

② 这在一定程度上改变了有关准公共物品供给的系统运行方式和效用价值实现的流程。它带来了两个结果:一是政府行政机构具有了更为鲜明的对价值权威性分配的职能;二是承担物品生产和供应职能的主体可以更堂而皇之地以利润为目标导向来展开运行。

产生这种公共性缺失的原因有三个方面：首先，在这场转型中对于扭曲了的市场机制过于倚重；其次，政府行为公共性的淡化，没有将其树立为政府的核心价值目标，在供应与生产相分离的同时没有确保充分的公众参与，没有确保我国职业教育供给决策机制的多重性；最后，由于地方财力的有限性，导致了地方政府在我国职业教育自主供给上的能力欠佳，产生了一定程度的“祛公共化”倾向。这些问题都会影响职业教育公私合作的成功进行。

四、研究方法

主要采用了以下几种研究方法：

1. 文本分析法。针对职业教育改制政策文本按本书研究的需要，从职业教育改制初期阶段、改制发展阶段再到职业教育改制学校被清理阶段进行相应的政策梳理，对一系列职业教育改制政策文本进行比较、分析、综合，从中提炼出对这一系列职业教育改制政策的评述性说明。

2. 个案研究法[①]。本书通过对X学校改制、Y学校改制和Z学校股份制办学三个个案，分析了它们各自改制的特点与成效，并从中总结出所属改制类型的优势与不足。对这三个个案的调研，主要采用了观察法、访谈法、跟踪研究等方法。样本的选择保证了Y学校改制调研获取第一手资料的可靠性和X学校改制、Z学校股份制办学二手资料获得的成熟性。

3. 比较分析法[②]。比较研究的一个重要目的是在不同的社会或国家中检验职业教育公私合作法治命题。各国各地区职业教育阶段的公私合作存在一定的同质，也会有诸多不同，可以通过比较，对其先进经验与启示进行总结并给予

---

① 个案研究法主要是指追踪研究某一个体或团体的行为的一种方法。

② 比较研究的一个基本假设就是，通过比较能达到某些一般性的认识，即承认各比较对象存在一些共性的东西，同时也承认比较对象间存在差异性。人类的基本需要是一致的，尤其在当今全球化的社会中，国与国之间的国民职业教育体系越来越应当求同存异。研究表明，在职业教育发展阶段，各国面临着许多相同或相似的职业教育问题，各国解决这些问题的思路或方式也很相近。因此，在准确定位的基础上，我们可以通过比较他国的发展经验来为我国薄弱职业教育的改造与发展提供借鉴。主要通过文献资料的收集整理进行，对于美国、英国的中等职业教育政策变革尤其关注，从政策文本、研究专著到专业网站，都进行了大量的查阅工作，此外，也查找了一些澳大利亚、法国、日本、新加坡、韩国等国家的相关研究资料。

一定的借鉴。本书对美、英等国的职业教育的公私合作进行梳理与比较,重点对职业教育公私合作,特别是弱势补偿制度进行研究。

五、研究思路

本书基于职业教育公私合作,即职业教育改制政策的发展演变出发,从我国职业教育改制学校清理政策与民众对优质职业教育资源需求供不应求之间的冲突入手,从实证分析和理论论证两个维度,对清理政策在职业教育腐败问题、职业教育公平问题、国有资产流失问题、高收费问题四个方面的错误假设、对改制学校的盲目性清理和对改制过程中表现出的意识误区进行剖析,对职业教育改制学校清理政策提出质疑,并进一步探究其背后的根源。以我国职业教育投入不足为论文研究的实践必要性为基础,以多元主体公私合作理论为论文研究的理论分析工具,借鉴英美等国家的成功经验,对职业教育公私合作法治提出一定的可行性建议。

六、研究意义

(一)理论意义

1. 我国薄弱职业教育学校公私合作法治的理论研究滞后于改革实践,而办学主体多样化的改革实践又迫切需要理论的指导,本研究为薄弱职业教育学校实现多元主体公私合作提供了一个新的法治化思路。

2. 构建一套推进职业教育公私合作的法律思想体系,提升人民群众对优质职业教育的获得感和幸福感水平。

(二)现实意义

1. 职业教育公私合作作为一种新型的办学体制,由于其产生发展的时间不长,而且实践中处于被取缔状态,更由于其发展模式不一,形式多样,并在现实中产生了一系列问题,本书意在让人们对其有一个全面、清晰的认识。

2. 我国优质职业教育资源不足已经严重影响了职业教育发展,特别是薄弱职业教育学校的大量存在已严重阻碍了职业教育质量的整体提升、职业教育现代化水平发展。对我国薄弱职业教育学校公私合作进行法治研究，提出法治对策，有利于缓解目前我国现实中优质职业教育供不应求的矛盾。

3. 提出制定专门的《职业教育公私合作促进法》，针对职业教育腐败问题、职业教育公平问题、国有资产流失问题、乱收费问题等予以规范，构建以公私合作主体、合作行为、权责配置、程序规范为中心，以鼓励规则、监督评价规则为两翼的法治体系，破解职业教育办学僵化、职业教育水平低下的难题，化解由此带来的社会风险，为职业教育治理现代化保驾护航。

Chapter 1 第一章

背景篇:职业教育公私合作的制度供给创新

我国制度经济学者采用集体主义分析方法,突破了制度供给理论的个体主义方法,更多“强调国家及各级政府在制度供给中的关键作用,结合中国实际,批判地继承了经典理论的核心内容,进行了可喜理论创新”。① 制度创新理论强调要改变制度既定的利益分配格局,必须先革新现有制度安排,因为制度安排在一定程度上影响了收入分配和资源配置效率。职业教育制度也不例外,比如改制学校政策,特别是优质学校改制对职业教育改制形成了巨大的挤压空间,也就是说,资本与优质资源会更多地流向优质改制学校,这也是导致职业教育改制失败的主要原因。因此试图设计新的制度以改变利益相关者与既得利益者之间的冲突就成为制度创新的首要动力,同时新制度供给应保持个人利益与公共利益之间的最大可能的平衡,但不会达到最佳水平,也就是说,只能达到更优而不可能实现最优。因此,这主要取决于一个社会的各既得利益者的权力结构对比,既得利益者力量越大,制度创新的内容就越少,速度就越慢,反之亦然。因此,制度供给创新的前提与任务就是用制度将既有集团的利益打破,这在资源不

---

① 林毅夫:《关于制度变迁的经济学理论:诱致性变迁与强制性变迁》,载[美]R.科斯等:《财产权利与制度变迁》,刘守英译,上海人民出版社2004年版,第336页。

充足的情况下显得尤为重要,因为这是保障公平公正的首要手段。

一、侧目职业教育的供给侧结构改革

我国的供给侧结构改革中的"供给侧"一词是在马克思主义政治经济学的基础上,借鉴了西方经济学的减免税率政策的有益内涵发展起来的,现已成为适应我国实际的,并引领我国经济社会发展的新主张与改革方向。

(一)供给侧结构改革的内涵

供给侧结构改革涉及需求、供给、价格三个主要基本术语。需求是指有支付能力的刚性需要。供给是指生产者在某一时间段内以某种稳定价格有能力且愿意提供的商品和劳务。针对经济社会的结构性问题[①],供给侧结构改革是从供给角度进行制度性与实践性的创新。供给侧则包括生产要素投入和全要素生产率的提高两个方面,前者由劳动、资本、土地、才能、政府管理的投入,分别指我们生活实践中的工资、地租、利息、利润、税收,而后者则由制度革新、要素升级、结构优化来决定,主要包含以下三个主要要素:一是主体要素,主要是其素质的提高;二是产业要素,主要是结构优化与升级、新型产业成长;三是区域要素,主要包括创新、结构优化与新增长点的形成,比如京津冀一体化发展、长江三角洲一体化发展、黄河三角洲一体化发展。

供给侧结构改革的目的是提高供给质量,用改革的手段调整结构,优化要素配置,扩大优质供给与需求之间的有效对接,提高供给效率,化解民众急难愁盼问题,促进经济社会健康持续发展。改革涉及行政从管理向治理制度的变革,同时涉及产权、土地、国企、财税、金融、价格、社会福利、教育卫生等方面的制度改革,制度改革从需求转向供给,即从政府调控转为全方位改革[②]。

职业教育领域的供给侧结构改革的主要任务是什么呢?主要是对职业教育的制度性改革,主要对象包括公办职业教育、民办职业教育和公私合作的职

① 结构性问题包括产业、消费、区域、要素、投入、排放、增长、动力、收入分配等结构问题。

② 重点是抓五个方面的主要任务:一是去产能;二是去库存;三是去杠杆;四是降成本;五是补短板。

业教育。一是对职业教育,要求政府要主动从市场干预中退出,多利用市场的力量,对优质职业教育资源进行重组;二是开辟新的能满足社会需求的投资渠道,把私有资本吸引到职业教育的发展中来;三是利用公权力对公私合作问题进行有效规范与监管;四是降成本,主要是降低职业教育制度性成本、降税费、降财务成本;五是补短板,改革开放以来,出国求学的学生逐年攀升(除疫情影响时期以外),这说明我国高层次职业教育短缺,不能满足人民群众的现实职业教育需求。要提高优质职业教育的产品的层次、质量与数量,运用大数据手段将优质职业教育资源推向职业教育领域,将整个职业教育的品质提上去,实现优质数字职业教育互联共享。

(二)职业教育供给侧结构改革

职业教育领域也需要供给侧结构性改革。职业教育领域也有"供给侧结构性改革"的问题。也就是从制度供给、职业教育端入手,通过解放职业教育生产力,提升职业教育服务的竞争力,通过制度供给,提供更多更优质的职业教育资源,实现职业教育的"有效供给""有效发展"。

职业教育,既不缺消费者,也不缺消费需求,缺的是优质职业教育资源。优质职业教育资源的缺憾,集中反映在优质教师的短缺。职业教育"供给侧结构性改革",还包括职业教育制度变革,主要是改善一些陈旧体制对资本、师资、制度供给等要素的流动与增值造成的一定负面影响。职业教育供给侧结构改革需要做什么呢?要在适度扩大总需求的同时,着力加强供给侧结构性改革。也就是说,针对优质职业教育资源不足问题,重点是完成降成本、补短板与制度创新三大任务。一是降低职业教育成本。降低职业教育实体成本,需要打出"组合拳",降低职业教育的制度性交易成本、财务费用等,目前还需要特别关注如何有效减轻学校缴纳的社保费用。二是补短板。2035 年我国要建成现代化职业教育强国,优质职业教育质量问题、优秀师资问题、学校环境问题、基础设施等都是短板。补上这些短板,才能为我国职业教育增长注入新的动力,为职业教育带来新的机遇。三是尽快解决资金供给结构与学校资金需求不匹配问题。加大教师培训力度,给老师提供更多的学习深造的机会,为老师走向优秀师资队伍创造条件,把更多的资金投向人员配备。

我国的供给侧改革强调"对应该按市场原则进行运作的领域",但是,职业教育事关国计民生,无论是职业教育方式、职业教育内容还是基础设施建设都事关国家命脉,政府主导地位不能变。但是现有的制度对政府应该如何管控职业教育公私合作,相关规定比较模糊,实践中也没有明确的标准,这也是导致实践中松而不放的主要原因。

职业教育领域的供给侧结构改革,要充分发挥市场在优质职业教育资源配置中的重要作用,但政府不能完全放手,只是要对政府的管理划定边界,这与西方供给主义强调的自由主义完全不同,政府既不是完全放手不管的自由主义,也不是我国目前职业教育供给侧结构改革的主要方向。职业教育公私合作的目的是激发学校活力,提高职业教育质量,扩大供给数量,满足民众对优质职业教育的多元化需求,优质职业教育资源供给不足是我国职业教育长期停滞不前的根源。长期以来,民众对优质职业教育资源的需求不断提升。职业教育制度创新,首先应放弃那种非公即私的职业教育供给思维,公私职业教育资本可以协调发展,共同进步,政府与市场可以各自发挥优势,实现良性互动与互补,同时可以进行有效合作,实现共赢,非营利组织也应充分发挥社会主体的互动潜能,特别是对职业教育进行公私合作,同时实施税费财配套改革,实质性推进职业教育优质化发展。

二、侧目职业教育供给制度创新改革

诺斯认为"制度是博弈的规则,组织是博弈的参与者,制度和组织的交互性形成了制度变迁"。[①] 供需是制度的一体两面,在制度变迁的过程中,统治精英的政治经济成本和利益对制度变迁的解释至关重要。这种新制度供给具有以下特征:一是政府在新制度供给中的主导作用;二是非政府主体对制度的需求与政府主体对制度的供给之间存在的矛盾;三是制度供给遵循了低成本的设计与运行规则,即政策先行先试,成功后推广,既缩短了周期又降低成本;四是新制度对与之相关的各个正式与非正式制度存在路径依赖,并相互补充与渗透,以便于个人与组织学习与适应。行政性手段能有效保障新制度实施的可行性

---

① [美]道格拉斯·诺斯:《理解经济变迁过程》,钟正生等译,中国人民大学出版社 2008 年版,第 55 页。

与权威性，并降低对经济社会改革的负面影响。不足之处是存在低效率风险，因此需要做到以下几方面：制度供给主体多元化，并有效实现强制规则向平等的公民个体自我规则转化，发挥地方政府的规则创造力，加强不同部门之间的协同规制。

（一）职业教育制度供给创新的主要影响因素

制度供给的强制力与合法使用需要动用政治手段，创新制度供给才能得以落实。在经济社会的制度变迁中，影响制度供给创新的主要因素包括以下几方面：一是宪法秩序①。如果在现有宪法秩序下，立法的阻力过大，制度创新将受限制，阻力小则有助于制度创新。宪法秩序在解决冲突的价值和程序的统一性方面将大大降低制度创新的成本和风险。二是制度设计成本。成本过高也会影响制度创新，而降低成本则有利于制度创新。三是已有知识积累与进步。在制度创新中，知识基础和创新成本至关重要，知识越多，新制度设计和实施就会越好，知识的进步会降低制度创新成本，知识储备可以促使政府有意创设新制度并保障新制度的均衡性。② 知识积累与科技进步、工商业和政府相关联的资料统计更新与储备将与新制度安排成本直接相关，更新越快储备越多，成本越小。反之亦然。同时，人们能有效利用进步知识及时发现新制度是否不均。四是落实新制度的预期成本。新制度要落地，预期实施成本的大小起到关键作用，成本过高将会导致新制度无法推行，同时也会影响制度安排的选择与执行效能。五是现存制度安排。新制度与现存制度之间存在路径依赖，即制度变迁中存在惯性，因为现存的制度中形成的既得利益格局会竭力维持现有制度的平衡③。六是规范性行为准则④。其对制度安排和制度供给产生深远的影响，新制度安排应与文化准则相适应，否则难以推行。七是决策者的利益与国家利益的一致性。利益一致，会对制度供给起到至关重要的推动作用，因为国家的权力越集中，新制度供给越迅速，执行就越有力。

---

① 宪法秩序直接影响创新制度进入政治体系的成本与建立立法基础的难易度。

② [美]R. 科斯：《财产权利与制度变迁》，刘守英译，上海人民出版社 2004 年版，第 336 页。

③ 既得利益集团的政治权力越大，新制度付出的成本就越高。

④ 规范性行为准则是植根于文化传统中的。

（二）制度供给创新中的成本—收益分析

“成本—收益分析是一种用于改善公共政策、监管、法规决策的技术。”[①]具体来讲，是指当政府认识到市场不能充分发挥作用而有必要干预时，通过分析现行法规的利与弊，找出和评估可能的替代方案，并评估干预带来的风险，定量或定性评估拟采用解决方案与形成的成本与收益的监管方式。[②] 每一项制度供给创新，其收益和成本可能有不同的评价方式，制度变迁是一种复杂的社会活动，其活动内容与方式具有较大的不确定性，其成本构成与水平也同样如此，因此制度供给创新具有较大的风险性，比如其成本中的规划设计成本、组织实施成本、过剩制度清除成本、消除变革阻力的成本、制度变革损失成本，等等。每一项制度供给创新都不可能让所有相关利益者完全满意，他们的既得利益的减损有多有少，因此对新制度供给的态度也不同，既得利益损失大的，反对声浪就高，反之亦然。因此既得利益集团的权力越大，制度创新的成本就越高，改革难度就越大，这时候的制度创新的政治因素与意愿因素应占优势地位，这样才可能促使新制度供给实现创新。因此，不同的行为主体对制度供给创新的成本与收益的计算是不同的。以职业教育为例，计算应包括三个方面：一是学生和家长的成本与收益[③]；二是社会成本与收益[④]，其中至少要包括实施成本和沟通成本；三是政治成本与收益。这是从权力中心的角度分析制度创新的成本与收益，新制度不是完全按照效率原则安排的，同时还要考虑政治社会及意识形态等因素，如某一制度变革，从个人的角度看是划算的，但从社会的角度看，要考虑实施成本和沟通成本可能并不划算。也就是说一项制度供给创新需要从个人、社会、政治三个角度来考虑成本，最后选定的方案成功的可能性才比较大，如果社会发展需要新制度供给，而现有阻力太大，成本过高就要考虑强制性变

---

① [美]道格拉斯·诺斯：《理解经济变迁过程》，钟正生等译，中国人民大学出版社2008年版，第56页。

② 更严格来讲，是采用一种行政立法评估方式评估拟采用的法规监管方式的货币化换算后的总收益（包括经济性与非经济性收益两种）减去货币化总成本（包括机会成本、监管成本、监管带来的福利损失成本等）等于净收益。净收益越大，说明制度供给创新理由越充分，同时还必须考虑难以量化的或不可量化的收益与成本因素，比如民众对优质职业教育资源获取后所得到的幸福感程度。

③ 是从家庭的角度来衡量制度安排的成本和收益。

④ 这是从微观经济主体行为角度来分析考察新制度供给为全体社会成员带来的收益与成本。

迁制度供给是否可行,应避免社会不稳定可能带来的社会成本过高风险。

(三)意愿制度[①]

制度供给创新也不是国家想供给多少就能供给多少,实际供给与意愿供给之间存在不一致性,意愿供给是在现有的宪法秩序框架内,由权力中心所主导形成的新制度规则。因为"新制度规则需要各级政府部门及其他执行主体的贯彻实施,各执行主体与权力中心的目标函数和约束条件差异很大,最终会导致实际供给与意愿制度供给不一致"。[②] 主要原因是"制度供给主体的知识结构和对制度变迁的动力因素的认知,决定了制度供给的实际"[③],如果政府没有考虑新旧制度之间的衔接与配套、微观与宏观制度之间的衔接与配套、政治经济与社会制度间的衔接,如果不能达到科学完备的衔接状态,就会为执行组织创造制度提供空间,新制度供给执行就会发生变异或变相执行或变通执行的情况。也就是说只执行有利于自己的部分内容,最终降低新制度执行效率,或者在创新制度供给过程中,倾向于不触及核心制度,而仅仅是对配套制度修修补补,结果是降低了总体制度供给创新的效率。

(四)制度均衡与制度非均

均衡是指相互对立的两个变量势均力敌的一种均等状态,且任何一方不具有变革现状的动机和能力。制度均衡是指"人们对既定制度处于一种满意状态,无意无力改变这一规范"[④],如果存在多个净收益皆大于零的制度方案,需要对其加以比较,选择其中净收益最大的制度方案,这就是最佳制度,这时候的制度状态就能达到均衡。影响制度均衡的因素很多,包括政治、经济、文化、风俗等,达到制度均衡,只是一种理想而已,实际制度状态常常偏离理想很远,这也是不同国家、不同地区发展出现差异的主要原因。制度均衡本质上是指制度达

---

① 唐任伍、赵国钦:《意愿制度与实际制度的供给差异:多个特定层面的解析》,载《改革》2010 年第 1 期。

② 孙谋轩、朱方伟:《公私制度逻辑冲突与社会资本在 PPP 项目中的合作行为研究》,载《南开管理论坛》2021 年第 7 期。

③ [美]道格拉斯·诺斯:《制度、制度变迁与经济绩效》,刘守英译,上海三联书店 1994 年版,第 66 页。

④ 任何一种制度安排皆基于人们依据成本—收益分析而做出的选择结果,净收益大于零是制度选择的必备条件。

到了帕雷托最优[①]。只有在经济无效率的情况下才能进行资源重新配置[②]。制度非均是“指人们对现行制度规则的功用不满,想改又未变的一种状态”[③]。也就是说,产生了新的潜在的制度需求与供给,且潜在制度需求与供给大于实际制度需求与供给,从供求关系来分析,制度供给与需求出现不一致,而可能发生制度供给创新的可能性,主要是由于制度资源条件的变化、国内外环境的变化、体制的变化,出现了制度创新的条件[④]。这在社会经济发展中是一种常态,不断出现的潜在利润会使人们进行制度供给创新。制度非均类型主要有两种,一是现有制度供给不足,产生了新制度服务需求。二是制度供给过剩,即社会对制度的需求过程中,呈现有些制度是多余的、无效的,但仍然在发挥作用,这与政治创租与抽租有关[⑤]。创新能弥补制度供给不足,并能增加经济效率。清除过剩的制度供给可能带来巨大的经济效益,但也会带来巨大的清除成本[⑥],所以过剩的制度供给常常存在。

---

① 制度均衡本质上是指制度达到了“帕累托最优”(Pareto officiency)。帕累托最优是指:此时所考察的经济已不可能通过改变产品和资源的配置,在其他人(至少一个人)的效用水平至少不下降的情况下,使任何别人(至少一个人)的效用水平有所提高。反之,所谓“帕累托无效率”(Pareto inefficiency)指的就是一个经济还可能在其他人效用水平不变的情况下,通过重新配置资源和产品,使得一个或一些人的效用水平有所提高。

② 在存在经济无效率的情况下,若进行了资源重新配置,使得某些人的效用水平在其他人的效用不变的情况下有所提高,这种“重新配置”,就称为“帕累托改进”(Pareto improvement)。参见贾康:《PPP——制度供给创新及其正面效应》,载《光明日报》2015年5月27日,第15版。

③ 主要原因是现行制度安排净收益小于另外一种可供选择的制度安排。

④ 使原有制度安排的净收益不再是最大化,出现了制度创新的动机,而且可供选择的制度范围发生变化,原有制度失去有效供给。

⑤ 所谓“政治创租”是指政府政客利用行政干预的手段来增加私人企业的利润,人为创租,诱使私人企业向他们“进贡”作为得到这种租的条件。所谓“抽租”是指政府官员故意提出某项会使私人企业利益受损的政策作为威胁,迫使私人企业割舍一部分既得利益与政府官员分享。哪个利益主体的力量大(包括财力、在社会各阶层中所占的比例以及对政府的影响力等),这个利益主体从“政治创租”所得的好处也就越多。政府干预政策的延续性也容易导致制度供给过剩,过度扭曲的政策会形成更大的租金,对于既得利益者来说,可以付出更大的寻租成本来维护这种政策。寻租者常常通过特权、配额、指标等方式来获得租金,这种方式常常比通过改进技术、提高产品质量获得利润的成本更低。比如他们用自己掌握的信息并利用舆论为这种过剩的制度辩护,或者用游说甚至是贿赂的办法来保留这些过剩的制度。

⑥ 当市场竞争减弱,政府管制增加,最大的受害者就是消费者,当消费者面对管制带来的负面效应忍无可忍的时候,国家常常放松管制,国家放松管制最大的障碍是受管制的部门,受管制的部门作为既得利益者,在放松管制的过程中需要重构或重组,这不仅仅需要成本,也是一个痛苦的过程,而面对激烈的市场竞争,还有一个重新学习的过程,这都需要成本。

（五）公私合作的制度供给创新

公私合作是指“在基础设施、公共工程与公共服务领域，由政府与非政府主体合作共赢式的供给机制”。[①] 公私合作可以将大量民间资本与社会资本引入公共职业教育领域，实现投融资模式的创新，可以共担风险共享利益，并实现绩效升级。这一模式天然与法治化对接，具有重要的创新意义：一是有利于政府责任法治化，并有利于实现2035年职业教育治理现代化目标，同时还惠及广大社会民众，达到服务于人民的最终目的。从社会公众主体来分析，随着社会公共职业教育服务水平的提高，民众受惠面不断扩大，收益水平大幅提升，但现实中出现的质量有待提升，效率有待提高的问题也不容忽视，比如职业教育领域的优质职业教育供给不足问题、优质职业教育配置不充分问题，已严重影响到群众的职业教育幸福感的水平，这与人民经济水平与生活水平大幅提升、对优质职业教育的不断扩大的需求不匹配，供给与需求严重失衡，需要通过公私合作，发挥公私资本各自优势，激发职业教育的办学活力。二是为有意参与公私合作、提高民众生活与职业教育质量与水平，并有意发展职业教育文化事业的日益雄厚的民间和社会资本打开进一步发展的空间，进一步健全职业教育现代市场体系。这些资本企业以市场主体身份通过投资获得回报，并承担必要的社会责任，要遵循盈利但无暴利的原则，同时获得长期可预期可接受的投资回报。三是对接我国混合制改革，并深化我国的全面改革，有利于2035年国家职业教育治理现代化目标的实现。第十八届三中全会提出混合制改革的要求，公私合作可以天然与股份制、混合制对接，在法治环境下通过契约方式规范多产权主体的权利义务，通过共担风险实现利益回报与共赢，政府的公有资本有拉动民间资本大量跟进的效应，在公私合作的股权结构中，私有资本占大头，这不但会淡化“国进民退或是民进国退的争议”[②]，而且会深刻影响我国职业教育治理现代化发展进程。

总之，将公私合作应用于职业教育供给制度创新之中，是非常值得期待的。

---

① PPP具体的运作形式，包括BOT（建设—运营—移交）、TOT（移交—运营—移交）、ROT（重整—运营—移交）、BT（建设—移交，即政府按揭式工程采购），以及RC（区域特许经营，即连片开发），等等。

② 贾康：《PPP——制度供给创新及其正面效应》，载《光明日报》2015年5月27日，第15版。

我国改革的新时期,职业教育应紧跟步伐,在国家对公私合作立法规范不断完善的基础上,敢于迎接前所未有的发展机遇,要有实干兴邦的创新志向,并把有志向有能力的人士,用高水平长期规划和法治化契约整合成公私合作团队,在制度供给创新中再创新佳绩。

三、职业教育公私合作法治的必要性

职业教育公私合作法治的必要性在于优质职业教育资源不平衡不充分①,其主要表现为以下方面:

(一)职业教育经费投入的地区不平衡不充足

经济条件好的地区的职业教育能比较容易从多渠道获得更多投入。通过2017年《中国职业教育经费统计年鉴》数据,对比我国不同地区职业教育生均职业教育经费可以看出,我国不同区域中所分布的高职教育资源也有所不同。东部沿海地区中高职教育经费投入量相比较西部地区而言更高。结合表1-1了解到,我国东部沿海地区高职教育经费投入量相比较全国水平而言更高,包括最大值、最小值、平均值,中西部地区的高职教育经费投入相比较东部而言更低,甚至低于全国平均水平,不同地区存在着明显差异性。通过分析不同地区教育经费变异系数了解到,东部地区变异系数是最高的,因此各个省份具有明显的差异性,这种变化趋势主要表现在标准差中。

表1-1　2017年我国各地区高等职业教育经费的投入情况

地区	最小值/元	最大值/元	极差/元	平均数/元	标准差/元	变异系数
全国	10,398.30	71,990.40	61,592.40	21,355.60	12,271.40	0.57
东部	14,281.20	80,126.30	57,709.20	25,823.60	15,439.60	0.60
中部	11,026.50	26,124.40	15,726.30	15,072.80	5637.10	0.37
西部	11,580.80	50,116.80	38,535.20	21,466.40	10,231.80	0.48

数据来源:中国教育经费统计年鉴。

① 地区经济发展不平衡、地方负责的职业教育经费投入机制、职业教育筹资体制是导致优质职业教育不平衡不充足的主要原因。

(二)职业教育城乡不平衡不充足

一是学费支出在城乡家庭中的占比不平衡。我国城乡收入差距一直很大。我国城乡居民平均可支配收入之比1980年是2.8∶1,2003年是3.2∶1,2006年是3.3∶1,2009年是3.4∶1,2020年是2.6∶1,可支配收入差距很大,农村孩子的生活费在家庭收入中占比会更高,因为我国目前只对家庭困难的学生进行资助,大部分职业教育学生达不到资助标准,这就意味着同等的生活费,农村职业教育的学生可能面临更大的生活费支出困难,如果不是成绩特别突出,面临辍学的可能性就比较大,城市职业教育比农村职业教育可以获得较充足的生活费来源。

二是城乡公立职业教育入学机会不平衡不充分。城乡职业教育中城乡初升高人数,可以有效反馈城乡公立职业教育的入学机会是否平衡与充分,以广西壮族自治区为例,2017—2019年广西壮族自治区城乡初升高人数①,2017年、2018年、2019年,农村初升高的入学率分别为37.33%、39.61%、38.41%,而城市初升高的入学率分别为83.63%、83.88%、86.69%。对比3年入学情况,城市比农村每年高出1倍多,且城乡公立高中教育入学机会不平衡不充分趋势不断扩大(见表1－2),其中包括职业高中教育。

表1－2 广西壮族自治区城乡公办学校招生情况

年份	区域	初中毕业人数	公办高中招生人数	公办高中升学率/%
2017	城市	136,607	114,242	83.63
	农村	500,800	186,967	37.33
2018	城市	142,367	119,417	83.88
	农村	497,217	196,968	39.61
2019	城市	159,787	138,520	86.69
	农村	521,394	200,262	38.41

三是从民办学校升学机会来看,2017—2019年广西壮族自治区城乡初升高人数②,2017年、2018年、2019年,农村初升高的入学率分别为5.03%、4.25%、

① 刘远莉:《优质高等教育机会均等视角下的城乡高中教育资源分布差异研究——基于广西统计数据分析》,广西大学公共管理学院2021年硕士学位论文,第17页。

② 刘远莉:《优质高等教育机会均等视角下的城乡高中教育资源分布差异研究——基于广西统计数据分析》,广西大学公共管理学院2021年硕士学位论文,第19页。

3.95%，而城市初升高的入学率分别为15.26%、18.86%、21.05%。对比3年入学情况，农村孩子升入民办高中教育的人数逐渐减少，而城市孩子人数则大幅攀升，城乡民办教育入学机会不平衡不充分趋势不断扩大（见表1－3），包括职业高中教育。城乡区域的学校入学率差距逐步放大。

表1－3　广西壮族自治区城乡民办学校升学率情况

年份	区域	初中毕业人数	民办高中招生人数	民办高中升学率/%
2017	城市	136,607	20,852	15.26
	农村	500,800	25,173	5.03
2018	城市	142,367	26,851	18.86
	农村	497,217	21,145	4.25
2019	城市	159,787	33,636	21.05
	农村	521,394	20,588	3.95

四是城乡家庭学习条件不平衡不充分。学生课外补学是家庭学习条件是否平衡与充分的一个重要指标①，从课外补学的占比来分析，农村职业教育学生占比为20%左右，城市职业教育学生占比超过50%，城市职业教育学生能得到课外补学的占比比农村高出30%，说明城市职业教育学生课外补学能力更强，学生的成绩会更优异，升入更优质的高校的机会会更多，以家庭经济条件为基础的课外补学，城乡学校差距明显（见图1－1）。

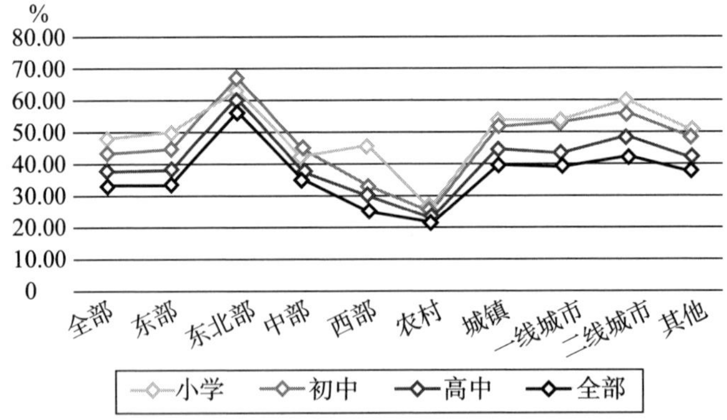

图1－1　不同地区学科类课外培训参与率

资料来源：《中国校外培训行业发展现状及行促进行业健康发展情况分析》，载中国产业信息网2018年11月13日，http://www.chyxx.com/industry/201811/691525.html。

① 虽然国家三令五申禁止课外补学，但现实中课外补学现象依然严峻。

(三)职业教育校际不平衡不充足

一方面,职业教育校际基础资源不平衡不充分。学校师资是开展教学的基本力量,而学校经费与师生比是考察学校师资力量是否平衡与充分的主要指标,也是考察公共职业教育资源配置是否平衡与充分的主要指标。以广西壮族自治区城乡职业教育为例,乡村学校 3 年的人均财政性经费 2017 年、2018 年、2019 年分别为 8357.08 元、8595.81 元、9931.18 元,而城市学校 3 年的人均财政经费分别为 13,801.32 元、13,263.77 元、13,590.77 元,数据表明,每年城市都是乡村的 1.5 倍左右,加上农村职业教育社会经济基础更弱,社会资金筹措能力更低,从整体来看,相对城市,乡村职业教育处于弱势地位,易沦为职业教育短板。城乡校际学习条件也存在差异。一般来讲,师生比的高低是影响学校教与学的主要影响因素,师生比过低,说明教师资源利用不充分,易造成职业教育资源浪费;而师生比过高,则说明老师日工作量加大,教师资源利用超负荷。我国有专门的规定,建议学校师生占比,城市学校为 1∶12.5、县城学校为 1∶13、农村学校为 1∶13.5。据统计,目前广西学校师生占比整体较高,特别是农村学校的师生资源更为匮乏①。而农村职业教育教师的工作量更大,对学生的关注度会更低,一定程度上会影响学生的学业与学情发展。

另一方面,"薄弱职业教育学校吸引非财政投入的能力弱。相比职业教育,重点职业教育学校能够从多渠道中获得更多的资金投入,比如捐赠。以农村职业教育为例,农村职业教育因为办学条件差,优秀教师流失现象严重,补充不足,学生流失严重,生源质量总体下滑,导致县域整体教学成绩落后,引起越来越多社会及家长的不满,导致学生择校现象更加严重"。② 特别是各乡镇职业教育学生流向县市学校现象更为严重。学校学生素质整体下降,职业教育质量的下滑,使学校声誉受到严重影响,招生越来越困难,生源质量也急剧下降。结果是强校越强,弱校越弱,两极分化严重,校级差距继续扩大。

---

① 袁桂林:《中国教育改革开放 40 年　高中教育卷》,北京大学出版社 2019 年版,第 78 页。

② 袁桂林:《中国教育改革开放 40 年　高中教育卷》,北京大学出版社 2019 年版,第 78 页。

本章小结

我国职业教育学校公私合作法治化是基于我国供给侧结构性改革和制度供给创新的大背景之下的时代产物。在法治社会发展过程中，我国职业教育学校公私合作法治化是满足职业教育制度公平的法理需要，也是应对我国优质职业教育资源配置不平衡不充足的现实需要。

Chapter 2 第二章

理论篇:职业教育公私合作法治理论研究

职业教育公私合作法治,其本质是一种对职业教育办学体制的治理方式。办学体制问题是中国当前职业教育体制改革中讨论最多的一个课题,办学体制问题一般定义为设立在各级或各类学校中的机构体制,主要反映了各举办学校主体的权利与义务性质问题,其目的就是确立办学主体的法定地位。办学体制改革的重点是多元化与多样性,要建立由政府领导、各界参与、办学主体多元、办学内容多样的新办学机制。

一、职业教育公私合作的缘起

职业教育办学机构变革发端于职业教育体制和职业教育管理变革,同时也发端于政治与经济体制变革,其分水岭就是我国的改革开放。改革开放之前,在我国计划经济体制下,人民政府为单一的职业教育办学者,各级各类学校均由政府承办,而政府直接掌管了兴办学校所需要的财政、经济、文化、制度等一系列的稀缺资源,学校办学规模、学科设置、资金投入机制、招生规模和教学内容等全部由政府统筹规划,各级各类学校须照章办事,而这种职业教育体制在中华人民共和国成立初期各种资源匮乏、职业教育制度不健全的情势下,对于政府集中精力办好职业教育起到极大的推动作用,从而促进我国职业教育事业的迅速兴起与高速发展。改革之后,由于市场机制顺利运作,我国经济形势逐步看好,民众生活质量进一步提升,职业教育技术水平也逐步发展,人民大众对职业教育质量的要求也逐步递增,在这种情形下,原来仅仅依赖政府投入资金维持公立办学体系的正常运转日显吃力,而我国经济能力的有限性,也已成为制约我国职业教育事业进一步发展的瓶颈。由此,办学体制改革的重要意义便凸显出来,发动各界力量积极参与职业教育办学,改变过去公有化举办机制,而实行多元的职业教育办学机制已是新时代民众的重要呼声。

长久以来,职业教育供求矛盾始终是影响我国职业教育事业发展的大问题,为协调我国职业教育供给和总需求之间的紧张关系,以适应国民经济建设和社会发展对职业教育的需要,我国开展了多次职业教育体制改革,不过一提到职业教育体制改革,人们通常只想到职业教育管理制度变革,对办学体制改革思考较少。事实上,从解决职业教育短板来说,真正的关键一环是办学体制的变革。

二、相关概念界定

(一)优质职业教育资源

优质职业教育资源的内涵,本书借用谢维和提出的优质职业教育资源的内涵对职业教育和优质学校进行界定。谢维和的优质职业教育资源包含以下几个要素:具备一定的教学水准,且能维持一定领先地位的校园人文、物资、社会、职业教育等资源,并具有一定特色的职业教育学校。(1)校园社会人文职业教育资源的主体内涵主要包括:一是学校的办学思想,即学校的发展理念和基本目标,而这一理念和目标主要考察的是一个学校要怎样按照社会人文研究与教学发展需要,以适应该校的特色与实际而合理地选取资源,并确立自身的位置;二是价值理念,一般表现为该校自身的各项行为及该校的普遍立场和观点;三是对教职工行为的认可感,即该校教工对学生学习目标与学校价值理念的强烈认同,并乐意接受学校各项规定与要求的约束,同时也能够自觉保护学校师生的权益。(2)该校的制度资源一般包括校内的官方制度、非官方制度和学校以外的制度资源,学生、家长与社会之间用于构建与维护相互联系的规章制度等。(3)该校的物资资源一般包括校内的课程与教学、生活设施与器械等公共资源,以及对上述物资资源的合理分配方法。(4)该校的老师资源优势一般表现为:老师的职业精神、学术才能、科研与创新、协作能力、团队精神的培育等。(5)该校的特色资源一般表现为:人无我有,人有我优的资源优势,既可以是该校的职业教育制度特点,也可以是师资或者是学科教学能力等方面的特点,该校的职业教育品牌优势也就属于该校的特有资源优势。根据上述内容,按照我国民众的普遍认识,优质职业教育就是指有着比较良好的职业教育办学环境、良好的校风、拥有良好职业道德与更高素质的教师队伍、有更高教学质量的职业教育学校。薄弱职业教育正好与之相反,就是指办学条件较差、校风学风不好、教师队伍不强、职业教育质量不高的职业教育学校。

(二)公私合作办学体制

公私合作是指"在基础设施、公共建设与公共服务领域,由政府与非政府主体联合共赢式的资金供给机制"。[①] 目前,学术界对办学体制的内涵认识尚不统一,归纳起来大致有如下几种意见:第一种意见认为,其就是指职业教育办学管理体系,或者称职业教育办学管理模式,是职业教育体制的有机组成部分[②];第二种意见认为,其就是指校长与办学者之间形成的相互关系[③];第三种意见认为[④],它是指学校由谁来办学以及怎样办学的问题,它可以表明社会对文化职业教育活动操作过程的认识,以及学校结构、组织和制度的组合;第四种意见认为,它主要是指教学资源的筹措问题,关系着把社会资源转变为职业教育资源的最有效方式问题;第五种意见认为,其重点是规范学校筹办者和校内管理机构的行为问题。筹办者即举办者,指的是校园的重要投资方和管理方,举办者需要解决的是由谁来办学校的问题。管理机构则是指怎样对职业教育资产进

① 王泽彩、贾康:《政府和社会资本合作模式典型案例》,山西经济出版社2017年版,第1页。

② 王宗敏、张秀岩:《多元化办学模式探索》,四川教育出版社1994年版,第41页。

③ 如厦门大学的邬大光教授认为办学体制是"学校与举办者之间的关系,包括不同办学主体关系所构成的一个国家教育办学模式"。参见邬大光:《试论高等教育管理、办学与投资体制改革的相关性》,载《高等教育研究》1999年第2期。

④ 刘佛年、金一鸣:《中国教育的未来》,安徽教育出版社1995年版,第13页。

行使用、经营和管理的问题,也就是怎样增强职业教育管理工作的有序性和有效性。[①]

笔者认为,变革职业教育办学体制的重点在于解决由谁主办学校的问题,关键点在于理顺政府部门、社会和学校之间的利益关联,在社会结构内科学合理地分享资源,扩大职业教育优质资源供给,适应经济发展和家庭日益增长的优质职业教育需求,达到优质职业教育资源供给平衡。但必须强调的是,办学体制并不等于办学组织管理模式[②],在同一个办学体系下,很可能有多种不同的办学管理模式同时出现。因此,在多样化的办学体系中,职业教育也有各种办学管理模式存在。根据职业教育办学费用来源和学校产权,可以分成公立、私立、公有民助、民有公助等多种职业教育办学管理模式。[③]

公私合作办学体制是指由政府主体与非政府主体合作共赢式的职业教育服务供给机制。对于职业教育公私合作学校的界定,本研究仅指两种情况,一是所有权未发生变化,经营权发生转移的职业教育学校,即只是采用民办经营机制进行运行的公立学校,学校所有权不变,仍属公办性质,只是在招生、教师聘用和分配制度、收费等方面进行民营化运作。二是原始所有权组合方式和运营方式均发生变化的改制学校,主要是指以股份方式新组建的改制职业教育学校。本书的改制学校是指经营模式发生变化的,符合"四独立"[④]要求的职业教育学校。

(三)学校产权

本书学校产权是指狭义上的学校所有权。简单而论,就是学校财产权益及在特定的国家职业教育权规范下,学校为承担特定的教学职责而参加教学活

---

① 魏向赤:《关于教育扶贫若干问题的思考》,载《教育研究》1997 年第 9 期。

② 办学模式是关于办学的一种模型或范式,是依托在以某种指针为导向的办学体制下的现实范例,是学校在一定办学思想指导下,在办学实践中逐步构建起来的标准化的组织形式。王宗敏、张秀岩:《多元化办学模式探索》,成都四川教育出版社 1994 年版,第 28 页。

③ 例如,在多元化办学体制下,可有多种办学模式并存。按照办学经费来源及学校产权可分为以下几种办学模式:国有公办、国有民办、民有民办等;按学校具体运作状况又可分为以广东英豪学校为代表的"职业教育储备金""经济实力型"办学模式,浙江椒江书生学校"职业教育股份制"办学模式等。参见朱静:《试论办学体制与教育供求的关系》,载《教育与经济》2001 年第 1 期。

④ 独立的校园校舍、独立的法人、独立的财务管理、独立的教学管理四项要求。参见谭仁杰:《武汉教育发展研究》,武汉大学出版社 2018 年版,第 6 页。

动,并围绕教学、财务所建立的一种权利义务关系,包含学校财物的所有权、占有权、使用权以及利润支配权等方面的整体权利,而这些权利可相互分离,每个权利义务分别归属于不同的所有权主体,它由相应的国家立法所确认。具有立法的权威性和强制性,是由法律设立且受法治保障的权利。

产权单位是学校,产权客体包含各类有形的职业教育资产,如场地、教学设备等,还包括无形的资产,如投入的资本、投入到教学活动中的人力资本、教学单位的校名、职业教育产品、职业教育知识等。产权的内涵包含学校拥有以上客体的权利和义务。

(四)股份制学校

广义的股份制办学是指学校通过入股方式筹集资金,获得对社会资金的使用权,以持有份额分配股息,并承受有限经营风险,同时,招收校董进行管理的一种教学管理机制。也指学校以股份或股份合作形式共同筹措职业教育经费的办学模式。其组织特点主要体现为有众多投资者以股权形式共同出资举办职业教育。狭义的股份制办学仅仅指职业教育股份公私制度[①]。它的组织特点主要体现为“一个双法人架构的管理模式:一个是以职业教育资本办学为目的控股公私法人,一个是由股份公私资本成立的校园企业法人。通过这种双重法人架构,将校园资本的所有权和经营权分开,以维护职业教育办学自主权,并实现对职业教育学校的有效管理”。[②]

股份制学校是指两个或更多个共同出资人通过投资协商,将社会资本或其他要素全部投入学校办学,由投资人共同负责经营,共同承担学校的建设与经营工作,并共同享有相关产权,共担风险的职业教育学校。目的是使投资办学的多种力量克服资金不足的制约,达到优势互补的目的,完成“出资方所有权和法人财产权的剥离,将股份制完善的管理架构和管理机制带到校园,大大提高学校的运营质量”。[③]

---

① 如浙江省台州市的“书生职业教育实业有限公司”和“书生学校”的运作模式。参见郑娟、谭光兴:《公私合作(PPP):独立学院运行机制探讨——基于制度逻辑的视角》,载《高教探索》2016年第8期。

② 赵海峰:《民办高校股份制“双法人”治理模式研究》,载《中国高教研究》2019年第6期。

③ 张中华:《完善办学体制机制,推进高校治理能力建设》,载《中国高等教育》2014年第1期。

（五）职业教育供求与职业教育供求均衡

协调职业教育供求关系，是以适应广大民众日益增长的优质职业教育需要，从而达到职业教育供求平衡，是我国职业教育体制改革特别是办学机构改革的主要目标。所谓职业教育供给，是指在一定的经济社会为培育各种娴熟劳动者和技术专业人员为目标而所进行的基础职业教育，以推动经济发展、社会和个人进步，而由各级不同类型学校提供给受教者以接受职业教育的机遇。[①]职业教育的供给主体既可以是政府部门，也可能是各种社会组织、企业机构以及一般公众个人。而职业教育供应也往往受到一国经济与社会发展水平、各种资源分享多寡、民众收入分配格局、职业教育成本、师资情况以及特定时代的政治、经济、社会、文化、风俗等各方面因素的共同影响。

职业教育需求主要是指国家、企业、社会组织、个人在支付能力范围内对职业教育的欲求。社会职业教育需求主要来自个人、用人单位以及政府，一般又可大致分为个人职业教育需求与社会职业教育需求。个人职业教育需求是指社会、个人和家庭为实现特定精神目标和社会生活物质基础的共同需要。[②] 社会职业教育需求是指经济社会各个部门和社会各个方面对各种专门人才以及接受过相应职业教育的社会劳动力的共同需要，是一种对职业教育有支付能力的需要，它往往受到一个国家人数总量、经济与社会发展水平以及义务免费职业教育制度的实现程度等多种因素的约束与控制。因此，个人职业教育需求与社会职业教育需求二者之间可能在某种程度上能达成一致，因为前者可能引发社会的发展，而后者也会影响个人对职业教育的需要。

所谓职业教育供求均衡[③]，是指职业教育需求各方的期望均获得满足，从而

---

① 它包括“广义”和“狭义”两个方面。狭义的职业教育供给指正规职业教育机构（诸如普通大、中、小学等）提供的职业教育机会；“广义”的职业教育供给还包括许多非正规职业教育机构（诸如成人教育、在职培训等）所提供的教育机会。参见朱静：《试论办学体制与教育供求的关系》，载《教育与经济》2001 年第 1 期。

② 如为增加个人的知识技能和为获得较高的社会地位或较高收入等而产生的对职业教育有支付能力的需要。它受个人智慧程度、家庭和个人经济条件、家长对子女的影响以及职业教育的预期报酬率等因素的影响。

③ “供求均衡”源于经济学的供求理论。经济学中的供求均衡，是指在假定的完全竞争市场上供求这两个变量的相等。

达到对职业教育规模、水平、结构和范围的平衡。从需求的不同主体来分析，职业教育需求的平衡体现为：一是职业教育提供量与个人需求量的平衡；二是职业教育提供量与社会需求量的平衡。在职业教育教学实施过程中，只要有社会与个人需求出现，就有人类职业教育的供求矛盾出现，也就有为满足民众的优质职业教育资源需求而调节职业教育资源供需矛盾的社会需要。

由于优质职业教育资源供需双方多元主体的存在，而导致了资源供需的问题变得更加错综复杂。从静态观点来分析，资源供需平衡是可以出现的，也就是说，有关因素在特定的情况下总是处于一个相对静止的状态。而在这个情况之下，由于供需各方的需求都得到了满足，所以资源的利润分配也就体现了帕雷托最优化的原则。如果从动态的观点来分析，二者也不总是完全平衡，因为资源供应和职业教育需求是由各个主体所决定的，而资源的供应和需求，又由于各个主体的变化而不断发生变化。在宏观方面，可能出现供不应求或供大于求，而在微观方面，在各级各类学校里面都无法做到供需的完全一致。有时候，职业教育供给满足了个人的职业教育需要，而对社会来讲却可能是职业教育滥用或职业教育资源闲置。有时候，职业教育供给满足了个人职业教育资源的需要，却也有可能是社会压制了个人的职业教育资源需要，职业教育供需的同步平衡是无法完全做到的。

综上所述，职业教育供求始终处于不平衡—调节—均衡—不平衡—再调节的动态当中。也就是说，均衡是相对的，不平衡才是恒定的。

三、办学体制与职业教育供求的一般关系①

办学体制与职业教育供求之间有着十分密切的关系。办学体制往往决定一国一定时期职业教育供求的状况。根据不同办学主体一般可将办学体制划分为单一和多元两种类型，而不同类型的办学体制与职业教育供求的关系也并不相同。

---

① 朱静：《试论办学体制与教育供求的关系》，载《教育与经济》2001 年第 1 期。

(一)单一办学体制与职业教育供求的关系

单一的办学体制中就只有一种办学主体,它的显著特点是政府集办学、投资和管理三职能为一体,政府成为职业教育资源的唯一提供者。而这种办学制度主要产生在苏联、东欧,以及改革开放之前的我国①,是同计划经济体制②密不可分的。在这种体制下,政府是公共资源的基本分配者,由政府管理着整个国家和社会的经济、社会公共资源(包括职业教育资源)并在全国各公共职能部门、各区域、各企事业单位之间进行分配。从宏观经济决策来看,是一个政府集体决定机制,而这个机制在一定的社会历史时间段和社会经济条件下,也曾起到了极大的积极作用,无论是在经济领域还是职业教育领域。

同社会主义市场经济制度相适应的我国职业教育制度,基本也是一个由国家政府集中计划和政府部门直接主管的制度,而作为整个职业教育制度中最主要构成部分的办学制度,就是这种政府单一主导下的办学制度。政府单一办学通常具备以下特点:一是政府是国家各级各类学校的主要主办者,并严格限制其他主体的参与;二是在办学费用来源方面,实施政府独立的职业教育投资机制,教学费用直接由国家财政部门统筹下拨;三是学校的管理工作实行由政府部门集中主管。大到具体教学方针政策的制定,小到微观教学单位的建立,事无巨细,政府部门都要干预。各级各类职业教育学校也仅仅是政府部门的下属组织,一般没有办学自主权。

这种相对独立、单一主体办学制度,在一定的历史、时代和地区也曾具有存在的客观必然性与合理性③。但是,随着我国经济社会的发展和人民素质职业教育要求的日益提升,这种独立、单一办学机制的缺点也渐渐显露出来。

首先,在这一传统的政府办学机制下,不利于充分调动和激发除政府部门

---

① 主要是一些社会主义国家。

② 计划经济是通过中央统一计划直接分配资源的一种经济和资源配置方式。在这种体制下,有关部门生产力布局、生产、投资以及分配的某些或全部决定均由中央政府机构做出。参见[美]D.格林沃尔德:《现代经济词典》,《现代经济词典》翻译组译,商务印书馆1981年版,第332页。

③ 比如,在职业教育资源极为有限的情况下,实行单一主体办学,由中央政府负责对全国职业教育事业统一规划和管理,不仅有利于提高资源利用效率,而且可以尽量减少地区间经济发展不平衡对职业教育发展的不利影响,促进全民职业教育的实现。此外还能比较有效地制约地方政府在职业教育投资、管理上的不规范行为。

之外的社会资本主体对办学的热情,也无法把更多的社会资本转向职业教育领域,从而使得可能增加的职业教育供给在一定程度上遭到了压抑;在职业教育的办学中,力量过分集中在各政府部门,各级各类学校缺乏办学自主性和增加职业教育自我供给能力的主动性。

其次,在单一的办学体制下,对社会上各种各样的职业教育要求,政府也很难提出一个统一的面面俱到的职业教育规划。因为政府独立、单一办学机制能够高效运作的前提条件是:政府必须了解有关社会和个人职业教育需求的所有信息;整个社会利益务必保持一致,也就是说,社会职业教育需要与个人职业教育需要保持一致性。而这些显然需要极大的成本,实现难度极大。

最后,在单一的职业教育办学体制下,政府常常因为财力的限制,往往以通过控制社会与私人对职业教育要求的方式来达成对职业教育供求的均衡,从而导致职业教育机会分配上的不均衡,即表现为大量职业教育的存在。

综上所述,单一的办学体制过于注重政府部门的功能,学校由政府部门完全承包下来,不利于优质职业教育资源供应的增加,无法适应人们优质职业教育增长的需要。所以,职业教育在这种机制下,也就很难真正达到优质职业教育资源供求平衡的状态。

(二)多元化办学体制与职业教育供求的关系

与传统办学体制不同,在多元化办学机制下,多种主体通过多种渠道筹措资金,采用多种经营手段相结合方式办学,一个显著的标志就是办学主体的多样性,办学单位既可能是政府,也可能是社会力量;既可能是私人或具有法人资格的教学单位,也可能是单独的个人。与之相适应,出现多元化办学的资金来源的多元以及办学方式的多样。同时,政府可以利用立法、资金、计划、技术等来实现对学校的间接治理。多元化的办学制度也通常是和市场有密切联系。①

在实行市场经济形势下,处于非义务教育阶段的职业教育机构往往实行多元化的办学机制,公办学校与私立学校并存、公办民助学校与民办公助学

① 市场经济是以市场作为基础性手段的一种资源配置方式,其资源配置的目标是实现利润最大化。在市场经济体制下,政府、企业和个人都是市场主体,由于资源配置主要是通过市场供求和价格的波动实现的,因而对供求信息的反应极为迅速,能及时有效地结合市场需求进行调整。

校共同发展。在多元化的办学机制下,在办学体制和教学资源需求之间的相互关系上,学校采用了“以需求定发展”的教学基本思路,在学校适应经济、社会和个人需求的发展过程中,根据劳动力市场所反映的供求信息,利用市场经济方法调节职业教育资源的分配方向,优质教学资源供给实现最大化。在多元化的教学与职业教育办学体系下,由多元主体参与办学,可以充分调动政府、民营企业、社会组织或者私人个体积极性,使其主动参与到职业教育办学中来,扩大职业教育投入,进而提高整个社会的职业教育能力。也可以扩大职业教育投入的路径,从而补充政府财力之不足,最终增加优质职业教育资源供应,从而满足社会和个体对职业教育的优质职业教育需求。另外,随着参与主体的不断增多,也突破了过去政府部门控制职业教育的局面,促进了职业教育学校内部在职业教育服务质量上的公平竞争。各个微观办学主体不但重视对硬件设施的投资,更重视教学资源效率和质量的提升。以特色教学求发展,不但能适应人们普遍的优质职业教育资源需求,同时又能满足职业教育需求多元化的发展趋势。但是,多元办学体制下,由于各办学主体存在两面性①,虽然积极筹措资金,努力提高办学质量,增加职业教育供给的资源量,提升职业教育供给的质与量,同时也会出现乱收费、腐败、公平、国有资产流失等现象。所以,国家尤其应从合同规范、长期发展、资金进出、效果评估与监督等方面进行有效的法治规制。

综上所述,办学体制和职业教育供求之间的关系密不可分。在不同的办学体制下,职业教育的供给与需求呈现不同的状态。所以,要使优质职业教育资源供需达到平衡,办学机制是一个基础性的、至关重要的要素。确保优质职业教育资源供需平衡是办学体制改革的重要任务之一。

---

① 多元化办学体制有效运转的前提是:各个办学主体的行为都必须规范。而在现实中,上述前提亦难以完全实现,有时甚至会出现“市场失灵”现象。比如,在市场经济条件下,微观职业教育单位的行为往往都具有两面性。一方面,他们在其自身特殊利益的驱动下,为了取得竞争优势,会不断加强学校内部管理,努力改善办学条件,自觉地进行职业教育结构调整,努力提高职业教育质量,努力增加职业教育供给;另一方面,微观职业教育单位作为现实的利益主体,也存在难以泯灭的通过某种不正当途径获取好处的欲望。在这种欲望的驱使下,诸如乱办班、乱收费、乱发文凭等非法行为都可能从各种缝隙中钻出来,这就不利于职业教育的均衡发展。

四、职业教育的性质

职业教育是义务教育阶段与社会之间衔接的关节点。作为我国非免费教育的职业教育阶段,职业教育的私人受益性越来越明显,它也是从基础教育走向高等教育,甚至走向社会的承上启下的最重要阶段。虽然职业教育为国民经济的发展和人类社会的进步起到很大的促进作用。但是,从总体而言,职业教育更多是让受职业教育者本身获益,所以其社会公共品的特质相对而言也较弱。

(一)职业教育投资的成本

职业教育投资成本是指培养每一个学习者所耗费各种时间与物的总量,亦指学生为参加课程的教与学所耗用的物化的精力、体力、劳动的总值。和其他所有经济社会生产活动一样,职业教育过程也同样需要进行相关的社会劳动,并消耗相应的人财物。在这个过程中,为进行职业教育而所进行的各种社会投资均构成职业教育过程投资成本。

对职业教育投资成本进行分类①,对职业教育资源多元化供给具有相当关键的理论意义。在当今社会,职业教育机会均等已成为全球不少国家职业教育优先发展的重要目标与准则。在这一观念指导下,不少发达国家也相继加大了政府对于职业教育的财政投入,并拓宽了职业教育的投资范围。由此,关注对职业教育投入的经济社会成本费用管理,便成为一个十分重要的因素。

政府部门在对职业教育进行投资规划之前,必须统筹考量各种成本、费用以及可能产生的各种负面影响。要直接投资哪些人财物?其对经济发展、人才培养等会产生什么样的负面影响?这些成本费用中一些相对较容易进行比较

---

① 按照不同的依据和方法,职业教育投资成本可以划分为不同的类别。从性质上来看,职业教育投资的成本可以划分为有形成本和无形成本两大类:有形成本包括各种用于学校建设的财力、物力和人力,主要体现为用于职业教育、培训的职业教育经费支出;无形成本则指学生因接受职业教育而丧失的创造社会财富的机会成本。从负担的主体来看,职业教育投资的成本可以划分为社会成本和私人成本(个人成本),即分别由社会和个人承担的成本。从负担的形式来看,职业教育投资的成本可以分为直接成本和间接成本。从成本自身的形态看,职业教育投资的成本可以分为固定成本和变动成本。

与衡量,而另一些则可能很难观测和衡量,如机会成本。所以,不管上述成本费用的衡量在技术上如何难以进行,但毫无疑问的是,这些都是影响职业教育决策的关键要素。

同经济社会成本相类似,职业教育所投入的私生产成本也会更多地遭到政府部门的制度性约束,在非义务职业教育费用成本分摊的供求机制下,政府部门职业教育供应权责的大小和私生产成本往往呈现此消彼长的态势,政府部门承担得多了一些,个人便会相对较少承担某些成本。所以个人的职业教育投资不但受制于个人财力的影响,在许多情况下,还往往受制于政府部门的职业教育优惠制度。在职业教育中,直接成本和间接成本往往是影响个人职业教育投资决策的主要因素。在更多情况下,直接与间接成本是影响个人职业教育投入决策时重点考量的要素。但是个人与政府对职业教育成本考虑的侧重点不同。与个人比较,政府部门对间接成本的重视程度要高得多。

(二)职业教育投资的收益

不管哪种职业教育投资主体,在做出投资决策之前,职业教育投资收益率都将成为他们的一个很重要的决策因素。从投资收益的主体来看,职业教育收益率可包括个人收益率和社会收益率两种类型。[①] 职业教育投资的个人收益一般分为市场收益和非市场收益[②],前者包括公民个人在社会上获得的财物、机遇等收益,后者主要是指职业教育者自身的身心与生命品质的改善。通常来讲,受到越多职业教育的人,会更加重视自己和下一代的健康成长,从而能够通过采取相应的策略与方法,如增加对健康的投资,关注子女的职业教育等来促进其本人和下一代的生命品质提升。另外,也因为职业教育本身的消费性特点,

---

① 按照人力资本理论的观点,教育是一种可以带来预期收益的投资行为。因此,从个人角度讲,教育投资者必然考虑其个人的投资收益率,并将这一收益率与其成本或者其他的投资方式进行比较,从而做出自己的最优决策;从政府角度讲,其会更多地从职业教育投资的社会影响出发,制定相应的鼓励和限制职业教育投资的政策措施,以促进施政目标的实现。

② 职业教育投资的市场收益主要是指接受职业教育使民众个人在市场上直接获得的各类受益,包括财务收益、机会选择权、财务选择权、套头交易等内容。财务收益和机会选择权是指这样一种情形:个人的受教育程度越高,便越容易在市场上找到条件优越的工作,获取更高的收入,也更容易获得进一步深造的机会(拥有更多的机会选择权)。套头交易则是指个人接受的教育程度越高,便越能适应技术进步对劳动者提出的高标准和新要求,越能在技术变革中获利。教育投资的非市场收益主要是指由于接受教育而给民众个人带来的身体状况改善、生活质量提升等方面的好处。

受职业教育者也会从中获取精神方面的成效。职业教育投资的社会利益一般是指制度环境与社会环境及对他人的利益效应,其通常体现为它对全社会奉献的增多或社会成本的降低,按照利益关联度的差异,职业教育社会收益应该包括三种情形:区域关联收益、职业关联收益、社会共享收益。①

正因为职业教育投资同时具有个人与社会两种收益特点,所以职业教育投资更多被看作是一个典型的混合产品。实际上,正因为政府、社会以及个人都会在职业教育中获益,所以职业教育需求的主体也是相当多样的。如此一来,职业教育多样化供给理论便具有了比较完善的基础。

(三)职业教育"产品"的供给

职业教育具有公共性与公益性的物品属性,因此,政府负有一定的职业教育资金供给职责也便有了理论依据。不过,这并不代表政府部门就应该完全包揽职业教育的供应,而且在政府部门担负的职业教育供给责任中,政府供给也不等同于政府生产。对职业教育这样一种具有公共物品和私人物品属性的产品来说,其供给方式也可按照职业教育的不同类型采用不同形式供给。

1. 混合产品的"供应"与"生产"

虽然职业教育的混合产品属性带有个人商品特性,但是因为其所具有的公益物品属性,已成为很多发达国家政府所主导的社会产品。不过,在政府对这一混合产品供给责任中,政府部门的供给并不等同于政府生产。

在职业教育这一混合商品的直接提供领域,"政府部门直接提供"一词,意味着政府部门需要依据混合产品的性质与需求,制定和执行与之相适应的制度②。与供应相比较,混合产品的生产更多会涉及其生产工艺或经营方面

① 地域关联收益,是指受职业教育者由于接受职业教育而给相邻"地域"带来的收益,比如,民众会从受过良好职业教育的高素质邻居那里获得一定的社会收益,而父母接受过较高层次的职业教育也会有利于孩子的成长。此外,一个社区内接受高层次职业教育者人群的增多也会带来较低的犯罪率,从而对于社区的秩序有着积极的影响。职业关联收益是指在分工协作的生产过程中,劳动者因接受职业教育而增进了其灵活性与适应性,这将对其他劳动者产生有利影响。社会共同的收益主要是指居民接受职业教育对于国民素质提升、科学发明和创新、社会和科技进步以及思维方式和价值观念的间接、积极的影响。

② 比如生产多少、质量标准、产品类别和生产时间等以及如何为其提供资金或者融资。

的内容。[①] 实践中,在不少国家,许多混合产品或公共物品都是由政府机构提供,却由私人组织生产[②]。

混合产品中的政府部门提供,私人部门生产(如政府部门购买、服务外包等)的根本在于政府失灵问题,主要体现在财政制度性运行中的低效率和各种市场寻租行为:一是政府投资决策并不必然遵循效率最优原则[③];二是因为没有适当的激励机制,和私营部门相比较,政府部门本身的运作方式也是低效的[④];三是由政府直接生产的物品为寻租行为创造了机会。[⑤] 很明显,政府失灵就是混合产品公私合作产生的真实本源。

事实上,由于市场的发展和信息技术的进步,私人部门在混合产品和公共物品管理领域的角色正呈现着越来越强化的态势。[⑥] 这不仅是为了解决政府失灵、提高生产效率效益的根本需要,更是混合产品的私人物品属性的必然选择。

2. 职业教育“产品”的供给方式

鉴于混合产品的双重属性,政府既无必要也不可能全面包揽其供应和生产。不过,毫无疑问,政府部门在混合产品的提供中扮演了至关重要的角色。一旦缺乏政府部门的干预,社会供应混合产品的积极性就可能不足。这样,由

---

① 在政府供给混合产品的过程中,应当将“生产”责任和“供应”责任区别开来——公共部门必须承担混合产品的决策、监督和融资责任,而混合产品的运营和管理责任却可以(但不必须)交由私人部门承担。

② 比如,公路建设的决策以及融资属于政府的职责,而在许多国家,其设计、修建和养护却由私人部门完成。

③ 根据公共选择实证研究的结果,通过民主决策所形成的政府决策不一定符合“效率最优”原则,在多数票规则的决策程序中,投票者(作为决策者的政治家们)所追求的目标往往是某个组织或集团的利益或自身利益,因此,包括混合产品供给在内的政治决策并不一定符合公共利益。在政治决策和公共利益相去甚远时,“政府失灵”便出现了。而且,一些技术上的障碍(如难以确定某种混合产品的需求进而确定其生产数量)也导致了政府决策的低效率。

④ 由于缺乏明确的绩效评估制度等激励机制,政府工作人员之间、政府部门之间的竞争也极度缺乏,混合产品供给的成本和效率较私人部门很难度量,而且由于缺乏降低成本的动力,政府部门往往倾向于混合产品的过度提供,这无疑导致了社会资源的极大浪费。

⑤ 一些私人部门(企业等)为了获得某些垄断性产品方面的特许,往往会通过各种合法特别是非法的手段向政府寻租。这不仅会浪费有限的社会资源,而且会大大降低政府的执政能力。显然,“政府失灵”成为混合产品“政府供应、私人生产”状况形成的现实根源。

⑥ 在那些一直以来被认为是政府供给的领域,如铁路、公交、垃圾收集和处理以及公路、桥梁等“公用事业”和基础设施,“外包生产”现象越来越多。这不仅是克服“政府失灵”、提升生产效率的本质要求,更是混合产品私人产品属性的必然要求。

政府部门、公众、私营机构共同负担混合产品的供应任务也就成为必要。①

职业教育作为一个典型的混合产品，在国家缺乏相应的充足的职业教育财政资源而进行单一供给时期，职业教育的供给任务应由政府、社会、个人共同负担。而职业教育的供给方法也因此呈现多元化特征。职业教育产品的供应，可区分为如下几种类型：一是政府生产全部的职业教育与服务。在由国家政府直接产出的情况下，其所有成本使用国家财政税收来加以补偿，政府在强调供应充足的职业教育服务的同时，还应注重公平与效率。二是政府和私人部门共同生产的职业教育供给模式。即部分职业教育服务由政府机构供应，部分公共服务则由市场供应。在这种供给方式下，职业教育呈现公立学校、私立学校、公办民助学校、民办公助学校共存的局面。公立学校主要承担一般的职业教育服务，解决民众的基础职业教育需要。私立学校、公办民助学校、民办公助学校存在的目的除缓解职业教育的拥堵以外，其首要目的是解决部分公民多样化的职业教育需求。在这种模式下，私营学校并没有完全被排斥在行政以外，恰恰相反，其运行和发展都要接受政府部门的统一规划、制度化管理和效果监管的约束。在政府部门购买私营学校部分职业教育服务的同时，政府财政必须对私营部门赋予相应的财政补贴。三是由政府部门委托私人机构生产职业教育产品。比如，以公办民助学校、民办公助学校的形式存在，政府部门必须和私营机构签署职业教育服务供给合同②。四是职业教育产品纯粹由私营机构生产。政府部门并不对职业教育的产出直接予以补偿，只是对受职业教育者采用奖学金和助学金的方式给予补贴③，使职业教育的外部收益予以内化。这个办法把市场配置的职业教育服务价格与政府财政补贴紧密联系在一起，从一定程度上反映了

---

① 在供给责任的分担机制下，混合产品的供给方式大致可以分为三类：政府直接“生产”、政府和私人部门分别“生产”、政府委托私人部门“生产”。政府直接“生产”的成本可以通过两个途径弥补：一是政府征收的税金等“一般性收入”；二是向消费者收取的（较为低廉的）使用费。政府和私人部门分别“生产”则允许私人部门参与混合产品的生产、向消费者收取同等标准的“使用费”，为鼓励私人部门的生产，政府可以给予私人部门一定的财政支持和补助。政府委托私人部门“生产”允许私人部门向产品的使用者收取一定费用，但需要政府与私人部门签订相应的委托生产协议，规定混合产品的生产数量、规格标准、价格等关键内容。

② 规定职业教育服务的数量、质量标准、价格等相关内容。在这种情况下，学校全部为私立学校，而收费标准则低于完全由市场“生产”的职业教育服务。

③ 政府并不对职业教育的生产直接进行补贴，而是对受职业教育者采取“矫正性财政补贴”的形式（如奖学金和助学金等）将职业教育的外部收益内部化。

职业教育成本多元化负担的原则,也实现了职业教育办学体制多样化,以满足民众对职业教育多元化的需求。

3. 职业教育政府供给的影响因素

基于混合产品的双重特性,由政府、社会及以及个人一起负担其供应责任,已经开始成为一种发展趋势。不过,这种共同分担供应责任的机制,在很多国家都是以政府为基础的。进一步来说,在职业教育公共服务的供给中,政府所肩负的责任也并非一成不变的,是一种持续发展变迁的动态过程。针对职业教育而言,政府究竟需要管什么,管到何种程度,往往取决于当时现实的经济社会和政治环境。这些因素决定了政府财力的多寡、施政目标以及人民的实际需要。

经济环境和政府部门的财务状况是确定政府部门在职业教育资源供应中负责的宽度与深度的根本因素。经济发展初期,政府部门财力一般十分有限,这种情况影响了政府的投资能力,即便管理者希望供应更多的职业教育公共服务,也心有余而力不足,或者是由于政府财政的约束而不得不在职业教育公共服务供应中担负比较少的职责。随着经济高速增长,且政府部门财源较为充足的情况下,政府则有机会有能力履行更多的职业教育供给职责。但必须指出的是,在合理而完善的国家预算体系下,充分考虑到财政收支的波动,政府在职业教育费用支出的上升幅度通常与实际财政收支的上升幅度保持正相关,也就是同向发展,而只是略有滞后。

政治经济环境和社会条件以及政府部门的具体施政目标是制约政府部门承担职业教育发展职责的另一个关键因素。在经济社会各个历史发展阶段,政府部门通常都会针对经济社会现实需要提出具体的职业教育大政方针。依据这一方针,政府部门实施政策的基本目标也会各有不同,在截然不同的社会历史发展阶段,政府部门的职责重心截然不同。如此一来,特定的经济、政治、社会发展环境和基本目标就成为政府部门履行职业教育责任广度和深度的关键指标。①

---

① 比如,在经济发展比较落后或频繁波动的时期,政府往往更为关注市场运行的效率,将主要目标定位于经济的稳定,在这种情况下,政府将大部分财力用于经济的稳定发展,其在职业教育供给中承担的责任必然会减少。而在经济稳定快速发展但社会问题尤其是公平问题凸显的发展阶段(如当今的我国),社会公平和居民福祉的提升往往成为政府的主要施政目标。在这种情况下,出于社会稳定等社会方面的考虑,政府则很可能将更多的财力投向职业教育领域。

而上述各种因素也就成为影响政府部门职业教育公共服务供给改革的重要内容。职业教育办学机构改革是一项系统性工程,它面临着职业教育政府职能定位、公立学校和民办学校之间的关系、职业教育均衡、优质职业教育资源不足以及公共职业教育资源保值增值等问题,尽管职业教育办学体制改革已经近几十年,个案性和局部特色的尝试也曾累积了不少的经验和教训,但时至今日,再用个案性和局部特色的改革试验做法,已经无法满足当前经济体制改革和社会整体转型的需要。

而随着当前经济体制改革和社会整体转型的深化,职业教育办学体制改革,相比经济社会总体变革相对滞后,已成为当前中国职业教育体制改革的难题。整体推进职业教育公私合作改革就是对这一重要问题的回答。政府部门将成为职业教育公私合作制度创新的掌舵人,其制度选择起着决定性的影响,也承担着引领职业教育调整办学方向的重要功能。

五、职业教育公私合作的"核心问题"①

职业教育公私合作问题的根源在于办学体制问题,而办学体制改革则是一种制度问题。所以,若要全面改革办学制度,就必须面临一连串的难题。经过对个案性和局部性改革实践的综合梳理,根据当前办学情况分析,可以看出下面四大问题,即是最需要全面解决的办学体制的基本问题,也是当前职业教育办学体制改革制度最需要回答的基本问题。②

(一)政府在职业教育整体发展中的定位问题

政府面对职业教育所具有的心态和承担的责任,既影响着一个国家人力资源策略的选择,也影响着国家、社会、公民个人举办职业教育的心态和实践,还影响着公民个人职业教育选择取向。政府在职业教育发展过程中到底应当发挥哪些功能?从新中国成立初期政府基本贯彻公立职业教育为主,私立职业教育为辅的策略,到了1953年,由于国家经济公有化程度的增加,财政包揽职业

① 周彬:《论基础教育办学体制改革中的政策选择》,载《国家教育行政学院学报》2008年第3期。
② 周彬:《论基础教育办学体制改革中的政策选择》,载《国家教育行政学院学报》2008年第3期。

教育的格局已基本形成。1953—1958年,中国公办职业教育得到了很大的发展,不管是职业教育总量,还是职业教育质量,都令国人为之振奋。"文革"时期,由于国家发展困难,职业教育事业也停滞不前,甚至到了崩溃的边缘。自改革开放以来,政府逐步重建了公办、民办公助职业教育体制,并逐渐恢复中国职业教育秩序。随着中国市场经济多元化格局的建立,再让政府部门完全包揽所有职业教育已不再现实。因此,中国各地开始尝试多元化办学机制的变革,而这些变革都是个案式、区域式的变革探索。在我国经济体制改革从计划经济体制走向市场经济体制的过程中,职业教育办学体制的全面改革已势在必行[①]。

说到底,建立多元化办学体制的核心问题,就是要确立政府在职业教育事业整体发展中的领导地位问题。因为政府对职业教育事业发展的管理是基础性的、前提性的,而政府对职业教育事业发展的介入是强势的,这直接决定了普通民众在职业教育事业发展中应该做哪些,或者怎样去做。[②] 民众唯有在国家制度所规定的职业教育范畴之内,才能实现自身利益最大化和最优化的职业教育选择。

(二)职业教育均衡发展与优质职业教育资源不足的矛盾

我国是一个发展中的社会主义国家,人口众多,学生基数大,人均收入在世界范围排位不是很高,职业教育很难一下子实行免费的义务教育。也就是说,我国是在用有限的资源办大职业教育,这是我国职业教育的基本现实情况。办大职业教育有两个现实选项:一是集中有限的教学资源办少量的优质职业教育;二是尽量地分散优质职业教育资源,使职业教育平衡化。所以,平衡职业教育与优质职业教育政策争论,一直是中国职业教育政策选择上最大的政治争议。而今日的均衡职业教育与优质职业教育政策争论,是中国早期的一般教育学校与重点学校政策争论的翻版,是一个差异化价值利益基础上的政府抉择。

---

① 诚如江苏省教育厅《关于基础职业教育办学体制改革的意见》所指出,多年来,我省各地根据国家有关法律法规,结合当地实际,在基础职业教育办学体制改革方面进行了有益的探索,取得了一定的成效,但也出现了一些亟待规范的问题,办学体制改革有待进一步深化。

② 按照布罗姆利的意思,就是政府对基础职业教育的政策定位,决定着民众在职业教育发展中的选择。

均衡化职业教育侧重于人民利益的制度观念和人文主义关注的公民价值观，而优质职业教育则是着眼于人才培养的政治战略和规模经济效益的社会意识。

我们很难说均衡职业教育就必定好，也很难说优质职业教育就必定很差，是因为二者的思想起点和价值基础并不相同，问题的艰难之处还不仅是因为对其实行优劣衡量的客观标准难以把握，还因为在各个职业教育阶段与截然不同的经济社会背景下，二者都存在各自适用的情形。但是，在优质职业教育资源严重匮乏的情形下，不可能分别依据均衡职业教育和优质职业教育的理念，构建两套国民职业教育制度，因为人们都需要做出自由选择，并且这种自由选择容不得中庸。

（三）公办学校与民办学校的定位及转换问题

从改革开放至今，私立职业教育突破了公立职业教育一统天下的困局，并且发展得尤为快速。事实上，从第一家私立学校出现起，政府就不仅面临着自身重新定位的问题，还面临着对公立职业教育与私立职业教育如何定位问题，也就是说，怎样解决公立职业教育学校与私立学校的关系，怎样面对公立学校和民办学校相互转化的问题。国家需要赋予公立学校和民办学校不同的定位，才能确保私立职业教育得到充分的发展空间，也可以确保公立职业教育学校和私立学校得到良性共进。但是，公立职业教育学校能得到国家财力和社会声誉的保障，拥有私立职业教育学校所不具备的制度优越性。因此，怎样划分公立职业教育学校和民办职业教育学校，并对二者之间的竞争做出详细的规制，已成为当前党和政府对职业教育制度选择的核心问题。

（四）国有资产的保值与教师人事变革问题

随着我国民办职业教育体系的逐步形成，我国政府对私立职业教育机构的直接投资也应该划入国有资产的范畴，这也逐渐为大家所接纳和认同。随着公办学校向民办学校的转制，怎样实现经营性国有资产的保值？怎样防止经营性国有资产流失？这些问题已成为职业教育公私合作的核心问题。在这里，最有争议的问题就是由职业教育财政投入所形成的学校收益还属不属于国家财政收入。公立学校作为举办者投资设立的职业教育学校，是公立还是私立？如果想要就这一问题进行解答，首先需要明确两个问题：一是创办这样的民办学校的资产是不是财政资金？这就牵涉刚才的问题，由我国政府财政投入所产生的利润算是该校的收益？还是属于由政府财政收支转化的财政开支。如果是前者，那么他们自然就要享受民办职业教育的办学制度，而如果是后者，名校所开办的学校就是非真正的私立学校，他们也就无权享受民办职业教育的办学制度。二是这种民办学校是不是具有法人地位？是不是有自己的独立的资产？是不是有自己独立的师资？[①] 如果没有自己的独立管理者，没有自己的独立师资，能否享受民办教育的优惠办学制度，这也是民众曾对此类学校拥有民办职业教育制度优势的最大质疑。

本章小结

优质职业教育资源不足是职业教育公私合作的最大动因，也是职业教育公私合作法治涉及的核心概念。公私合作办学体制是政府与非政府主体在职业教育领域联合共赢的一种资金供给机制；学校产权则是指狭义上的学校所有权；股份制办学则是指学校以股份或股份合作形式共同筹措职业教育经费的办学模式。职业教育供求关系强调应不断适应广大民众日益增长的优质职业教育需求，职业教育供求均衡则强调职业教育规模、水平、结构和范围的平衡。作为义务教育阶段与高等教育阶段之间的关节点，职业教育更多的是使受职业教育者本身获益，所以其社会公共品的特质也相对较弱。由此，职业教育公私合作的“核心问题”主要体现为政府在职业教育整体发展中的定位问题、职业教育均衡发展与优质职业教育资源不足的矛盾、公办学校与民办学校的定位及转换问题、国有资产的保值与教师人事变革问题，运用职业教育公私合作的法治强制力手段将有利于化解诸如此类问题。

---

① 根据《教育法》的规定，民办学校要成为独立的法人，这些条件都是必须具备的，但现在诸多名校办的民校，只是名校的附庸，甚至只是名校的“摇钱树”。

Chapter 3 第三章

供给困境篇:优质职业教育的供需矛盾

作为一种社会产品,职业教育领域存在巨大的市场。尤其在当今社会,经济的快速发展和生活水平的不断提升使得民众的职业教育需求规模急剧扩大。不仅如此,随着社会发展的日益多元化,民众对职业教育的需求也不断呈现出多元化发展的特征。职业教育需求的多元化和职业教育的混合产品性质都要求职业教育供给的多元化。但是,在目前的我国,以政府为主导的单一供给体制却成为满足民众多元化需求的主要障碍。在这种情况下,职业教育的供求矛盾不可避免地会出现,特别是优质职业教育资源的供需矛盾更为突出。

一、职业教育单一供给与多元需求的矛盾

当今社会信息化明显,促使知识经济蓬勃发展,也促使社会对职业教育产生了更多更高的要求。一方面,无论是在西方发达国家还是发展中国家,职业教育对于劳动者来说已成为越来越关键的必备生活的基础内容之一,对政府来说,也就具有了更为重要的社会作用。在如此的历史背景中,随着人们对职业教育的需求规模的日渐扩展,职业教育规模的多样化已成为全球范围内的一种普遍趋势。另一方面,从个人来看,社会收入水平的增加为

接受个性化职业教育创造了条件,人们也越来越有可能承担接受职业教育的花费支出,因而日渐扩大并呈多样化趋势的职业教育,也成为一种新的社会发展趋势。

(一)职业教育需求多元化发展的背景

与全球职业教育市场多元化增长的趋势相对应,经济与社会发展也促使我国民众对职业教育的需求增加,并呈现多元化的发展势头。随着改革开放的步伐越来越大,我国社会主义市场经济的发展为职业教育需求多样化发展奠定了坚实的物质基础,同时提供了多元化必需的现实环境。我国职业教育需求量的日益扩大和多样化发展,在较大程度上体现了社会主义市场经济环境下,人们对职业教育需求水平的提高,是我国社会主义市场经济进一步健康发展的必然成果。而且,随着我国社会主义市场经济体制的逐步完善,以及我国劳动力市场的不断发展,职业教育也在人们就业、成长等领域中发挥了日益巨大的功能。在这个大环境下,人们对职业教育多样化需求必然更加紧迫。职业教育,特别是优质高水平的职业教育,不但可以让人民得到更多更好的进一步发展机会,同时也能够提高他们的社会地位,进而创造更多的物质和非物质的社会回报。所以,通过参加职业教育,提高人民综合素养、获取更良好的机会和更高的社会地位已经逐渐成为人们的共识。也可以这样认为,职业教育市场的形成与健康发展是当前我国职业教育多样化与健康发展的主要影响因素。

另外,随着中国入世,中国全球化经济发展的脚步日趋加速,来自世界的竞争压力也导致我国民众对职业教育需求呈现日益扩大和多样化的趋势。面对着比以往越来越激烈的职业竞争,进一步更新专业知识、掌握新技能、增强创新意识、适应社会能力、升入更好的职业高校进一步深造,已成为很多人选择职业教育最直接的目的。从这种角度看,全球经济一体化的发展已经成为我国职业教育需求多元化发展的重要助推器。

(二)优质职业教育需求多元化的主要表现

优质职业教育需求多元化一般是指职业教育主体(包括国家、社会、个人)对于职业教育需求的多元化与个性化。信息技术的快速发展对政府、社会经济各组织及居民个人均提出了更高的职业教育要求。从国家视角来说,随着职业教育在国民经济发展、社会进步过程中所承担的角色日益关键化，其越来越受到国家关注。而从社会角度来看，企业也日益意识到了职业教育对其发展壮大的重要意义。而对于个人来说，作为提高自我技术技能与素养的主要渠道，职业教育更应成为其赖以生存、提高与进一步发展的必要条件。由此，传统单一的公立职业教育模式已经不再是人们所关心的唯一职业教育途径，民众也开始逐渐把视线投向私立优质职业教育、更多的公私合作职业教育，这也导致了个人对职业教育需求呈现多元化的特征与趋势，因为不同居民的特性与兴趣不同，各自的学习动机也不一样，他们对职业教育的需求也将产生更大的不同。

1. 优质职业教育需求规模不断扩大

知识经济的发展趋势使人们进一步意识到，优质职业教育对自身的成长越来越重要。人们也越来越清醒地认识到，优质职业教育并不仅仅是使自身获得就业的重要手段，也成为自身获得社会身份、提高收入水平和提升自身价值必不可少的一个过程。对于中高收入群体而言，优质职业教育是促使他们进一步成长的最根本手段。而对于低收入人群来说，优质职业教育也极有可能成为他们进入中高收入人群的唯一途径。因此，人们对于优质职业教育的需求不断增长，也将成为一种社会发展的必然趋势。而实际上，无论在发达国家还是发展中国家，人们对优质职业教育的需求都呈现上升的趋势。

2. 追求优质职业教育资源

虽然从职业教育学的视角来分析，优质职业教育资源具有极特殊的含义，不过我们通常更偏向于用教学质量、学习者在受到职业教育之后的去向、发展机遇与前景，作为评估职业教育资源优劣的主要尺度。总体来说，优质的职业教育资源能够让人在更少支出成本的前提下，掌握更多的专业知识和专业技能。但随着职业教育资源对个人成长重要性的日益突出，加之社会收入水平的逐步提升，更多的人不再满足于其本人和后代受到一般更大众化的职业教育，而把注意力更多集中在更优质的职业教育资源方面，并希望得到良好的成长和就业平台，以更进一步推动自身人生价值的实现。

个人对优质职业教育资源的向往，主要反映在世界各国居民对优质职业教育资源的关注和追求上，择校现象便是其最为典型的表现之一。其实，不只中国，很多发达国家如美英澳等国，都不同程度地存在择校现象。① “择校”现象的愈演愈烈显示出英国居民对于学校优质职业教育的强烈需求。此外，当今世界各国学生对国际名校趋之若鹜的现象也是追求学校优质职业教育的重要表现之一。尽管这些国际名校往往有着较高的门槛和昂贵的学费，但它们仍然是许多国家年轻人孜孜以求的奋斗目标。

（三）职业教育需求多元化的根源

职业教育需求多元化趋势的产生具有其客观必然性，不同国家和地区多元化职业教育需求的产生有着不同的因素。从世界各国对职业教育发展趋势的共同点来看，职业教育多元化的需求，既是社会经济发展变化引起优质职业教育资源供求矛盾的必然结果，也是世界经济一体化与社会多样化发展趋势的根本归途。

首先，经济社会的迅速发展和人民生活不断改善，是职业教育需求多元化发展的重要前提条件和物质基础。经济社会的高速发展、科学技术水平的提高对劳动者的整体素质提出了更高的标准与要求，要求职业教育与技术知识更加紧密结合。职业教育已越来越成为人们在劳动中获得更高收入不可或缺的基础条件，也可以说，职业教育已成为人类社会活动中主要的社会活动之一。从这种角度看，经济社会高速发展的信息化为职业教育需求的多元化发展提供了更有力的物质基础。从人均收入增加的角度看，城乡居民可支配收入的增加，支付能力的提升，也为多样化的职业教育需求变为现实创造了条件，在此基础上，民众对各种形式各个层面的职业教育，包括职业教育的愿望与需求变为现实的概率越来越大。由此，在人们经济能力提高、民众生活水平提升和居民需求多样化的现实情况下，职业教育供求多元化也就变成了一个国家的必然选择。

---

① 以英国为例，英国的中小学（5 岁至 16 岁）基本上属于义务职业教育阶段，居民如果选择到国立学校接受职业教育，不需要缴纳学费。尽管没有重点与非重点之分，但英国的国立学校之间的职业教育质量却存在很大差异。在这种情况下，如何让孩子进入职业教育质量好的学校便成为英国父母面临的一项重大问题。根据英国房地产经纪人全国协会的统计数据，至少有 6.5 万户家庭平均额外花费 10 万英镑购买第二处房产，其目的就是让孩子获得进入好学校就读的机会。英国家长为在名校周围抢购房产而每年投入的花费高达 8 亿英镑，有的父母甚至为孩子能进入好的学校而分居。

其次,社会的多样化发展也是职业教育需求多样化趋势的内在原因。当今社会,随着全球经济一体化发展的影响越来越广泛,国际社会交流也越来越密切与频繁,这必将导致世界各国民众之间经济管理方式、价值观念、消费理念等方面的互动与冲突,并最终产生性质多样、内容多元的社会文化发展特征。反映在职业教育领域,主要表现为职业教育需求的多元化。从社会多样化对劳动力的需求来分析,多样性的社会发展往往需要劳动者具备较高的综合素养、适时的创造精神与扎实的基础知识。从社会多元化对个人价值观的影响来分析,在复杂多样的社会环境中,个人价值观也往往呈现更为多样、更加多元的特征。面对新的时代需求,人们也开始意识到终身学习、持续读书、接受更高级的职业教育的重要意义。很显然,个人对自身价值所要达成的不同期盼,以及国家与社会对个人素养不断提升的目标要求,都将成为职业教育需求多元化发展的极大推动力。

最后,由于市场经济的快速发展、职业教育供求体制变革的不一致及其引发的职业教育供求矛盾,已成为推动职业教育供求变化发生的主要外在原因。在市场经济发展的进程中,职业教育体制机制的变革也总是与经济发展相伴而行,但职业教育变革往往很难与经济发展同步进行,其体制的调整常常落后于市场经济的发展,社会问题与社会矛盾也就很可能产生。职业教育供给体制也是一样,在市场经济发展较快的当今社会,很多发达国家的职业教育供应体制也常常因无法适应新的市场经济的可持续的发展而出现问题。因为职业教育的职业教育供给体制改革常常滞后于市场经济的发展步伐,在这段制度真空状态下,职业教育供需的矛盾也就更容易出现。一旦职业教育供需问题不能及时有效化解,一般民众对职业教育资源的多样化需求得不到满足,改革中的矛盾就可能变得异常突出与激烈,而职业教育供需的多元化需求也因而变得更加必要。

二、职业教育单一供给的弊端

职业教育需求的多元化发展,需要适当的职业教育供给机制与之相适应。不过,我国经过几十年的职业教育体制改革,政府部门单一供应模式却一直未能获得实质性改善。由于政府部门的单一管理模式所产生的种种弊端,导致公民职业教育需求多元化目标难以达成。由此,我国的优质职业教育资源的供需矛盾一直未能有效化解。

(一)政府"单一供给"的低效率

现有机制下,单一供给的职业教育管理制度部分失效、职业教育经费使用效率降低、优质职业教育总量供给不足、公民多元化的职业教育欲求难以达成,优质职业教育资源供不应求,根本原因在于政府对职业教育单一性供给模式的效率低下。

1. 职业教育管理制度部分"失灵"

从我国现行职业教育体制来分析,政府单一性供给模式引起的管理失效①,具有以下诸多表现形式:

首先,职业教育学校的财权与事权出现断层。从中国现有职业教育体制分析发现,对职业教育学校负有职业教育管理职责的行政主管部门,依据全国经济发展规划制定职业教育发展的总体目标和发展方案,相关财务主管部门则分别依据全国及全市的相关政策在财务这块大蛋糕内编制职业教育的资金预算。由于职业教育行政部门、教学工作单位和财务主管部门在费用开支的抉择上缺少行之有效的联合机制,造成了事权和财权的分裂。这种现状不但造成了职业教育各项收费在财务管理上的流散性,也造成了其各项公用管理经费的使用低效,甚至成为一些学校资金使用不透明、程序不严格等问题产生的主要诱因。

其次,职业教育费用的投资方法不够科学合理。在我国,基础费用规划加项目支出规划的职业教育经费投入方法,意在改善资金的利用效率问题。但是,从现实运行来分析,这种方法面临着严峻的现实问题,主要表现在生均综合定量无法精确衡量学生培养成本。在上述资助管理模式下,生均综合定量是在学生经营成本(生均)的基础上计算得出的。而学校经营成本的费用来源又是多样的,有国家财政拨款,也有地方学校的职业教育事业收入等。在这种情况下,生均综合定额也并不会体现或精确体现学校培养人才的经营成本。同时,生均综合定额的确定也往往采取经验法,即根据过去多年的生均综合费用水

---

① "单一供给"体制意味着政府在职业教育供给中的"垄断性"。在这种垄断性的体制下,职业教育管理制度极有可能"顾此失彼",从而出现"失灵"现象。

准、经费开支状况来确认。这在客观方面确认了历史成本的合理性，却忽视了物价涨幅。而在专门补贴费用的核定上，依然未能摆脱基数加发展的传统思路。显而易见，这种资金管理模式也是造成国家公共财政资源耗费和经济效益降低的主要原因。

最后，费用投入的方式灵活性不足。具有适当弹性是我国财政支出的重要需求之一。它并不仅仅是因为中国财政在应对各种难以预见的情况方面需要灵活的财力来应对，也是为了提升政府开支质量、提高财务资金使用效率的必然需要，同时也是与我国财政收支的波动性相对应的适宜性手段。一般说来，灵活性需要财政部门在当年计划的总蛋糕中通盘考虑，保留出适当的活跃空间区域，但在各种开支如教学事业开支中，在规定允许的区间内，在当年的计划中留出适当的活跃区域，增加财政部门的可支配力和当地政府主管部门的应变能力也很必要。不过，在我国目前的职业教育费用管理上，无论是从资金的投入来看，还是从资金的管理来看，对职业教育费用管理的可操作性、灵活性都很小①。

2. 职业教育经费使用效益低下

制度自身的不足也造成了其在职业教育资金供应上的失灵，最直接的结果便是职业教育经费使用效能的下降。在当前，职业教育经费使用效能下降，很明显体现在职业教育支出优先性的不足。在资金有限的前提下，政府通过各类职业教育支付项目的轻重缓急决定职业教育优先支付次序，是进一步提高职业教育支付优先度、充分发挥资金效用的必要之举。但总体来看，职业教育支付的优先次序主要基于以下三种要素：一是人民群众的实际需要；二是职业教育支付资金的公共服务产品属性；三是产生的相对经济利益。这三种要素通常都可以外化为政府部门对职业教育的支持，比如职业教育管理的有关计划方案、政策法规，等等。不过，在当前的职业教育经费中，部分需财政特别扶持的专项支出的先行支付却并不突出。

① 从职业教育经费的投向看，按照现行的使用方向，包括“工资福利支出”“对个人和家庭的补助”“商品和服务支出”在内的“基本支出”基本上是刚性的、不可或减的；“项目支出”中的“经常性项目”一般而言也属于刚性项目，而“一般性项目”中也有相当一部分很难在预算中“撼动”。此外，从职业教育经费的管理制度看，“打酱油的钱不能买醋”的管理模式也在一定程度上限制了职业教育经费的灵活性。

3. 职业教育支出总量控制乏力

我国各级政府的职业教育经费属于典型的法定开支范畴。[①] 对此，大量的政策法规都给予规范，我国近年来的职业教育经费投资也得以迅速增加。尽管合法增加的法规意在推动我国职业教育事业的健康发展，但与此同时，法定支出的特性和合法增长的需求之间形成了职业教育支出总量控制的悖论。

一方面，每年的职业教育财政拨款增长速度显然大于财政经常性总收入增长速度，表现出强烈的上易下难的刚性特征。除职业教育开支外，很多财政开支的主要内容都体现出这些刚性特点。与我国政府税费收入的波动性现实显然不相适应，特别是在疫情影响之下。可以预见，当财政收入增长放缓或呈现负增长的同时，职业教育开支却仍然维持在较高的水平上，直接的后果就是职业教育财政支出的需求越滚越大，致使政府财力难以为继。另一方面，对各级政府而言，职业教育开支能否满足法定要求，通常是衡量其政绩的硬性标准，因为我国各级政府财力参差不齐，有些财力窘迫的地方政府对硬性要求的职业教育费用支出常常有苦难言。而且，因为国家管理体制和计算口径等因素，职业教育费用的合法增值，实际上也已经变成我国不少地方财政支出的老大难问题。

就财政层级而言，因为各级政府财政部门对法定增长的计算各不相同及其计算口径的不同，尽管职业教育投入连年增加，却依然难以实现法定增长的目标，有的只能依靠地方债务方式拨付资金。

（二）“单一供给”体制对“市场”的排斥

虽然职业教育在很多国家都是由政府所提供的一种公共服务。不过，毫无疑问，随着职业教育市场的多元化发展，在很多国家都存在很大的市场潜力，特别是职业教育对优质职业教育资源配置的需求更为强烈。如今，虽然学界对关于职业教育市场发展这一重要概念的认识还存在诸多不同观点，对其争论也始终存在。但一个不争的事实是，不断丰富且仍在扩大的日益多元化的职业教育需求，在客观上已经构成了规模巨大的职业教育市场。然而在政府单一供给的

---

① 我国1996年9月1日实施的《职业教育法》（2022年修订）以及2010年公布的《国家中长期职业教育改革和发展规划纲要（2010—2020年）》都规定了职业教育经费的增长规模。在上述政策规定的要求下，我国近年来的职业教育经费投入快速上升，几乎连年成为财政支出的“最大头”。

体制下，这一市场却遭到了政府的排斥。在此情形下，民众的优质职业教育需求难以得到满足。

1. 职业教育市场及其社会经济功能

近年来，由于科技的不断进步，社会上对劳动力素质的要求也越来越高，而终身职业教育、素质职业教育、优质职业教育的宗旨也越来越深入人心。在这种情况下，我国民众对优质职业教育的需求也迅速增加，职业教育市场也因而有了很大的潜力。实际上，随着人民收入逐步提高，职业教育消费也越来越成为世界各国人民生活消费开支中的重点，这也促使职业教育成为我国社会主义市场经济发展的一个重要领域，发展态势也曾一度良好。[①] 而很多国家通过职业教育公私合作实现职业教育体制改革，达到了提高国民素质的目的。

总之，职业教育作为一种市场存在已是一个不争的事实，具有重大的社会经济功用。[②] 在我国，职业教育市场化的尝试早在20世纪90年代就已经进行，不仅高等职业教育领域，基础职业教育领域也搞得红红火火。只是高等职业教育领域一直不曾间断，而且成绩也尤为突出。[③] 但是，我国职业教育公私合作的做法却总是浅尝辄止。目前，我国职业教育的市场化、工业化依然是一项极其敏感的话题。单一性的职业教育供给体系，加之和谐社会建设的大背景，使得职业教育公私合作始终举步维艰，使职业教育处于优质职业教育资源短缺与资金短缺的双重困境。

2. “单一体制”排斥“市场”的后果

政府单一供给体制极大地阻碍了职业教育公私合作的进程。由于大量私

---

① 目前，尽管仍有人对于“职业教育市场”和“职业教育产业化”的理念持“不支持”态度，但是，在许多国家，职业教育市场化的尝试却早已开始进行，并逐步形成了“政府”“市场”双“管”齐下、各有侧重、各具特色的职业教育格局。在这些国家，职业教育不仅是政府提升国民素质的重要途径，也是其市场经济的重要组成部分。

② 从社会功能来看，职业教育市场是满足民众多元化职业教育需求的必要途径。由于“单一供给”的弊端，单纯依赖政府不可能提供民众所需要的、多元化的职业教育服务——在满足多元化的职业教育需求方面，市场的作用不可或缺。从经济功能来看，作为一个虽规模巨大却未完全开发、也未被引起重视的市场领域，职业教育对于经济发展的作用“不可限量”，在经济萧条、政府着力扩大内需刺激经济的特殊时期，职业教育市场对于经济发展的意义尤其重大。事实上，在许多发达国家，职业教育的市场化程度已经处于较高的水平，职业教育已经成为其经济发展的主要推动力量之一。

③ 我国的高等学校经历了从最初收取学费到1997年高校实行收费并轨的过程；毕业生就业机制也实现了从国家包办到通过劳动力市场双向选择的转变。此外，高校后勤社会化改革、教师的竞聘上岗以及职业教育产业集团的创办、高等职业教育投资公司的组建等举措无不显示出越来越明显的市场取向。

人资本被排斥在这一单一体制以外,不仅人民的职业教育需求不能得到满足,而且市场经济的发展也遇到了相应的束缚。从解决市民多元化的职业教育需求来看,它的功能绝非可有可无。在我国,尽管人们对职业教育资源的需求规模在快速增长,但我国的职业教育体系却一直是以政府为主的单一供给体制,政府部门依然采用近乎大包大揽的模式,因为管理和支付效率等方面的固有缺点,这一单一供给体制显然很难适应民众越来越多的多元化需求。

所以,排斥公私合作直接结果就是人民群众对职业教育领域不满意的声音日益强烈。从这种角度看,唯有大力推进职业教育公私合作制度创新,发挥职业教育市场机制在职业教育中的重要功能,民众对多元化的优质职业教育资源需求才会在更大程度上得以实现。①

单一供给体制对职业教育市场的排斥造成了相对职业教育市场社会经济功能的无法充分发挥。而随着广大人民群众对职业教育资源需求量日益增加,激发职业教育的迅速发展已成为必然。如果职业教育在各个领域都一味依靠国家财政,庞大的职业教育人口基数常常使地方政府难上加难。大家都觉得国家财政需要加大职业教育支持力度,从理论上看,国家及各级政府也应该加大投资力度。但是,各级政府财力有限,在我国人均收入不算太高,短期内不能实行免费义务职业教育,各领域都需要国家加大投资的情况下,职业教育如果加大财政投入,不仅增加了国家和各级政府的财政支出压力,同时也使国家财政的补贴资源投向更加分散,无法形成有效合力。面对职业教育供给领域的这种情况,我们需要认真反思的问题是,政府部门对职业教育究竟需要管什么?管到什么程度?办人民满意的职业教育需要怎样做才能达成目标?

---

① 从促进经济发展的角度看,“单一供给”的体制抑制了薄弱职业教育市场的发展,进而“压制了”人们的职业教育消费支出——在政府着力于扩大内需、刺激经济的背景下,这种体制对经济的发展不利反害:由于不能满足人民巨大的职业教育需求,职业教育这个庞大的居民消费市场受到了抑制。比如,对于中外合作办学,尽管民众的需求非常旺盛,而且在当今计算机网络视频技术高度发展的状况下,我们完全有能力在国内举办中外合作办学,占领这个市场扩大内需,但是,在职业教育主管部门的办公室里,上千份申请中外合作办学的报告放置了几年却仍未得到批准。这既限制了社会对这些领域的投资,更不能使人民的职业教育需求得到满足。显然,政府“单一供给”的职业教育体制将市场排除在外的状况,不仅导致了职业教育市场发展的不充分状况,而且没有切中“民众需求”这个要害。在这种情况下,我国近些年来政府对薄弱职业教育的大规模投入不仅未换来人民满意的结果,而且对经济的发展也不利。参见中国国际税收研究会编:《扩大内需的税收政策国际借鉴研究》,中国税务出版社2010年版,第8页。

三、政府、社会和个人在职业教育供给中的责任

政府单一式供给的职业教育体制造成了社会公众对多元化优质职业教育资源需求难以获得满足。要解决这个问题,需要建立多元化的职业教育供给服务系统,让社会和个人与政府共同承担职业教育成本就成为关键。实际上,基于职业教育服务的混合产品特性及民众的多元化需求,职业教育的多样化供给体系便拥有了相对充分的理论依据。但在实践中,多元化供给体系的建立必须首先合理界定个人、社会及政府部门在职业教育服务供应中的责任。

(一)职业教育多元化供给的必要性

我国职业教育目前面临一系列问题,职业教育的多元化供给具有巨大的社会需求与现实必要性。从理论上来讲,基于职业教育的混合产品属性以及职业教育成本分摊的相关理论,我国职业教育多元化供给体系的建构拥有有力的理论基础。从实际情况来讲,我国民众对职业教育的多元化需求、扩大优质职业教育资源总量的迫切需要、职业教育人口基数的庞大、我国人均收入水平不高、政府财力有限等,均表明建立多元化的职业教育供给体系已成为中国当前面临的重要课题。

1. 混合产品的属性要求职业教育供给的多元化

职业教育的混合产品特性,要求其职业教育供给主体的多样化。正如前面所述,职业教育不但产生了极大的社会公益性,而且还直接使所有受职业教育者个人获益。因此,按照共同受益准则,社会与个人应该与政府部门共同成为职业教育成本的承担者。从政府职能来讲,作为人民权利的行使代表,为所有公民提供各种职业教育服务是其义不容辞的职责所在,对于一个带有明显公益性的职业教育层次的人才培养而言,政府更是责无旁贷。不过,在非义务职业教育时期,职业教育日益表现为更多的私人受益的特性,随着知识经济的发展,知识学习也越来越发展成为个人成长历程中最关键的独立性因素。在这样的历史背景下,接受职业教育、掌握更多的知识越来越被看作是个人的事情,知识也逐渐被视为财富,因此,为获得知识而进行职业教育所投入的花费,再由政府承担绝大部分的理由好像显得不太充分。于是,由个人、社会与政府共同负担

职业教育成本,并建立多样化的职业教育供应机制就变得十分必要。

严格来说,不管什么层次的职业教育服务都具有明显的公益性和私益性特点,只不过存在的程度不同罢了,所以都不属纯公共产品或纯私产品的范围。不过,各层次职业教育服务的公益性和私益性高低并不相同,这也为职业教育服务供给主体多元化程度的判断提供了一个大致的准则。在职业教育公共服务中,个人、社会与政府部门的职业教育权责程度,应该依据职业教育服务水平的公益性和私益性特点的高低来决定。从义务教育来说,由于其鲜明的公益性,而且直接关系到社会的平等与公正——它通常被认为是所有公民都应该拥有的基础权利,所以其公共教育服务供给模式也应该以政府财政支出为主,以社会和个人的支出为补充。同义务教育不一样,由于职业教育处于非义务教育阶段,其私人产品的属性相对较强,所以政府仅仅是以履行其一般的基本的供给职能,而社会、个人也必须在职业教育层次中起到更重要的支出者角色。

2. 需求的多元化发展要求职业教育供给的多元化

如前所述,由于市场经济的日趋发达,民众对职业教育的需求也越来越呈现多样化的趋势,而职业教育资源供应主体多样化也成为应对这一发展趋势的必然选择。从民众的职业教育费用角度看,为了个人积累学识、寻求发展机会,个人主动接受更优质的职业教育资源成为一种很普遍的趋向。由此,民众在职业教育中支出的费用规模越来越大。就职业教育形式而言,由于现代职业教育科技的日益发达和职业教育形态的不断推陈出新,现场听课的教学形态不再成为必然,人们能够利用更多的渠道、更多形式接受职业教育。就职业教育需求而言,就高不就低的心理使得人们纷纷追求更为优质的职业教育:高收入家庭往往偏向于挑选贵族式学校,而普通民众则更喜欢、更偏向于进入公办重点学校接受职业教育。另外,随着人们越来越认识到职业教育的基础性,不少家长还给孩子申报各类培训班、兴趣班、加强班、聘请家庭教师或是选择网课,等等。这些关于寻求更多更优质的职业教育,且自愿支付职业教育费用的现象,近年来有持续上升态势,也是当前职业教育多元化发展的另一个主要体现。

随着民众对职业教育需求持续增加,并日益呈现多元化的态势,我国政府既没有必要也不可能将职业教育的供给大包大揽。因为在民众多元化的需求中,一些需要更多地归属于私需要,如精英职业教育、自愿性职业教育等,因而政府部门没必要包办职业教育的所有供给。

由于政府的财力终归是有限的,所以并不能够完全为职业教育的各种需求买单。在这种情况下,打破传统的单一供给模式,形成多元化的职业教育资源供应体系变得势在必行。

3. 职业教育供给的多元化是提升职业教育质量的必然途径

由于职业教育直接关系民生,所以其教学质量高低备受人民群众的重视。从市场经济来看,必要的市场机制是职业教育产品质量进一步提高的重要前提条件,职业教育同样如此。在职业教育服务质量的供给中,优胜劣汰的公平竞争激励机制将对职业教育产品质量的进一步提高起到至关重要的作用。因此,应该破除政府部门在职业教育供给管理服务领域一统天下的传统模式,建立起科学合理的职业教育产品多元化供应体制。我国政府单一的职业教育供给模式,以及社会高度聚集的职业教育管理制度,对整个职业教育产业构成了绝对的垄断。正是这高度垄断机制,把大量社会资本排斥在职业教育以外,从而遏制了职业教育公私合作的发展,这也制约了中国优质职业教育资源的充分供给。中国职业教育的内涵、形态、层次分类都与我国目前的社会需求不相符,导致职业教育供给与需求长期处于严重的不均衡状态。政府对财政性费用的投放缺乏必要的竞争机制,导致了职业教育质量逐渐出现下滑态势,这在职业教育中表现得十分突出。破解这 难题的重要措施,是从职业教育中引进社会资本,形成多样化的职业教育资源供应体系,实现公私合作制度创新。其实,许多国家职业教育领域的事实已经表明,政府部门对职业教育的垄断是职业教育效率低下的主因。而建立多样化的职业教育办学体制,鼓励职业教育合理公平竞争,才是改善职业教育效率低下的重要途径。而且,职业教育资源供给多元化,由各主体共同负担职业教育成本的机制既有利于学生更好地接受优质职业教育,也对学校管理机制完善大有裨益。从受职业教育者方面来分析,多元化职业教育机制供给的职业教育体制,往往需要个人负担相应的职业教育成本,而由学校收取相应的费用,这也可以从客观上提高受职业教育者的职业教育成本意识,进而提高其在职业教育内容选择方面的理性化和学习过程中的努力程度。从学校管理方面来分析,职业教育公私合作会让多元主体共同承担职业教育成本。可以明晰职业教育组织和受职业教育者彼此之间的生产—消费关系,将职业教育置于整个社会、受职业教育者以及学生家长的压力之下,这显然有助于职业教育公私合作制度创新,并促使其逐步完善和规范,以便于更好地适应大众多元化的职业教育需求。

4.职业教育供给的多元化是缓解财政压力的必然之举

在政府财政单一供给之下,基于职业教育财政支出中的法定要求,会使政府财政支出的总量只能逐年提升。由于居民对优质职业教育需求的持续扩大,地方政府财力很难完全承担只增不减的刚性职业教育要求。由此,建立多元化的职业教育资源供应体系便成为减轻政府公共财政压力的必要之举。

随着国际经济形势的变化,地方政府部门的财税收入也呈现出鲜明的不确定性,特别是在疫情防控常态化期间。经济决定财政,在经济发展良好的时代,政府当局的财务支出往往较为充沛;而在经济萧条期间,政府当局财务却很有可能陷入窘迫之中。与经济的波动性质相对应,政府部门财务也会高低不一,呈现出鲜明的变化性特征。财务支出的波动性需要政府部门在确定开支时,应依照量入为出的原则行事。但是政府部门单一供给职业教育体制之下,政府财政用于职业教育的支出会不断增加,加之法定要求不断增长的职业教育需求,使得地方政府对职业教育开支不堪重负,尤其是一些财政较弱的基层政府。在这种情况下,地方政府的职业教育支出呈现只能上不能下的刚性特点。经济收入弹性加之职业教育开支的刚性,给地方财政部门造成极大的潜在风险。如果宏观经济下滑或政府的财税下降,职业教育财政支出便会捉襟见肘。

改革开放以来,我国的职业教育改革以恢复普通高考为开端,逐步拉开了职业教育变革的序幕。特别是20世纪90年代之后的近几十年的时间里,我国职业教育改革的步子迈得很快。与上述变革举措相伴,国家的职业教育经费在近些年来也持续增长(本书第五章有论证)。目前,国家对职业教育投资总量还是不足,因此在未来的几十年中,我国政府应进一步增加对职业教育投资,从而更加优化职业教育投资结构,实现国家财政资本效益最大化将变得更为重要。由此,用财政投入带动私人资本的投资将变得尤为重要。尽管在上述职业教育改革的推动下,职业教育体系也从原先单纯的政府办职业教育方式,逐步向多市场主体办职业教育的新模式过渡,但就目前的职业教育改革发展态势来看,仍以政府供给为主,国家财政支出仍是当前职业教育体系改革的重点方向。在这种情形下,大量社会资本流入职业教育会在一定程度上受到政府与资源等方面的约束,不但职业教育质量的下降态势很难得到改变,而且职业教育公私合作市场也难以正常发展,如果民众对职业教育需求无法获得有效满足,反而会进一步加大对公共财政的压力,而宏观经济增速一旦减缓,则更有可能给高公共财政支出带来高风险。

(二)政府在职业教育供给中的责任

要突破传统的政府单一供应管理模式,形成多元化的职业教育供应体系,有效实现职业教育公私合作,必须明晰个人、社会与政府部门在职业教育供给中的责任。其中,合理划定政府部门在职业教育提供中的职责,对确定财政资金的支持水平与规模至关重要。基于职业教育的公益性特点,政府部门无疑在职业教育公共服务的提供中应履行关键职责。而作为职业教育管理者,政府部门则履行着职业教育的投资、设计、治理、监测、引导、规范和对职业教育发展等众多职责。

1. 政府对职业教育供给责任的有限性

如前所述,因为我国职业教育公共服务的混合产品特性,所以政府在对职业教育资源的供应中无须担负全部的责任。这一结果也同样能够在职业教育的投资收益理论以及对政府的投资决策的实际影响因素中得以解读。从职业教育的投资收益理论来看,民众对职业教育的投资利益可区分为受职业教育者对个人所取得的内部收益和具带给别人的外部收益。这两种收益间的差额是政府的供给责任有限性的又一理论基础。

受职业教育者由于接受了职业教育从而使学识、技能、文化素养得以提高和增强,而这种对个人知识投入的最直接收益便是职业教育的内部效益。参加了职业教育之后的个体劳动者进入职业岗位以后,其人力资源也将转变为更大的技术能力和精神财富。这时不单单受职业教育者自己,连雇主、国家都会因此受益。受职业教育者个人将得到更良好的社会发展机遇和更多的社会经济收入,雇主则得到了优秀的雇员与更多的社会产出效益与投资收益,而国家亦得到了更良好的经济发展和社会发展环境,这也便是对职业教育的最大外部效益。一般来说,职业教育的内在收益,也就是私人回报率,直接影响着市民个体的职业教育支出需求,而职业教育的对外利益也就是社会收益率将直接影响到财政在职业教育供应中的角色。实践中,职业教育的私人回报率与社会收益率并不总是一致的,而常常存在相当程度的差别,如果个人在受过职业教育之后就职于比较好的机构,职业教育的自身意义也便完全显现。但如果个人在受到职业教育后任职于较差的岗位,职业教育的私人收益就无法完全取得。在上述第二种情况下,职业教育的社会收益通常高于私人收益,因此在较差的岗位工作,职业教育的内部收益与外部收益就构成了一种差额。这种差额也就是国家在给居民和个人受到职业教育过程中多得到的那部分收益所支出的标准。按照最大受益原则,因为职业教育的这种公益性所产生的职业教育内在收益的减少,既不应该由市场来承受,也不应该由职业教育的受职业教育者个人长期无条件地承担,而应该由政府财政支付购买。①

实践中,政府具体需要履行什么职业教育阶段的、什么样深度的职业教育资源供给责任,并不是完全依据职业教育产品的属性与职业教育投资收益的状况来确定的,还依赖于政府的公共决策中一系列影响因素,诸如政治经济体制、制度目标、财政收入情况等。因为不同的政治体制以及不同的经济发展水平,不同的政府对其提供公共职业教育服务的意愿,往往会有很大的不同。关键就在于政府部门对各层次职业教育公益性的认同程度及其对自身的财政承受能力的认识。②

从这一角度看,政府在职业教育供给中的承担责任并非固定不变,它是一个不断变化的历史发展过程,随着国家经济、政治、社会条件的变化,政府对职业教育供给责任也将会不断发生变化。

2. 政府在职业教育供给中的基本责任

就本质而言,职业教育产品的公益性是决定政府对职业教育服务承担责任的重要基础。不过,鉴于职业教育本身所存在的个人利益性质和职业教育市场的多元化和个性化特征,政府的职责范围也不是无限的。而事实上,决定政府提供职业教育服务的广度和深度的要素有多种,仅仅从其责任的局限性和政府部门的基本责任范围即可确定。政府部门应该提供的主要是基础性的、一般性

① 显然,职业教育投资收益理论不仅提供了政府提供职业教育服务的理由,更为重要的是,它还说明了政府提供职业教育服务责任的有限性:政府提供职业教育服务的最佳“规模”和“限度”应是职业教育内部效益与外部效益之间的“差值”。

② 事实上,无论哪个国家的职业教育服务,政府都会承担一定的责任,但是,由于政治经济体制、经济发展水平、政府施政目标以及财力承受能力的不同,政府具体承担的职业教育供给职责也存在较大差异——政府愿意且能够提供多少职业教育服务,以及能够在何种职业教育类型内以免费或较低价格向居民提供职业教育服务,都会因上述因素的不同而不同。

的职业教育服务,而对于一些适合市场的开放性职业教育服务,政府部门则应努力开启公私合作之门。根据上述原理,就我国目前的实际情况,政府的职业教育供给责任主要包含义务职业教育、对国家安全和经济社会稳定发展有着重要性的高层次基础职业教育,以及对贫困生倾斜的职业教育支持制度的职责,以解决弱势群体的职业教育需求问题。同时,政府部门应改变传统上对民营职业教育的错误认知,进一步强化公私合作,政府部门对民办职业教育的制度扶持力度应进一步完善,在政府税收政策、社会资金投入、教师薪酬制度、学生经费补贴等方面都给予保障,完善职业教育公私合作立法。具体而言,由于不同职业教育层次的公益性程度不同,影响因素各不相同,在各层次的职业教育中政府的职业教育职责也不相同。就职业教育来讲,因为它带有较强的私人收益性质,所以要进一步增加对社会的供给责任,并增加受职业教育者对个人职业教育成本的负担份额。要致力于形成社会投资办学的资金多元化、办学多样化,各种办学方式并存和公私合作的新职业教育管理体制。

3. 政府在职业教育供给中的管理责任

政府应为所有社会成员无差别地提供一般性的职业教育服务,这完全必要而且必须。除此以外,政府部门应担当起对职业教育基础职业教育的管理责任。

首先,政府要履行职业教育的规划与发展职责。要明确职业教育事业发展的任务和目标,这是财政资金投放的前提条件和依据。通过编制科学合理、全面有效的职业教育事业总体规划,既能够确定政府财政在职业教育中的工作重心和财政补贴的主要投资目标,也能够调整政府职业教育开支的结构,并主抓建设重点项目,以便于在促进职业教育健康迅速发展的同时,进一步增加政府财政投入的实际使用价值。如根据目前优质职业教育资源严重不足的现状,职业教育规划部门能够根据目前面临的实际情况,提出薄弱职业教育学校未来工作的重心,以便于充分发挥其宏观指导、积极调节的作用,把政府有限的财政补贴资源主要投放在职业教育发展的薄弱环节。

其次,政府在职业教育资源供给中应负有一定的调控职责。由于职业教育资源的供应体系是个相当复杂的系统,在其中,政府财政投入的调配、职业教育管理职能的设置和相应优惠制度的出台等,均需一个调控者从中发挥指挥中心的作用。因此,政府为促进并满足优质职业教育资源扩大的需求,必须调整各地政府或有关部门的职业教育管理职能,调整有关制度措施,并规范职业教育经费的管理制度和办法,以及理顺各治理主体的职责。尤其必须强调的是,建立职业教育资金的相应标准和法规、建立健全职业教育治理机制等都属于政府在职业教育资源供应中的调控责任范围。

再次,应当履行在职业教育资源供给中的监管责任。政府部门应当强化对职业教育经费投放运用情况的监测和管控,强化对职业教育管理体系中各主体活动的规范和监管,通过设置科学的监管跟踪制度和职业教育绩效评价系统等途径,以保证满足民众对职业教育资源服务的供应规模与服务质量的要求。为此,政府在职业教育费用规划的实施过程中,要硬化规划与预算约束,规范监督管理方式,通过科学合理的监督程序和管理体系保证职业教育经费的合理投放水平与资金投入的有效落实。要健全对职业教育经费使用巡查巡检机制,对职业教育投入经费的实际使用情况开展制度性、经常性的抽查,以及时发现重大问题,并根据有关问题,制定出具体有效的整改措施与回看程序。

最后,政府需履行好对职业教育事业发展的激励与导引责任。在对职业教育资源的基本供给中,政府可通过出台多方面的鼓励措施,以确定职业教育事业发展的基本方向,并激励引导职业教育事业朝着更健康的方向发展,还可采取创新的财税制度手段、金融优惠措施等,吸引社会资金流入职业教育事业,推动职业教育公私合作机制的建立与发展,并建立多市场主体办学校、多渠道筹集职业教育费用的职业教育办学布局。比如,通过建立适当的政府财政补贴机制,引导民办公助学校的收费,利用政府税费优惠、税前加计扣除等制度引导社会力量对职业教育教学机构开展社会捐助活动等。

(三)社会和个人在职业教育供给中的责任

职业教育的最直接受益者为受职业教育者个人,所以其也应为受到职业教育而付费,这为个人付费责任提供了坚定的理由。但同时,由于职业教育所形成的部分利益会扩大至整个社会,而使其他社会组织与个人一定程度上获益,比如雇佣公司、雇主等。从这个角度来分析,社会也应该在职业教育资源供应中负有一定的责任。更为重要的是,不论社会经济团体或者居民个人,基于各自利益的考量,均具有共同负担职业教育成本的愿望。所以,在优质职业教育资源的供给中,社会经济组织和个人也扮演着很重要的责任主体角色。

1.社会在职业教育供给中的责任

社会是和政府相对应的一种范畴。在职业教育的供应体系中,虽然政府部门作为公共部门要承担起一定的主体角色,但是社会经营机构和公益组织(第三部门)也承担着相应的责任。总体来看,企业等私人部门和第三部门在职业教育资源供应中,主要发挥着职业教育资源成本分担者、办学主体和职业教育市场资源配置者的重要作用。

首先,社会成为职业教育的主要负担者的社会责任。如上所述,由于职业教育的收益范围并不止于受职业教育者自身,作为私人部门的企业也是受益者之一,因此,其也必须承担对职业教育的投资成本。实践中,公司的成长、实力的增强离不开优秀的人才,公司产品的创新、经营的提升和公司发展水平的提升也和人才的培养水平密切关联。所以,当今社会的公司人才招聘、企业经营以及薪酬和职位提升等方面受职业教育水平影响很大,其也成为不可或缺的衡量标准之一。在人才招募中受聘者职业教育水平较高,往往表明其一定程度上给公司创造更加可观收益的可能性就大。

同样地,民众个人的受职业教育水平越高,其通常越能得到良好的工作职位。由此,公司有必要为获得优秀的人才付出较多的成本薪酬和福利待遇。在公司的日常管理工作中,更多的公司开始重视人才综合素质和专业知识的培养,于是,专门的职工职业教育培养经费也变成了公司投入的主要部分。在岗位升迁的过程中,员工受培训水平也变成公司考虑的主要原因。正因如此,私人机构分担职业教育的成本也就变得理所当然。

其次,社会为职业教育办学的主要责任。这大致上可以从以下两个方面来思考,一是职业教育需求多元化,需要突破过去政府作为职业教育单一供应职业教育模式,以满足办学主体的多元化、公私合作创新需要。二是社会力量、私人部门等也有投办职业教育的愿望。由于民众对职业教育需求的日趋多元化,政府单纯承包公立学校的现状,远远无法适应人民对职业教育迅速扩大并呈现多元化、个性化发展趋势的现实需要。只有引导社会力量办学,引导社会资金进入相对薄弱的职业教育体系,才能在更大程度上解决优质职业教育资源不足的难题。当今社会,许多受过职业教育的人,在享受公立职业教育以外,同时也会参加社会上由私人部门所组织的各类职业教育培训班。显然,私人部门和第三部门等社会力量办学已成为政府办学的有力补充。这也从更实际的角度表明,单纯的政府办学机构、或者说公立学校远远无法满足广大人民群众的职业教育需求,唯有政府通过各种渠道吸引、鼓励社会力量办学,职业教育日益多元化的需求才能更进一步得以实现。同时,职业教育作为投入资本可获得收益的一个关键领域,私营机构也有着充足的能力和愿望开办学校、其他职业教育机构。尤其在目前职业教育市场潜力巨大,民众多元化需求更加迫切的今天,投资职业教育领域早已变成很多私营机构一致的愿望。在这个前提下,由社会力量与政府共同担当职业教育办学的主体已成为现实急需。

最后,社会作为职业教育、优质职业教育资源配置者的职责。正如前面所述,在职业教育领域,尽管存在着很大的公益性,但这并不排斥通过公私合作来满足职业教育进一步发展的现实需要。相反,职业教育领域这个重要而潜在的经济发展领域,需要开发、利用与培育,最终目的不是赚钱,而是吸引足够的资本,扩大优质职业教育资源。由此,社会成为职业教育领域优质资源配置者的职责也必不可少。就公共机构和私有机构的职责而言,前者一般是在公有物品方面充分发挥作用。在职业教育公私合作中,以政府为主承担对一般性职业教育服务的供应责任,而私有部门则承担特定的多元化的职业教育服务事项供给。私人部门是优质职业教育资源价值品质产生的主体动力,借助社会力量的引导,逐步建立优质职业教育资源的竞争体制和供求机制,有效推动职业教育公私合作机制的正常建立和良性运行。

必须指出的是,公私合作在职业教育供求中利益的实现离不开政府的引导。政府为社会组织在职业教育进行的过程中起到管理、为积极参与市场竞争创造必要的制度法规和政策条件的作用,以保障职业教育公私合作顺利进行与和谐发展。政府常常利用法规与政策,如补贴方式、税费改革、财政支出等来指导社会各机构在职业教育中的行为。从这种角度看,制度改革常常成为私人机构进行职业教育公私合作的导向标识。

2. 个人在职业教育供给中的责任

个人是职业教育的最直观受益者,按这种观点来分析,个人也应该负担职业教育的成本。除此之外,在职业教育的供给中,个人承担者也负有正确、完整地表达其职业教育需要的职责。

从成本分担来分析,按照受益原理,谁在职业教育中获益最大,谁就应该为之支出费用。很显然,民众个人是职业教育的直接受益人,在进行职业教育改革的过程中,学生的专业知识、综合素养都得到了提高,这就为学生自身的生存和发展提供了必要的条件。不过,就目前状况来看,还有部分具备明显个人收益性质的职业教育资源,形式上仍然被政府部门所垄断,如职业教育资源中的优质资源、重点学校等。如今,民众对优质职业教育资源的渴望已经极度膨胀,但政府却又无法给所有的社会成员提供高质量的教学资源。更关键的是,这些重点学校只能供给一部分优质职业教育资源,导致职业教育的学生在课外花费大量成本获取优质职业教育资源,这一成本远远超过重点学校的优质职业教育资源的获取成本,导致社会不公现象出现,造成不满情绪,也为社会不稳定带来隐患。

从职业教育需求来看,民众个人必须履行的另外一项责任,就是正确而完整地表述自己的职业教育需要。民众个人对职业教育的需要状况是政府部门制定基础职业教育政策法规的基础,是市场选择职业教育资源的最终导向。所以,作为民众个人利用恰当的渠道与途径,客观正确地表述自己对职业教育的需要,已成为政府部门合理规划一般性职业教育公共服务工作的重要基石,也是职业教育领域公私合作能够长期健康发展的重要前提条件。从政府视角来讲,其部门应该提供什么标准、什么规格的一般职业教育服务,都离不开民众的实际需求表达。而进一步来看,随着民众需求的改变,政府部门提供的一般职业教育服务项目的规格与标准也需要随之有所改变。从职业教育市场视角来说,社会力量进入的职业教育领域更需与普通民众学习、生活需要密切相关。可以说,政府在什么程度上向社会各界放开职业教育市场准入?职业教育资源的多元化供应体系如何建立?以及政府怎样办人民满意的职业教育?这些问题都是以民众的实际需要为基础的。其中,对个人职业教育需要的正确表述就成为不可或缺的一环。所以,从民众个人视角讲,其在职业教育资源供给中必须正确、清晰地表述自身在发展职业教育方面的愿望与需要,而政府部门与社会则必须利用各种渠道与平台,为民众个人表达需求提供便利。

本章小结

日渐扩大并呈多样化趋势的职业教育,已成为一种新的社会发展趋势,将公私合作应用于职业教育领域是一种公共供给制度创新,也非常值得期待。我国已进入改革新时期,公共供给制度创新应紧跟时代步伐,在国家对公私合作立法规范不断完善的基础上,有效界定政府、社会和个人在职业教育供给中的责任,以实干兴邦的创新精神,采用高水平的法制化契约方式整合公私合作团队,将我国职业教育发展推向更高发展阶段。

Chapter 4 第四章

价值困境篇：我国职业教育公私合作的价值嬗变

一、政策的发展阶段

我国职业教育公私合作政策，主要是指改制政策。从政策内容和改制的现实发展规模来分析，可以分改制初期、改制发展和清理三个阶段。

(一)初期阶段

改制初期阶段是从 1992 年邓小平南方谈话到 1993 年发布《中国职业教育改革和发展纲要》。

自从 1978 年党的十一届三中全会制定改革开放的基本国策，我国便设定了以经济建设为中心的发展方向。新中国成立以来，由于政府对职业教育的行政性垄断，职业教育管理体制过于集中，再加上职业教育经费严重短缺，职业教育结构比较单一，几乎清一色公办学校，学校数量较少，职业教育效果达不到预期。以 1978 年为例，高中学校在校生人数只占到初中在校生的 31%，职业教育在校生更少。计划经济体制下，我国职业教育由政府包办，职业教育办学主体单一。这种办学体制下严重短缺的职业教育资源根本不能满足人们多样化的职业教育需求，正因为职业教育经费的严重短缺和政府对职业教育的垄断，导致了职业教育资源配置不合理,阻碍了我国职业教育发展的进程。因此,转变单一的行政投资体制,实行公私合作的多元化办学,是当时破解职业教育难题,促进职业教育迅速发展的有效路径。

1985 年的第一次全国教育工作会议发布了教育体制改革的通知①,明确提出将我国优先发展教育的责任交给各地政府,并采取分级办学与管理的方式,包括职业教育。这一制度的确立,使各级政府特别是县镇二级政府逐渐探索出一条多途径筹措职业教育资金、依托人民群众办职业教育的新路径,但由于筹措的职业教育资金大多用于建设"双基",职业教育发展的速度仍然相当迟缓。

1992 年邓小平在深圳经济特区的重要讲话,掀起了中国新一轮改革开放的大潮,职业教育领域也不例外。国家教育主管部门专门下发文件②,要求因地制宜采取多种方式办学,公私部门可以合作办学。党的十四大报告③又特别强调要优先发展职业教育,并从战略上加以部署,目的是提高民众的思想道德与科技水平,并强调要多种形式办学。

1993 年《中国教育改革和发展纲要》的发布,标志着我国职业教育办学体制改革的进一步深化,改革确立了以下目标:彻底改变政府部门包揽职业教育的办学布局,逐步确立政府部门办学为重要主体,各界合作共同办学的改革机制。并明确提出了依托社会力量办职业教育的基本原则,对社会组织和社会个体依法自主办学予以鼓励、支持,并加强正确引领与监督,鼓励学校在符合国家法律和政策规定的领域内开展国际合作办学活动,逐渐形成由政府部门办学为主、各界联合办学为辅的新机制,但仍强调职业教育应由政府办学为主导。

从邓小平南方谈话开始,我国就开始了职业教育办学体制多样化的尝试,现实中部分地区开始有少量的职业教育公私合作学校出现,职业教育改制进入初期阶段。我国职业教育改制的初期阶段很短,随着新一届领导人的上台,随

① 1985 年 5 月 27 日,《中共中央关于教育体制改革的决定》指出,教育体制改革的根本目的是提高民族素质,多出人才、出好人才。要把发展基础教育的责任交给地方,有步骤地实行九年制义务教育;调整中等教育结构,大力发展职业技术教育;改革高等学校的招生计划和毕业生分配制度,扩大高等学校办学自主权;调动各方面积极因素,保证教育体制改革的顺利进行。

② 1992 年国家教委《有关进一步加强和改善企事业单位举办中小学工作的意见》指出,"要因地制宜,采用多种方式举办"。

③ 党的十四大报告指出:"我们必须把教育事业摆在优先发展的战略地位,努力提高全民族的思想道德和科学文化水平,这才是实现我国现代化的根本大计。"

着经济改革和企业改制的快速发展，职业教育也很快进入了改制发展阶段。

（二）发展阶段

改制发展阶段是从 1994 年国务院《关于〈中国教育改革和发展纲要〉的实施意见》开始到 2006 年教育部等七部门《关于 2006 年治理教育乱收费工作的实施意见》（教监〔2006〕6 号）之前为止。具体内容参见表 4 – 1。

表 4 – 1　发展阶段相关制度

年份	文件名称	主要内容
1994	国务院《关于〈中国教育改革和发展纲要〉的实施意见》	指出“……有条件的地方也可实行‘民办公助’、‘公办民助’等形式”
1996	教育部《全国教育事业“九五”计划和 2010 年发展规划》	指出“现有的公办学校在条件具备时，也可酌情考虑转为‘公办民助’学校或‘民办公助’学校。”到 2010 年，基本形成以政府办学为主，社会各界共同参与的办学体制及公立学校和民办学校共同发展的格局
1997	国务院颁布的《社会力量办学条例》	把我国办学体制改革推向了新阶段，标志着我国社会力量办学步入了一个依法办学、依法管理、健康发展的新阶段。该条例从总体上、宏观上明确了社会力量办学的重点和方向，发展社会力量办学是在我国已经拥有庞大的政府办学体系的前提下，由我国职业教育发展的要求和办学体制改革的方向所决定的
1998	国务院办公厅转发教育部《关于义务教育阶段办学体制改革试验工作若干意见的通知》	对于学校改制的目的规定如下：“试验工作要……有利于加强薄弱学校的建设，缩小……公办学校之间在办学条件和教学水平方面的差距。”
2001	国务院《关于基础教育改革和发展的决定》	明确提出，“大力发展教育布局，促进职业教育的协调发展”，并特别指出，要加强对公办学校办学体制改革试验的领导和管理。 国务院在 2001 年 5 月召开的全国教育工作会议上，明确指出，“公办学校办学体制改革要有利于改造薄弱学校，满足群众的教育需求，扩大优质教育资源。薄弱学校、国有企业所属学校和政府新建的学校等，在保证国有资产不流失的前提下，可以进行按民办学校机制运行的改革试验”

续表

年份	文件名称	主要内容
2002	教育部《关于加强基础教育办学管理若干问题的通知》	肯定了"近几年来,各地在进行公办学校办学体制改革试点、鼓励社会力量办学、改造薄弱学校、扩大优质教育资源……取得了明显成效"。但是,同时强调,"一、发展基础教育是各级政府应尽的职责。各地不得将公办中、小学校和幼儿园以出售、拍卖等方式进行转让,已经转让并造成公有资产流失、减损的,应当及时予以纠正"。第2条强调:"办学水平和教育质量较高、社会声誉较好的公办中小学、幼儿园是长期积累形成的公共教育资源,不得改为民办或以改制为名实行高收费。"
	《民办教育促进法》	第5条规定:"民办学校与公办学校具有同等的法律地位……"
2003	《中外合作办学条例》	第一章总则第3条规定:"中外合作办学属于公益性事业,是中国教育事业的组成部分。国家对中外合作办学实行扩大开放、规范办学、依法管理、促进发展的方针。国家鼓励引进外国优质教育资源的中外合作办学……"
2004	《民办教育促进法实施条例》	规定"国家机构以外的社会组织或者个人可以单独或者联合举办民办学校。联合举办民办学校的,应当签订联合办学协议,明确办学宗旨、培养目标以及各方的出资数额、方式和权利、义务等。""民办学校的举办者可以用资金、实物、土地使用权、知识产权以及其他财产作为办学出资。国家的资助、向学生收取的费用和民办学校的借款、接受的捐赠财产,不属于民办学校举办者的出资。""公办学校参与举办民办学校,不得利用国家财政性经费,不得影响公办学校正常的教育教学活动,并应当经主管的教育行政部门或者劳动和社会保障行政部门按照国家规定的条件批准。公办学校参与举办的民办学校应当具有独立的法人资格,具有与公办学校相分离的校园和基本教育教学设施,实行独立的财务会计制度,独立招生,独立颁发学业证书。参与举办民办学校的公办学校依法享有举办者权益,依法履行国有资产的管理义务,防止国有资产流失。实施义务教育的公办学校不得转为民办学校。"
	教育部制定的《2003—2007年教育振兴行动计划》	明确指出"要深化学校内部管理体制改革,探索建立现代学校制度",并指出要多种形式积极发展职业教育,扩大规模,提高质量。加大对农村学校的支持力度,引导示范性学校建设,加快基础薄弱校建设,扩大学校优质职业教育资源供给能力

续表

年份	文件名称	主要内容
2005	《国务院关于大力发展职业教育的决定》	(二)明确职业教育改革发展的目标。进一步建立和完善适应社会主义市场经济体制,满足人民群众终身学习需要,与市场需求和劳动就业紧密结合,校企合作、工学结合,结构合理、形式多样,灵活开放、自主发展,有中国特色的现代职业教育体系。 "十一五"期间,继续完善"政府主导、依靠企业、充分发挥行业作用、社会力量积极参与,公办与民办共同发展"的多元办学格局和"在国务院领导下,分级管理、地方为主、政府统筹、社会参与"的管理体制
2006	《教育部 2006 年工作要点》	四、贯彻落实全国职业教育工作会议精神,大力发展职业教育 17. ……组织实施好职业教育的"四大工程",充分发挥各级各类职业院校的作用,大力发展灵活多样的职业教育和培训。 20. 创新公办职业学校办学体制,走规模化、集团化、连锁化办学的新路子。……进一步发挥行业企业在发展职业教育中的作用,促进行业企业办学,鼓励和支持发展民办职业教育,完善政府主导、面向市场、多元办学的机制

资料来源:教育部官方网站与地方各省市职业教育网站。

本阶段,由于政府部门和社会各界都对职业教育改制,即职业教育公私合作办学持支持态度,并期望通过多方筹集职业教育办学资金,来解决职业教育资金投入的不足问题,从而尽快地增加职业教育的优质教学资源总量,增强政府优质职业教育资源的供给力量,满足人民群众对职业教育优质教学资源的需要,从而解决职业教育择校和高收费问题。于是,出现了大批职业教育改制学校。因为学校转制作为一种新生事物,国家对转制的目的、时间起止、形式方法、标准要求、流程等方面规定得并不是非常具体,对改制学校要达到的改制质量标准也不是非常清晰,造成大批的优秀公办职业教育相继转制,如名校办民校、校中校、一校二制等,转制中也产生了许多不合规,甚至违法行为,如职业教育腐败、职业教育不公平、职业教育乱收费、国有资产流失等问题。职业教育改制主要通过两种方法实施改造:第一种方法是地方政府先对职业教育实施前期改革,在办学环境与条件达到同级公立职业教育优质水准或相似情况下,再吸纳社会力量参与;但通过已有的调研发现,该种改造方法大多出现于上海市和哈尔滨等地,在全国并不普遍。第二种方法主要为名校将职业教育更改在自己名下,成为自身的一个校区,与母体共用母体名校的优秀教学资源。通过已有的调查表明,第一种方法职业教育改造的成活率确实相当高,只是采用该种方法改造的职业教育数量不多。实际上,这些薄弱的职业教育改造学校大多都是采用了第二种方法改制。职业教育转制的学校并不如传统名校转制更能吸纳社会力量的参与。

(三)清理阶段

从2006年教育部等七部门下发《关于2006年治理教育乱收费工作的实施意见》(以下简称《2006年治理》)开始到2012年教育部等七部门下发《关于2012年治理教育乱收费规范教育收费工作的实施意见》(教办〔2012〕4号)(以下简称《治理乱收费意见》)为止。

《改革试验通知》明确规定[①]了三点:一是改革实验对象为薄弱教育学校;二是优质公立学校禁止改制;三是改制学校禁止乱收费。同时,职业教育部七部门还下发了治理教育乱收费的实施意见[②],明确强调:一是禁止通过改制乱收费;二是重点治理公立学校改制收费问题;三是停止审批新建改制学校;四是停止审批新的收费标准;五是明确公办学校改民办的标准。

2006年至2012年,每年教育部等七部门都会出台关于治理教育乱收费的专门文件,包括职业教育收费,其中都涉及清理改制学校的相关内容。

2011年教育部专门出台了清理教育改制学校的规范文件[③],其全文如下:

一、高度重视普通高中改制学校清理规范工作

上世纪90年代以来,为加快普及高中阶段教育,满足人民群众日益增长的接受普通高中教育的需求,在国家政策引导下,各地开展了普通高中办学体制改革的探索和试验。实践表明,这项改革有效扩大了优质教育资源,探索了多元发展模式,增强了学校办学活力,为加快

---

① 2002年,教育部发布的《关于加强基础教育办学管理若干问题的通知》明确规定:"进行办学体制改革的试验,应该主要选择薄弱学校进行;办学水平和教育质量较高、社会声誉较好的公办学校是长期积累形成的公共教育资源,不得改为民办或以改制为名实行高收费。"

② 2006年教育部等七部门发布的《关于2006年治理教育乱收费工作的实施意见》(教监〔2006〕6号),明确指出要"坚决制止以改制为名乱收费,进一步规范公办学校办学行为""加强对办学体制改革工作的领导,全面停止审批新的改制学校和新的改制学校收费标准。""公办学校凡改制为民办学校的,必须符合'四独立'原则,否则要停止招生。严禁搞'校中校''一校两制'和以改制为名乱收费。"

③ 教育部《关于进一步做好基础教育改制学校清理规范工作的通知》(教基二〔2011〕7号)。

普通高中教育的发展做出了积极贡献。但在改革过程中也出现了一些值得关注的问题，有些地方未能切实履行政府举办普通高中教育的责任；有的学校高收费、乱收费，加重了群众的负担；有的学校存在“一校两制”和“校中校”等不规范的办学行为。这些问题严重影响了普通高中教育的健康发展，需要引起高度重视，并切实予以规范。

当前，我国普通高中教育正在进入以加强内涵、提高质量为重点的新阶段。清理规范普通高中改制学校是落实科学发展观、促进教育公平、营造良好发展环境的重要举措。各地要把清理规范工作摆在重要位置，切实加强组织和领导，采取有力措施抓紧抓好。

二、清理规范的对象和要求

（一）清理规范的对象

按民办学校机制运行的公办普通高中学校；公办普通高中参与举办的不符合《民办教育促进法》及其实施条例规定办学要求的民办普通高中学校。

各地应根据当地实际情况，进一步明确和细化本地区需要清理规范的学校范围。

（二）清理规范的要求

各地要根据当地普通高中教育发展的现状，统筹规划，合理布局，坚持因地制宜、因校制宜，宜公则公、宜民则民的原则，依法做好清理规范工作。

1. 清理规范后明确定性为公办学校的，应执行当地同类公办普通高中学校招生收费政策。应鼓励其中一些办学水平较高的学校在执行当地公办学校收费政策的基础上，继续开展办学体制改革探索，扩大其在课程设置、教学改革、资源配置、人事管理等方面的自主权，促进其进一步提高质量，办出特色。

2. 清理规范后明确定性为民办学校的，应符合《民办教育促进法》及其实施条例规定的民办学校条件，履行民办学校审批手续，取得办学许可证，依照有关法律、法规进行登记。公办普通高中依法参与举办的民办普通高中学校，不得利用国家财政性资金，应具有独立的法人资格，具有与公办学校相分离的校园和基本教育教学设施，独立进行财务核算，独立招生和颁发毕业证书。此外，学校的人事管理、教育教学活动应保持相对独立。各地应根据相关法律法规和政策规定，采取政府购买服务、以奖代补等方式，给予民办学校一定扶持和帮助，满足学生选择需要。

3. 清理规范后，对于不具备继续办学条件和要求的学校应予撤并、停办，并妥善分流学生。

（三）清理规范工作的时限

各地要充分利用《国家中长期教育改革和发展规划纲要（2010—2020年）》发布实施、教育投入不断增加的有利时机，在2012年秋季开学前完成教育改制学校的清理规范工作。

三、清理规范过程中要重点做好的几项工作

1. 妥善安排教师。要按照国家有关人事政策，结合本地实际，妥善安排教师，做好稳定工作。规范为公办学校的，由当地政府按照学校办学规模核定和调整教师编制，优先聘用具有事业编制的教职工，仍有空编的，可在学校具有相应教师资格的人员中公开招聘；对于未聘用的非公办教师，要参照劳动合同法和劳动合同法实施条例精神予以辞退并给予一次性经济补偿。规范为民办学校的，学校要依法与教师签订合同，保障教师的合法权益；具有公办教师身份的，根据本人意愿，可以放弃公办教师身份留在民办学校，并做好人事、社会保障关系转接工作，也可以由当地教育行政部门安排到其他公办学校。对于个别公办教师较多、清理规范后办学确有困难的民办学校，可以由当地政府采取组织公办学校教师到民办学校支教的方式，给予其不超过三年的支持，支教教师的工资由政府承担。

2. 切实维护学生利益。在清理规范的过程中，不论规范为公办学校，还是规范为民办学校，都要维护正常的职业教育教学秩序，保证教学质量，使学生正常完成学业，努力做到让学生满意、让家长满意。

3. 做好清产核资工作。规范为公办学校，要依照有关法律、法规妥善解决学校在办学过程中形成的各种债权债务。规范为民办学校，要经国有资产管理等部门审核并进行产权界定，明确举办主体和资产属性，确保国有资产不流失。

4. 确保所需经费的投入。当地政府要统筹解决公办学校日常运转、教职工工资和债务化解所需经费，保障学校正常办学。要结合清理规范工作，完善公办普通高中以财政投入为主、其他渠道筹措经费为辅的投入机制，抓紧制订和落实生均经费标准，提高财政预算内拨款占普通高中教育经费的比例。要根据当地经济社会发展水平、居民收入水平和普通高中办学需要，科学核定办学成本，按照国家规定合理确定学费标准。

四、加强组织领导，确保清理规范工作按期完成

1. 政府主导，统筹推进。各地要根据“谁审批、谁负责，谁主管、谁负责”的原则，加强领导，明确责任，由地市、区县政府统筹组织实施。省级教育行政部门要会同发改、物价、财政等部门建立工作协调机制，加强对地市、县区工作的指导，及时研究解决清理规范过程中出现的新情况、新问题。

2. 摸清情况，制订方案。各地要对照清理规范工作的对象和要求，认真组织开展一次摸底调查，明确和锁定区域内需要进一步推进清理规范工作的普通高中学校。要在全面了解掌握学校规模、校产归属、经费来源、教师构成、收费标准、债务负担等方面情况的基础上，研究制订每一所学校的具体清理规范工作方案，逐校抓好落实，确保如期完成。

3. 加强检查，督促落实。全国治理教育乱收费部际联席会议办公室对各地清理规范工作开展督查，对进展情况进行通报。各地教育行政部门要建立清理规范销号制度，定期统计，规范一所减少一所。各地物价管理部门要加强对清理规范后学校收费情况的检查，对于以改制为名的乱收费行为要严肃查处，对主要责任人要追究责任。

各地要在全面调查摸底的基础上，实事求是地填写《需要进一步推进清理规范工作的普通高中学校情况统计表》，省教育行政部门要认真审核把关，并于2011年12月31日前汇总报送教育部；此前已完成清理规范工作的省份也请提交书面确认报告。

2012年教育部等七部门《关于2012年治理教育乱收费规范教育收费工作的实施意见》（教办〔2012〕4号），规定：

……加强对中小学改制学校的清理规范。各地要对已完成清理规范工作的义务教育阶段改制学校进行复核，巩固成果，防止反弹。对至今清理规范工作尚未完成的学校，或仍未达到民办学校标准要求

的学校，一律执行当地同类公办学校收费政策。认真落实教育部、国家发展改革委《关于进一步做好普通高中改制学校清理规范工作的通知》（教基二〔2011〕7号）要求，加大对公办普通高中改制学校清理规范工作的政策指导和推进力度。各地要切实采取有效措施，明确清理规范的目标、时限和具体办法，确保2012年秋季开学前，全面完成普通高中改制学校的清理规范工作。定性为公办学校的，执行当地同类公办普通高中学校招生收费政策；明确定性为民办学校的，应履行民办学校审批手续，取得办学许可证，依照有关法律、法规进行登记；不具备继续办学条件和要求的学校应予以撤并、停办。坚决纠正以改制为名的乱收费行为。

在清理改制学校的通知发布之后，各省迅速响应，纷纷转发并提出更加具体的清理要求，下面以福建省①为例，全文如下：

现将教育部、国家发改委《关于进一步做好基础教育改制学校清理规范工作的通知》（教基二〔2011〕7号）转发给你们，并提出如下要求，请一并贯彻执行。

一、摸清情况，建立台账。各地要对辖区内所有非公办的教育学校进行全面调查摸底，全面掌握学校规模、校产归属、经费来源、教师构成、收费标准、债务负担等方面情况，填写附件1和附件2报表。在此基础上，对公办改制民办、公办参与举办、民办公助、公办民助等类型学校进行详细核查，确定需要进一步清理规范的教育改制学校，填报附件3的随附报表。

二、制订方案，限时清理。对于区域内明确和锁定的需要进一步清理规范的教育改制学校，要逐校制订清理规范工作方案，明确时间表和路线图，逐校抓好落实，确保在2012年秋季开学前完成清理规范工作。对于个别公办教师较多、清理规范后办学确有困难的民办学校，可以由当地政府采取组织公办学校教师到民办学校支教的方式，给予其不超过三年的支持。

① 在2011年12月《福建省教育厅转发教育部国家发改委〈关于进一步做好教育改制学校清理规范工作的通知〉》。

> 三、落实责任，加强督促。教育改制学校要按照"谁审批、谁负责，谁主管、谁负责"的原则进行统计填报和清理规范。各地教育行政部门要在当地政府的统筹领导下，与发改、物价、财政等部门加强沟通协调，及时研究解决清理规范过程中出现的新情况、新问题。省级将加强督促检查，对于瞒报、漏报或清理规范工作落实不到位的，将追究相关责任人的责任。

进入改制制度实施的第三阶段，中央对公私合作学校的定位，已经从社会力量办学与推动职业教育体制变革的主体转向职业教育乱收费的清理整顿对象。虽然很多政策文件治理的对象主要是基础教育的改制学校，而没有明确规定包括职业教育学校，但在改制学校的清理大潮中，几乎所有类型的改制学校皆参与其中，已成一发不可收拾之势。

总之，从改制初期和改制发展阶段来看，我国职业教育公私合作改革主要是回应优质职业教育资源的不足，不能满足民众的职业教育需求，需全面提高职业教育质量。改革经历了从量的扩张到质的提升，改革的重点是大力发展职业教育，从而理顺了政府、社会与学校三方的关系，逐步形成了职业教育投入主体和办学模式多元化的新格局。但是进入清理阶段以后，职业教育投资主体多元化与办学模式多样化方面的相关政策出现断裂。

职业教育的公私合作需要健全的法律规范体系。由于缺失相应的立法规范，改革目的不够清晰，改制学校问题频发，特别是优质职业教育改制中的问题，使一些人出现职业教育价值迷失、职业教育行为失范等现象。随着我国经济水平的提升与公民个人财力的增长，人们对职业教育公平越来越关注。职业教育改制过程中出现诸多职业教育不公平现象，改制学校由此被"一刀切"式地叫停也就不足为怪。

其实，职业教育改制制度从改制初期和发展阶段的支持到清理阶段的整顿清理的过渡，是制度背后价值取向的嬗变。

职业教育法治的决定因素是其价值取向，公平与效率是人类经济和社会发展的两个最基本的价值取向，也是职业教育决策和职业教育制度发展中最基本的价值取向。职业教育法治制定与实施，本质上是职业教育治理主体的一种利益诉求的表达。在这个过程中，非常重要的是治理主体必须确立合理的法治价值取向。

二、职业教育治理的价值嬗变

效率与公平是职业教育决策和职业教育法治发展所追求的两个基本目标，我国不同时期的改制制度对效率和公平有着不同的价值取向。

（一）改制初期与发展阶段的政策价值取向："效率优先，兼顾公平"

中国改革开放几十年，随着经济社会发展对职业教育改革的巨大需求，效率更多被制度优先选择，这也已被人们普遍认为是适应社会现实需要。市场经济的效率对职业教育发展所起的作用也十分明显，在改革开放之后的相当一段时间里，在社会主义市场经济与可持续发展思想的推动与影响下，社会上对效率问题的重视已经达到了让人无法相信的程度。"效益最优，兼顾平等"这一市场经济范畴内的战略性基本原则"逐步推广到包含职业教育在内的社会其他领域，成为制定决策时的首选原则"。[①] 20 世纪 90 年代中期，我国学校办学体制改革政策的效率最优价值观念，对职业教育改制所带来的负面社会影响也越来越明显，如名校办民校、校中校、一校两制、高收费与择校风盛行，等等。

"效率优先"基本原则被简单移植到职业教育领域，导致优质教学资源更大程度上集中于全国经济较发达的东部区域、城市以及重点职业教育，职业教育资源配置与发展严重不平衡，并由此造成了地区差异、城乡差别、校际差距呈现扩大化态势；使职业教育改革形成了急功近利性质的不良态势，主要表现为在职业教育领域，人们更多地关注于眼前的经济效益问题，对科学理性、职业教育的本质则考虑得较少；而高价收费、择校风等在职业教育界的致畸性发展，加剧了转制学校的职业教育腐败，也妨碍了转制职业教育的良性发展，职业教育领域的公私合作也由此被社会质疑。

"一切政策法规的出台，都是人们对各类活动所涉及主体的不同利益进行轻重缓急的主观抉择"[②]，其是以价值选择为基础的，即制度为什么人服务的问题。我国对职业教育政策的价值选择曾发生过数次重大逆转，是由于我国正处

---

① 周晔：《农村教育综合改革政策的理论转向——由农村三教统筹到城乡教育统筹》，中国社会科学出版社 2017 年版，第 31 页。

② 刘明等：《法治社会下的职业教育公平机制研究》，吉林人民出版社 2014 年版，第 45 页。

在经济转型时期，面对着复杂繁重的经济发展任务，需要对职业教育制度进行艰难的价值抉择的必然结果。

改革开放以前的中国职业教育政策主要是以平均主义为主要价值取向的。改革开放后直到 20 世纪 90 年代确定了效率优先、非均衡发展、注重精英培养的价值取向。毋庸置疑的是，在“文革”后，经济社会的变革与快速建设面对着极其繁重的发展任务，我国在职业教育策略上考虑“质量第一”，集聚人力财力物力大力培养精英人才，是合乎当时社会改革需要的，同时也兼顾了公平的政策选择基础。

“片面的效率起始于经济学思想模型，不但容易让人从急功近利方面片面理解职业教育，同时也遮蔽或者抹杀了职业教育特有的属性。”①从职业教育制度方面探讨职业教育公平和效率问题，不应当只限于技术与测算，而应当以更开阔的学术视野去探讨职业教育效率，应该在一种更开放的框架下关注职业教育效率与公平的关系，而这种更开阔、更开放的视野，正是通过职业教育对个人发展和国家发展的贡献来评价职业教育成效。也就是说，要从职业教育目的方面探讨职业教育成效问题。

职业教育本身并没有能力表明自己是否合理或者高效率，但“职业教育已成为人的社会再生产的重要手段，也成为国家进步的主要工具”。② 其效果的好坏优劣、效率的高低评判，有赖于它对社会个体发展和国家进步的积极贡献。职业教育不仅能使学习者个人的知识、素质、身心等得到良好发展，而且会进一步推动国家的蓬勃发展。所以，职业教育对国家发展的功用是间接的、长期的，而对学习者个体身心与知识素养的发展状态与水平则是直接的，这既是评价职业教育水平的最直接标准，也是判断职业教育效率高低与否的最佳尺度。

从个体方面来分析，职业教育效率的评价主要看学生身心、认识、能力、道德等方面的充分发展水平，以及人格的全面发育程度，学业成绩只是评价的标准之一而已。调查研究证明，“相对于接受较少较低水平职业教育的人来讲，接受过较多较高职业教育的人对国际国内情况与趋势及对公共事务的了解与判断更趋于实际。学生个体具有比较开阔的思维，也更能接受不同的建议，会有

---

① 褚宏启、江雪梅、徐建平等：《论教育法的精神　为了人的自由而全面发展》，教育科学出版社 2013 年版，第 56 页。

② 褚宏启、江雪梅、徐建平等：《论教育法的精神　为了人的自由而全面发展》，教育科学出版社 2013 年版，第 57 页。

更多寻求好工作的机会，并得到更好的薪资，拥有较积极的身心素养，具有较多的幸福感与更强的沟通能力，拥有良好的体魄，会较多地将休闲时光放在与文学和美术有关的高雅的项目上”。①

从国家发展层面分析，“职业教育效率的评价主要是看职业教育对国家经济社会进步、政治与制度发展、文化建设水平等相关方面的功效，及其所培养对象的素养与国家发展之间的关联度”。② 个体素养越高对国家发展的推动能力越大，说明职业教育的效率越高，反之亦然。

职业教育效率和职业教育目的之间有着内在的必然联系。职业教育效率是对职业教育目的的完成程度的反映，而相对于职业教育效率的数量衡量标准来讲，职业教育效率更根本的特质是职业教育质量。只有高质量的职业教育才能有对个人发展、国家发展的高贡献率。由此，“职业教育效率、育人目的、职业教育质量就形成了三位一体的职业教育追求”。③ 我们也可以用这些维度构建我国职业教育效率的评判标准，将“培养现代公民、推动经济社会发展、保障人民幸福、保障国家安全、增强全球竞争力当作主要的评判指标”④。

实行职业教育公私合作改革后，“我国的优质职业教育资源总量总体得到了较大提升，将职业教育转制作为全国职业教育的多元化办学的一次大胆探索”⑤，积累了不少的成功经验与失败教训。

---

① [美]莫琳·T.哈里楠：《教育社会学手册》，傅松涛译，华东师范人学出版社 2004 年版，第 656 页。

② 沙伯特和拉米雷兹在《发展与职业教育》一文中，从经济、政治、文化三个方面探讨职业教育对于国家发展的影响。[美]莫琳·T.哈里楠：《教育社会学手册》，傅松涛译，华东师范人学出版社 2004 年版，第 682 页。法格林和萨哈在《教育与国家发展》一书中，从经济、政治、社会与文化几个维度分析教育对于国家发展的贡献。斯普林在《美国教育》一书中依次探讨了公共教育的政治目标、社会目标和经济目标。Spring, Joel. , *American Education: An Introduction to Social and Political Aspects* (10th Edition), London; Long-man, 2002, p. 3。上述学者的分析维度基本上是相同的，这些研究为本书进一步从国家发展层面研究职业教育效率问题提供了学术资源。

③ 褚宏启、江雪梅、徐建平等：《论教育法的精神　为了人的自由而全面发展》，教育科学出版社 2013 年版，第 79 页。

④ 涂云新：《教育综合改革背景下教育立法的理念、问题与对策——“教育改革与教育法治”学术研讨会综述》，载《复旦教育论坛》2015 年第 4 期。

⑤ 朱卫国对公办学校转制的积极作用进行了以下概括：有利于改变政府包揽办学的格局实现办学的多元化，满足人民群众职业教育多样化的需求；有利于进一步吸收社会资金和盘活职业教育存量资源，有效缓解职业教育事业快速发展和职业教育经费严重不足的矛盾；有利于使学校成为自主办学、自主管理、自我发展、自我约束的市场主体和法人实体；有利于探索新的办学模式和办学思路，为进一步推进和深化办学体制改革提供有益的借鉴。参见聂竹明、刘钊颖：《优质教育资源共享制度变革：从科层制到社群化》，载《中国教育学刊》2017 年第 5 期。

(二)清理阶段:职业教育改制学校清理政策的单一公平价值取向

我国经济社会飞速发展的背后,带来了越来越复杂的一系列社会问题。过分关注效率而忽视公平,使社会阶层分化严重、矛盾激化,人为地加大了公民受职业教育权利和机会的差距,直接导致就业机会不平等,进而是弱势群体社会地位的边缘化,埋下了城乡、地区、阶层冲突的隐患。人们满足“有学上”的需求后,开始关注“上好学”的问题,更多的人渴望接受高层次的职业教育、公平享受优质职业教育资源,这就迫切需要从公平与效率的内在联系中,进一步审视和思考社会公平和正义的问题,特别是进入现代社会以后,职业教育已经成为一项关系国计民生的宏大事业,以公益性代替了以往职业教育的私利性,而与现代配套的职业教育的这一价值基础,也决定了现代职业教育必须主要借助于公共制度选择,而不是市场机制来完成它的功用。

正是根据这一实际情况,党的十六大首次明确提出“初次分配注重效率,发挥市场的作用。再分配注重公平,加强政府对收入分配的调节职能”。党的十九届六中全会又再次提出了第三次分配,实现全体人民共同富裕的战略目标。这一定向实际说明了在促进社会公平的职业教育问题上,政府调控与市场调节之间的差异分工。很显然,优质职业教育资源非均衡配置导致的不公平,要求政府充分发挥其调控职能,合理调配职业教育资源,以推动职业教育事业公平与蓬勃发展,这也是对职业教育公平与效率关系所进行的最新诠释。

党的十六大以来,随着我国经济社会的发展,中国已经处于一个全新的历史时期,而职业教育是经济与社会和谐发展的重要基础,国家职业教育制度的价值取向向公平转型,也体现了来自人民群众和学界越来越强烈的社会呼声。清理阶段的改制政策正是基于这一现实而做出的调整。

虽然我国公立职业教育转制是为了适应当时职业教育发展的现实需要,是中国特色社会主义阶段的职业教育建设的必然选择,改制也取得了一些成效。但是,在转制过程中仍然存在不少难题,主要集中在如下几个方面:指导思想不端正;相关法规制度不完善;转制程序规范不健全;转制后的职业教育水平仍有待提高;转制后的职业教育公平遭遇挑战;职业教育不公平有可能进一步损害学生自身的职业教育权益,最终可能影响整个社会稳定,乃至国家经济的发展稳定。正是基于以上问题,职业教育改制由发展阶段走向了清理阶段,政策价值取向也由原来的“坚持效率优先、兼顾公平”走向“注重公平”。[①]

新的社会背景下的公平与建国初期的公平不同,我国职业教育重返对公平的价值取向,是重建于新的社会背景,也反映出随着中国经济社会发展而及时作出的调试。在这种背景下,中国生产力水平经历了改革开放后几十年的发展与提升,将经济社会的重点任务从基本满足温饱转为小康,在全球多元文化发展与我国传统社会文化的矛盾与共存冲击之下,中国在职业教育文化上在寻求宽容与稳定。职业教育科学也引入了全新的科学研究范式,并适应了职业教育实践中的剧烈变革,并获得了新发展,已完成“双基”目标和高等职业教育大众化的跨越式发展,职业教育体制与政治、经济、文化等体制联动,变革与不断创新的职业教育公私合作体制也得以出炉。

清理阶段的改制政策的基本价值选择是职业教育公平。它是一种全新的社会语境下所选取的平等,即面向社会不同层次,惠及不同人群的平等。它强调改制职业教育在对待个人层面(弱势群体)和学校层面(如薄弱公办学校和薄弱民办学校)的双层平等[②]。

职业教育制度在实现职业教育公平过程中扮演着关键角色。职业教育制度应该符合怎样的职业教育公平理念和职业教育平等准则?应该采取哪些职业教育机制维护并实现职业教育平等?在职业教育公私合作过程中应如何有效规范,才能提高优质职业教育资源的有效配置?改制政策的价值取向只能在公平与效率之间进行单一选择吗?职业教育公私合作制度应该如何平衡二者的关系?这都是政府在职业教育决策过程与学者们在职业教育制度研究中需要考虑的问题。

(三)制约职业教育制度对公平与效率最佳结合的主要因素

通常认为公平与效率是衡量一种制度安排好与坏、优与劣的评价标准。目前,在效率与公平关系方面,学术界主要有两种观点:一是协同论。强调公平与

---

① 公平是人们对于利益分配的一种价值认识和价值评价,主要是一个规范性的概念,是人们根据自身利益和需要对一定的社会关系和社会事实的认定和评价。

② 职业教育公平问题是当前我国社会生活和职业教育领域十分关注的热点问题。这个问题直接关系到职业教育领域的正义和公正,关系到社会的稳定乃至于国家的安全。参见[苏]凯洛夫:《教育学》,沈颖等译,人民教育出版社1957年版,第130—221页。

效率的和谐共存，希望公平与效率均衡发展。二是对立论。认为公平与效率对立冲突，互不相容。效率与公平关系是一个非此即彼的矛盾问题，为了达到公平，就必然牺牲效率，反之亦然。效率和公平之间的矛盾，在市场经济活动与社会服务实践中体现得尤为突出。在市场经济领域和社会生活领域，好像效率与公平难以两全，要提高效率，就难以保证公平的实现，同样，要保障公平就难以提高效率。在效率和公平两种基本价值之间，人们不得不有所取舍，因而又产生了三种主要论说：效率优先论、公平优先论、公平和效率最优交替论三种观点，实际上都是将公平和效率二元对立，都坚持平等和效率之间的矛盾与对立性。认为"偏重效率必然会丧失社会公平，强调公平则必然降低效率，认为效率的提高是以牺牲公平为代价的，而片面追求公平会降低效率。认为有公平则无效率，有效率则无公平，二者不可兼得"。①

公平与效率是社会经济发展的两大主要目标，也是公共管理追求的基本价值，通常也被作为衡量一种制度好与坏、优与劣的评价准则。但是，现实中二者"两张皮"现象，不仅使经济学与法学研究面临困境，也给政府部门的宏观决策带来了困扰。

因此，处理好公平与效率的适配性问题成为社会发展的关键，而发挥政府与市场在资源配置中的作用，随经济社会发展状况进行及时、必要地调整二者的关系则成为解决这一问题的重中之重。应当指出，在公平与效率之争中，走极端的学者并不多见，学者们常常是在公平与效率之间寻求契合的路径。

制约职业教育制度对公平与效率最佳结合的主要因素是什么？

制约公平与效率最佳结合的主要因素，包括特定时期职业教育发展面临的主要矛盾和主要任务、社会发展的阶段性特征和制度选择。研究证明，一定时期内职业教育发展的主要矛盾和国民经济发展的主要任务是确定国家职业教育制度目标，并对公平与效率排序的关键因素，或者说，是公平优先还是效率优先的主要选择依据是由各个时期社会经济、职业教育发展的特殊矛盾和基本任务决定的。如改制初期和发展阶段，中国社会面临的基本任务是解放社会生产力，经济工作的重点是通过市场化改革，提高公共资源配置效率，反映在学校改制领域，效率优先就成为改制政策目标排序的一种首要选择。随着中国经济迅

① ［苏］凯洛夫：《教育学》，沈颖等译，人民教育出版社 1957 年版，第 130—221 页。

速发展,长期的效率优先的职业教育政策导向,使得职业教育公平问题凸显,收入差距过大已成为社会发展的潜在危机,职业教育发展的主要矛盾也随之发生变动,职业教育公平已经成为公私合作制度的首要目标,而经济的发展也为职业教育公平奠定了坚实的物质基础。

但公平与效率的目标排序不是静态的,而是随社会发展阶段的变化而变化。因此,必须不断探索符合社会发展阶段的公平与效率的最优组合关系及其实现方式。因为,社会经济发展的阶段是决定公平和效率各自目标能否动态保持平衡的基础因素,也决定着公平和效率制度体系的结构变动。因此,在改制学校领域,实现公平与效率动态均衡的难点在于改制政策目标结构性调整的实现方式和约束性条件。如秩序自由主义强调社会政策要通过构造和发展一种可接受的经济制度来实现社会目标,倡导通过经济的效率手段来达到社会公正。阿尔马克不仅强调功能良好制度的社会效益,也特别强调制度需要增加额外的举措以平衡不同利益,保持社会稳定,这也正是他"社会补偿"的基本理念。他认为市场秩序在经济上是最有效的秩序,但其本身不能成为"好"的社会,必须通过补充的制度使其具有"伦理"。一个服务性的政府必须由一些旨在达到整个社会平衡的制度原则来加以修补,制度必须被纳入社会秩序的包容理论之中。经济学家卡尔多也指出,补偿原则是以各个社会利益团体间社会福利水平的共同进步为前提条件的,也是制度价值中公平与效率顺序转变的前提条件,强调要在保证效率的前提下力图达到社会公平。卡尔多的制度补偿论的重要性,并不在于提出国家政策的经济补偿准则,而在于证实了这种政策目标结构转换是有条件的。

制约公私合作制度对公平与效率最佳结合的选择因素至关重要,这种制度选择因素就是指优质职业教育资源的配置机制。高收入国家往往比人均 GDP 较低的国家有着更完善的公私合作职业教育制度机制。在一个市场制度不完善,政府干预力量很强的国家,公平和效率往往处于一种低水平的非良性的均衡状态。影响公私合作制度中公平与效率最佳结合偏离的主要因素归纳起来有三个:特定改制时期社会发展的主要矛盾和主要任务、社会发展的阶段性特征和制度选择(反映在职业教育领域就是优质职业教育资源供不应求的主要矛盾)、我国混合经济时期职业教育公私合作特征和优质职业教育资源的公平与效率兼顾的配置机制。

本章小结

当前，我国优质职业教育资源的严重失调经常呈现为一种假象，使人们误认为目前我国职业教育最重要的社会问题是平等问题，而不是效率问题。职业教育的优质职业教育资源短缺，很大程度上是效率优先、兼顾公平的社会经济原则在职业教育中的滥用。严重失调的优质职业教育资源导致了职业教育资源浪费与短缺并存，也就直接造成了我国职业教育资源的低效率，这也是目前我国薄弱职业教育学校大量存在的主要原因。如果从社会功能的角度来考虑我国职业教育效率的话，由于近年来我国职业教育效率的弱化趋势——优质职业教育促进我国社会各阶层垂直流动作用功能下降，也更加巩固了各阶层间的差异，这已成为不争的事实。城市学校、重点学校恰恰充当着一个巩固阶层间职业教育差异的关键角色。所以，职业教育资源配置的不公平，职业教育推进社会各阶层间垂直流动功能减弱，是当前我国职业教育所面对的最大低效率性。我们现在不应该为了呼吁职业教育公平而忽略了职业教育效率，而应该从一种更加普遍的意义上来要求提高职业教育效率，并形成一种全方位反映职业教育效率的指标，真正将职业教育效率当成重新调配优质职业教育资源的一项关键指标因素。这是从根本上改变乡村学校、职业教育劣势地位，并合理分配优质职业教育资源的一次突破与创新。

总之，我国改制学校政策在不同时期有不同的价值取向。针对下一步职业教育公私合作，政府应结合职业教育领域优质职业教育资源供不应求的主要矛盾、我国混合经济时期职业教育公私合作特征和优质职业教育资源的公平与效率兼顾的配置机制法治化，纠正职业教育公平与职业教育效率的偏离，探寻实现职业教育公平与职业教育效率最佳结合的基本路径。

Chapter 5
第五章

资本困境篇:职业教育投入不足实证分析

我国《高等教育改革发展方案》明确提出,各级人民政府要制定与教育办学规模、人才培养费用成本、教育办学品质等相适应的财政投入管理制度。与学校办学规模相适应的地方职业高等教育财政拨款管理制度应遵循生均财政拨款原则,要制定并严格执行不同地方的职业院校生均支出标准或地方政府公用支出管理制度,并按照各个地方职业院校的教育办学规模即在校生数量决定各个院校的教育财政拨款数额,以满足各种办学模式院校的人才培养特点。但我国目前职业教育资金投入情况并不容乐观。

职业教育是公民素质教育基本构成中的最基本的教育成长过程。因此,积极发展职业教育是完善现代职业教育体系的必然选择。从普及职业教育的目标要求来看,发展职业教育是国家的战略目标,但目前现状却不容乐观。职业教育经费投入机制的完善应该成为我们关注的焦点,也将成为破解职业教育发展中出现的各种问题的关键。

如果职业教育阶段的经费投入不足,其职业教育的普及和健康快速发展将难以实现。优质职业教育资源不足,大量薄弱职业学校的存在,使优质职业教育资源供需矛盾不断激化,势必会进一步激化择校问题,而择校费、乱收费等问题也难以从根本上得到遏制。学生会因此承担更多的家庭职业教育成本,这将有可能阻碍低收入家庭的孩子接受职业教育,部分初中生毕业后想选择优质职业教育,却陷入无学可上的困境,从而引发职业教育不公平问题,特别是职业教育质量将更加难以改观。

职业教育投入主要是指对职业教育活动进行的人、财、物的投入。职业教育投入会涉及职业教育成本的分担数量和比例,如政府的职业教育财政投入、民办职业教育投入、社会捐赠、学生的学杂费等。

职业教育投入比例是不是合理,可以由以下一些指标来衡量:职业教育投入总量是不是足够;政府努力程度有没有提升;各主体负担的比例是不是合理;学生家庭职业教育投资能力是否提升,等等。本章将按照这一思路,以职业教育投入①为例加以评析,以发现职业教育投资的不足之处。

一、我国职业教育现行财政拨款制度实施分析

由于职业教育投入各省差别很大,本书以全国职业教育经费、F 省职业教育政策与 B 市的 C 高等职业学校运行实践为例,从拨付主体、资金数额、拨付方法以及资金运用等角度分析职业教育财政拨款体制的执行状况。基于本书对全国职业院校各个学科专业教育培养成本考察,确定了其对教育经费的现实需求量,并根据我国当前现有的职业教育生均财政拨款制度所设定的资金总额,可判断当前职业教育经费的实际供求状况,并将资金需求量和实际提供的投入量实行资金数额差异对比,可以解析我国当前职业教育生均财政拨款制度所面临的问题。

(一)拨款主体

国家教育主管部门财政拨款主体,主要按照职业院校的隶属关系由同级政府财政主管部门完成款项划拨,并纳入当年预算管理。行业、企业开办高职专业学校的公共支出,主要按照原有渠道由承办者统筹到位。当前,中职院校生

① 本章的数据来源包括 2010—2020 年度《中国统计年鉴》《中国教育经费统计年鉴》《中国教育统计年鉴》。评价的时间跨度为 2010—2020 年。

均财务经费的拨付主体多为院校所在地的行政区市县级政府部门出资,由财政部门具体执行;高职学校生均财务经费的拨付主体则多为院校所在的地区省市级政府部门出资,由其相应财政部门具体执行。

(二)拨款额度

F省财政厅、F省人社厅印发的《有关健全改进F省中等职业院校生均资助机制的通告》规定,在实施中职院校免收费制度的原则上,F省公立中职院校年生均公用经费标准的定额为1000元,与全国普通中小学生均公用经费定额相同。该文件还未确定与普通高中学校有区别的中等职业学校学生平均财政拨款标准,以及没有确定根据职业学校不同学科专业的每个学生的平均财政拨款标准。

F省财政厅、F省教育厅出台的《F省高校生均经费管理办法》规定,到2017年年底,F省高等职业学校年生均费用力争突破12,000元,且按照各个学科专业费用成本差距,依次规定了各个学科专业的每位学生平均的费用折算系数,分别为:农学专业1.5,交通运输专业1.5,生物制药专业1.5,石油地质专业1.5,环保技术与材料专业1.5,建筑结构施工专业1.5,水利工程专业1.5,机电机械专业1.5,信息电气专业1.5,环保专业1.2,轻工专业1.2,财经专业1,医学专业1.5,文化旅游专业1,公共服务专业1,教育专业1,法律专业1,艺术专业1.5。[①]

(三)拨款方式

从目前情况来看,国家对职业教育在国家财政资助体系内所采取的资助方法是“综合定额+专用补贴”。“综合定额”是依据各个学校的在校生总量(以及在编的教工总量)和教育事业发展计划,由各地方政府的财务主管部门确定各个教育办学阶段的高校、各个学科专业的学生以及教工的定量国家标准,即人均国家标准,从中测算出“综合定额”作为平时经费进行拨付,用以维护职业学校的运行;针对职业院校蓬勃发展的专业需要和重大项目发展需求,

---

① 针对不同学校的办学层次,设定分配系数分别为:一般高职院校为1,国家级示范性高职院校系数增加0.1,国家级骨干高职院校的系数增加0.05,省属普通高职院校系数增加0.1,以上系数累加计算。

其他费用一般以“项目资金”的形式予以“专项补助”。目前,全国大部分地区实行这种资助方法,高职学生以在校生数量为资助基础,决定资助标准;中职学生则包括两个方面,一方面按在编教职工总数和工资额进行拨款,或称为“人头费”,一般由地方政府财政进行发放;另一方面是日常办学支出,以学生总数为拨款基础,决定资助标准。由此可见,以学生数量(学生人数)划拨日常办学费用是我国当前较为常用的教育资助方法,把综合定量作为基本的生均定量资助标准。因此,对职业教育的财政拨款总量与该学校的在校生总量有关。

(四)拨款使用

根据F省的相关制度要求,职业教育院校的人均公用经费的使用范围,主要包括学校的教育与后勤管理以及学校日常服务方面的支出,内容大致包括:学校的教育与管理、师资培训、学校各种文体社会活动、办公室、水电、差旅、学校的教育仪器与设备购买、日常养护和维护等,均属校内公用性费用。中职学校生均公共资金,不得作为校园基建、人才培养等支出使用。对高职学校生均资金的使用,要以增强运用校园资金的能力、提高学校整体办学水平为主要目的。适用范围一般包含:高等学校的日常运行开支(不能用作“三公”费用、开会费和教育费开支)、学校社会事务建设开支以及归还的校内欠款开支,具体规模由各校根据具体需求而确定,但一般作为高校日常运行开支总量的一部分,不能超过学校支出总额的50%。省财政划拨的每个学校学生的平均资金,经省财政厅核定,可以作为人员经费和基建费用。中央财政划拨的每个学校人均资金不能作为教育费用和基建费用。

二、教育成本和政府财政拨款额度的数量差距

(一)中职学校差异比较

根据F省的制度性文件①,省公立中职院校年生均公共支出的基准定额为

① 《有关制定进一步完善F省中等职业院校生均资助管理制度的通告》(F省财教〔2016〕1号)。

1000 元,主要用于培训教育和后勤保障服务等基本运行方面的费用,其中并不包含对专任职业学校教职工的人事费用,以及对高校的基建支出等。另外,2012 年,省财政部门又颁布扩大中等职业教育免学费制度[①]明确提出,要"扩展中等职业培训免学费优惠制度覆盖面""减免费用造成学校收入下降的方面由政府财政根据享有免学费优惠制度学生人数和免学费水平补贴学校"[②]。F 省的各中职院校均已全面落实了"免学费"的制度,由财政部门对中职院校学生进行生活费用补贴,最高数额为每生每年 2400 元。故中职院校财政投入总金额为学生学费补贴数额和生均公共支出之和,具体参见表 5-1。

表 5-1　中职案例学校各类专业人才培养成本与财政拨款额度

单位:万元

专业类别	生均成本	净生均成本	生均公用经费	免学费补助额度	财政投入总金额	差值	净差值
加工制造	1.67	0.501	0.10	0.24	0.34	1.33	0.161
交通运输	1.36	0.408	0.10	0.24	0.34	1.02	0.068
财经商贸	1.06	0.318	0.10	0.24	0.34	0.72	-0.022
信息技术	1.60	0.480	0.10	0.24	0.34	1.26	0.140
旅游服务	0.85	0.255	0.10	0.24	0.34	0.51	-0.085
农林牧渔	1.60	0.480	0.10	0.24	0.34	1.26	0.140
文化艺术	1.22	0.366	0.10	0.24	0.34	0.88	0.026
教育	1.03	0.309	0.10	0.24	0.34	0.69	-0.031

资料来源:根据《中国教育经费统计年鉴(2018)》数据统计整理,略有误差。

注:差值为生均成本与财政投入总金额之间的差值,净差值则为净生均成本与财政投入总金额之间的差值。若差值/净差值为正,则说明成本高于财政投入总金额,若差值/净差值为负,则说明成本低于财政投入总金额。

该研究将中职院校各个学科专业人才培养成本结果和经济社会投入金额加以对比,认为中职院校加工制造专业生均成本最高,达到 1.67 万元,而教育投入总金额仅为 0.34 万元,其差距达到 1.33 万元;旅游服务专业生均成本为

---

① 《关于扩大中等职业教育免学费制度范围进一步完善国家助学金制度的意见》(F 省财教〔2012〕376 号)。

② 《关于扩大中等职业教育免学费政策范围进一步完善国家助学金制度的意见》,载中华人民共和国人民政府网,http://www.gov.cn/zwgk/2012-10/31/content_2254405.html。

最低，仅0.85万元，与经济投入总金额的差值为0.51万元。通过差额测算后得出，当前F省中职院校的8个学科专业培养投入，与社会经济投入总金额的比值均为正值，且均超过了0.50万元，表明当前F省中职院校的各学科培养投资存在“不平衡不充分”的情况。

在学校实际的生均成本核算中，本书把学校教职工经费开支和学校基本建设折旧费用均包含在其中，但现行财政拨款中均不涉及这些费用。采访中职学校的财务工作人员时了解到，鉴于当前中职学校教育支出的基本建设固定资产折旧占年度财政资金费用的比重一般在60%至80%，因此，作出了以下折中调整——假定当前中职学校教育费用和基本建设等固定资产折旧占学校全部财政资金费用的比重仅为70%，而不同学校人员经费和基建固定资产折旧比例无明显差异，并由此进行了相应成本调节，具体调整方法如下：

$$净生均成本 = 各学校各专业生均成本数额 \times (1 - 70\%)$$

通过计算，将可得出培训支出和一般装备的折旧费的生产成本总额比较(称为“净生均成本”)，具体情况如表5-1所显示。由此可见，当前全国中职学校所有专业净生均成本最大的是加工制造专业，净生均成本为0.501万元，与财政投入总金额的净差额为0.161万元；最低的则是旅游服务专业，净生均成本为0.255万元，与财政投入总金额的净差额为-0.085万元。调研的F省中职院校8个专业与财政部门拨付总额的比值为正数的有加工制造专业、交通运输专业、信息技术专业、农林牧渔专业、文化艺术专业，表明5个专业学科专业人才培养出现“不充分”现象；与财政拨款资金的比值为负的是经济专业、旅游专业、教育专业，表明了此专业的培养资金具有较低冗余，完全可以满足培养需要。

(二)高职院校差异比较

F省的高校生均经费制度规定①，到2017年省高等学校年生均资金超过12,000元，且按照各个学科专业的差异，设定了生均资金计算系数。本书调查所涉及的财经商贸专业、旅游专业、文化艺术、教育与体育专业的财政投入资金金额，各计为12,000元；电子信息专业的财政拨款总额为14,400元；农林牧渔专业、装备制造专业、土木建筑专业、文化艺术专业财政拨款总额均为

① F省财政厅、F省教育厅颁布实施的《F省高校生均经费管理办法》(F省财教〔2015〕102号)。

1.8万元。但经调研后发现，当前F省内高职学校在实际执行的人均财政拨款总额上并没有按照学科特点开展分类划拨，仍以每人1.2万元作为统筹划拨的金额平均拨付。

与中职学校有所不同，高职培养经费采用国家财政与私人(家长)分担方式。F省制度文件①规定，高等职业教育学校学生学费为每生每年5000元。2003年，F省物价局发布文件，规定高职艺术、体育类专业学费标准为每生每年7000元。本研究所采纳的生均成本与学费标准之差即可视为由地方政府应负担的成本费用部分(分担后成本费用)，具体内容金额见表5-2。

表5-2　高职教育案例院校的各专业投入及政府财政拨款总额

单位：万元

专业类别	生均成本	学费标准	分担后成本	财政拨款额度	差值
财经商贸	1.88	0.50	1.38	1.20	0.18
电子信息	1.96	0.50	1.46	1.20	0.26
农林牧渔	2.48	0.50	1.98	1.20	0.78
装备制造	2.30	0.50	1.80	1.20	0.60
旅游	1.78	0.50	1.28	1.20	0.08
土木建筑	2.23	0.50	1.73	1.20	0.53
文化艺术	1.71	0.70	1.01	1.20	-0.19
教育与体育	1.81	0.50	1.31	1.20	0.11

资料来源：根据《中国教育经费统计年鉴(2018)》数据统计整理，略有误差。

注：差额指政府与学生个人分担的成本和政府财政拨款金额之差。

可见，F省高职学校中农林牧渔专业分摊后的成本最大，为1.98万元，比财政拨款总额的比值多出0.78万元；传统的文化艺术专业分摊后的成本最低，为1.01万元，比财政拨款总额的比值少0.19万元。通过调查发现，F省高职学校中8个学科专业的生均经费超出财政拨款额度，分别是财经商贸专业、电子信息专业、农林牧渔专业、装备制造专业、旅游专业、土木建筑专业、教育与体育专业，表明7个学科专业的人才培养资金出现了“不充分”现象；比财政拨款金额

① F省物价局、财政厅、教育厅颁布实施的《有关下调高等学校收取技术标准的通告》(F省价行费字〔2000〕18号)。

低的专业是文化艺术专业,其差额为 -0.19 万元,表明学校在此学科门专业的培养资金上出现了较小冗余,可以满足培养需要。

三、职业教育经费投入总体不足

以 B 市的 C 高等职业学校为例,从多年的发展情况来看,职业教育依托我国教育制度红利而取得了不少的成长发展空间,但在发展的进程中弊端也日益凸显。资金支持的整体性不足及经费支持的整体失衡将会进一步拖慢职业教育的发展步伐;同时职业教育学校本身对政府部门财政资金的过度依赖性、学校没有较好的经费筹集渠道与筹措资金能力,也会抑制职业教育学校的进一步成长。

(一)职业院校教育经费投入的案例描述

1. 教育经费投入现状

以 B 市的 C 高等职业学校为例。C 高等职业学校[①]是于 21 世纪初期成立的高等技术职业学校,随着我国产业转型和职业教育水平的提高,职业教育所要求的技术技能型人才缺口越来越大,所以对专业技能人才的培养也就越来越重要,而国家改革职业教育体制也到了紧要关头,于是越来越多的符合国家制度支持的技术职业学校的建设与发展愈加迅速。由此,也就涌现出了很多有抱负、有理想的专业技术人才献身于职业教育。从 C 高等职业学校的建设历程可以了解,其成立初期基本上是培养卫生专业方面的人才为主要目的。由此,深入研究 C 高等职业学校对培养医疗卫生领域人才方面积累的经验与教训,探索学校未来面临的发展与进步机遇,具有重要的实践与理论价值。全国 2010—2020 年各级各类教育经费及职业教育经费总收入情况见表 5 -3,B 市的 C 高等职业学校教育经费投入情况见表 5 -4。

---

① C 高等职业学校是得到四川省政府和教育部认可的公办全日制高职高专院校,它是由多个中职院校合并而成的。前身是国家级重点卫生学校,后与当地的财贸学校、教育学院、农机学校与工业技校合并,在 21 世纪初组建了职业院校。

表 5 – 3 2010—2020 年各级各类教育经费及职业教育经费总收入(全国)情况

年份	经费总投入/亿元	职业教育经费总投入及占比		国家财政经费总投入及占比		职业财政教育经费总投入及占比	
		经费/亿元	占比/%	经费/亿元	占比/%	经费/亿元	占比/%
2010	19, 562	1560. 78	7. 98	14, 670	74. 99	884. 39	6. 03
2011	23, 870	1869. 57	7. 83	18, 587	77. 87	1181. 07	6. 35
2012	27, 696	2134. 74	7. 71	22, 236	80. 29	1459. 49	6. 56
2013	30, 365	2185. 74	7. 20	24, 488	80. 66	1489. 89	6. 09
2014	32, 807	2227. 10	6. 79	26, 421	80. 53	1553. 71	5. 88
2015	36, 129	2488. 42	6. 89	29, 222	89. 07	1777. 64	6. 08
2016	38, 888	2637. 40	6. 78	31, 396	80. 73	1878. 34	5. 98
2017	42, 562	2855. 80	6. 71	34, 208	80. 37	2069. 06	6. 05
2018	46, 143	3028. 21	6. 56	36, 996	80. 18	2196. 73	5. 94
2019	50, 178	3319. 05	6. 61	40, 046	79. 82	2425. 76	6. 06
2020	53, 014	3792. 86	7. 15	42, 891	80. 91	2843. 95	6. 63

资料来源:根据《中国教育经费统计年鉴》(2011—2021)数据统计整理,略有误差。

注:为便于统计,本研究的职业教育经费为职业高中经费加上高职高专经费。

表 5 – 4 B 市的 C 高等职业学校教育经费投入情况

单位:亿元

事项	2015 年	2016 年	2017 年	2018 年
国家财政拨款收入	1. 4100	1. 2300	1. 5000	1. 6900
事业收入	0. 1800	0. 2500	0. 3300	0. 2100
其他收入	0. 2300	0. 0026	0. 0230	0. 0130
总计	1. 8200	1. 4800	1. 8500	1. 9100

资料来源:B 市的 C 高等职业学校 2016—2018 年决算报表。

由表 5 – 3 分析发现,从 2010 年到 2020 年的 10 年间,我国的职业教育经费呈现逐年递增的趋势,已实现了由 1560 多亿元到近 4000 亿元的重大跨越,10 年时间增加了 2000 多亿元。而根据统计资料,我国高等职业学校在 2015 年的数量已经超过了 1334 所,每所学校的平均费用已经超过了 3 亿多元,但是因为不同的历史时间和地域特点,而造成的教育层次和课程配置上也会存在不同的情况,所以实际的教育费用很可能会低于这一数字。通过研究分析表 5 – 4 发现,2015 年度 B 市的 C 高等职业学校的教育经费投入只有 1. 82 亿多元人民币,距离3亿多元的全国平均水平尚有很大距离。

对表5－3和表5－4数据分析可以看出,一方面,我国高等职业学校的高等教育培养费用的主要来源和提高的态势,都重度依赖于我国政府财力支持,也有赖于自己招生规模的扩大。另一方面,学校的教育费用支出也会增加。而通过2015年国家统计局的有关统计资料可以发现,这一时期,我国高等职业教育学校的每个在校生人均公共财政教育费用已经有了明显的增加,超过了12,750元人民币。而进行更深入的数据分析也证明,我国31个省份和地区的高等职业教育经费投资均呈现明显的上升态势,部分地区增长甚至明显超过了当地GDP增长。在我国政府积极加大对高等职业教育投资的大背景下,B市的C高等职业学校的生均费用一直未能超过国家的平均水平,2015年生均仅有约1万元人民币,2020年达到约12,000元,仍面临着明显的提高空间。

四川作为经济落后省,财政能力有限,再加上拥有数量众多的学生,教育经费增长相对全国平均学生人均经费增长率大大滞后。各级政府教育主管部门所能够拨付的教育经费相对短缺,一直困扰着职业学校发展,B市的C高等职业学校生均费用大大滞后于全国的平均水平也就不言而喻了。

表5－5统计资料证明,2012年至2020年我国教育经费总投入符合规定的4%的基本条件,并在投资总量上呈现逐年提高的态势,尤其是2011年,投资增速均高于上年的22%,其余年份投资增加比例也均超过5%。而对职业教育经费与财政性教育经费的总体投资增长,一直是忽高忽低,处于极不稳定状态,最高的年份是2011年,职业教育经费与财政性教育经费的总投入增长分别是20%与30%左右。而增长最低的年份是2013年,职业教育经费与财政性教育经费的总体投资增长分别是2%。二者分别相差18%与31%。

表5－5　2010—2020年职业教育经费投入趋势

年份	全国教育经费总投入/亿元	比上年增长百分点/%	国家财政性教育经费/亿元	占国内生产总值比例/%	职业教育经费总投入/亿元	比上年增长百分点/%	其中财政性教育经费/亿元	比上年增长百分点/%
2010	19,562	18.54	14,670	3.66	1561	12.50	884	8.49
2011	23,870	22.02	18,587	3.93	1870	19.80	1181	33.60
2012	27,696	16.03	22,236	4.28	2135	14.17	1460	23.62
2013	30,365	9.64	24,488	4.30	2186	2.39	1490	2.05

续表

年份	全国教育经费总投入/亿元	比上年增长百分点/%	国家财政性教育经费/亿元	占国内生产总值比例/%	职业教育经费总投入/亿元	比上年增长百分点/%	其中财政性教育经费/亿元	比上年增长百分点/%
2014	32, 807	8. 04	26, 421	4. 15	2227	1. 88	1554	4. 30
2015	36, 129	10. 13	29, 222	4. 26	2488	11. 72	1778	14. 41
2016	38, 888	7. 64	31, 396	4. 22	2637	5. 99	1878	5. 62
2017	42, 562	9. 45	34, 208	4. 14	2856	8. 30	2069	10. 17
2018	46, 143	8. 41	36, 996	4. 11	3028	6. 02	2197	6. 19
2019	50, 178	8. 74	40, 046	4. 04	3319	9. 61	2426	10. 42
2020	53, 014	5. 69	42, 891	4. 22	3793	14. 28	2844	17. 23

资料来源：根据《中国教育经费统计年鉴》(2011—2021)数据统计整理，略有误差。

注：为便于统计，本研究的职业教育经费为职业高中经费加上高职高专经费。

根据表5－5资料显示，在2010年至2020年政府的财政性经费与保障能力持续不断增强的情况下，B市政府所给职业院校的教育培养资金的金额也有了显著的增长，且使用状况呈向好增长的态势，可对照表5－4所给C高等职业学校的教育培养经费的金额与使用方法，可见学院过度依赖于政府的财力保障。

2. 教育经费支出结构①现状分析

通过查阅B市的C高等职业学校资料数据不难看出，我国职业教育受重视的程度越来越高，职业院校的发展水平不断提升，保持正增速的教育经费投放便是一个直接的体现。但2009年增长明显，数据有了很大的增长，而产生这一情况的主要因素则是在2008年的大地震后，政府有关部门制定了针对灾区学生的特别支持措施，B市的C高等职业学校也获得了一定的经费保障。2010年年底出台的职业教育发展规划②指出，全面改革职业教育已经刻不容缓，各高校主管部门要把更多的人才培训项目划归高等职业学校，以推动其迅速高质量成长。另外，非财政性教育经费投资近年来确实保持了正增长的势头，但增速有

① 分析教育经费的支出包括结构性指标分析、发展现状两方面。在总的教育经费投入中属于结构性指标的有两个方面：财政性教育经费、非财政性教育经费。财政性教育经费涵盖预算内教育经费、预算外教育经费。评价结构性指标包括增长率和比重两个指标。

② 《国家高等职业教育发展规划(2010—2015年)》。

逐渐下滑的倾向。非财政性教育经费的渠道相当广阔①,研究也表明,政府对财政性教育经费投资的增长迅速,而非财政性教育经费的投资增长速度却呈现出逐渐下降的态势,这也说明职业教育越来越依靠政府财政投入的论点,这不利于教育职业院校的长远健康发展。由表 5 – 4 中可发现,近年来 B 市的 C 高等职业学校的非财政预算教育经费投资增速虽有较明显的波动趋势,但 B 市的 C 高等职业学校的预算内教育经费投资与预算外经费投资,都与我国教育经费投资的增速成正相关趋势。

以 B 市的 C 高等职业学校为例,分析学校 2019 年决算,全年总收入合计约为 2.23 亿元。其中,一般公共预算中政府财政拨款总收入 1.98 亿元,占比 88.56%,一般公共事业总收入 0.21 亿元,占比 9.48%;其他收入为 0.044 亿元,占比 1.96%。其他收入的明显增加,财政拨款稳定增长,事业所得则继续持平,其余收入增幅均高于上年的 238%。职业高等教育比较重视提高毕业生的应用意识和实际操作技能,所以在学院发展的同时高等职业教育院校也会耗费更多的投入经费,更依赖于更新设备和新技能,往往是要求更大的使用场所和重要先进的基础设施。在此背景下,国家、政府、社会对职业教育工作重视的意识日益增强,职业学校的教育经费投入获得比例也在逐年增加,但更多依赖国家财政预算内的教育经费投入,依赖地方财政性教育经费的投入②,筹资渠道过于单一,加之地方政府财力有限,职业教育学校的长期发展前景不容乐观。

(二)职业教育经费投入总体不充分

1. 经费收入总量与事业发展规模不匹配

就职业教育投入而言,教育成本费用是它的主要影响因子。越高的教育成本费用,就表示着其所必需的教育费用就越高。而直接影响职业教育投入的重要因子大致有以下二个方面:一是在全国各个地方和各种学科中,不同的专业设置时间不同,职业教育成本也不同;二是在同一时期的普通高等职业院校所

---

① 包括外部投资、事业收入、校友捐赠、社会收入、举办者捐赠,等等。

② 在当前阶段,职业院校财政性教育经费的主要支出部分包括科研费、教育事业费、基础建设费等。

需的教育成本费用,远大于同级别的普通高等学校所需的教育成本费用;三是由于在不同省份实行不同的职业教育制度措施,其所需的教育培训费用也各有不同。也就是说,由于经济发展水平不同,教育的生产成本不同。经济发达地区的职业教育生产成本总是要高于经济相对落后地区的职业教育生产成本,而同级别的高等职业院校所需的教育经费也往往超出同级别的普通教育学校。以B市的C高等职业学校为例。由于C高等职业学校的发展规模迅速,其所需要的资金也相当多。从2015年到2018年度,C高等职业学校所获得的教育经费增长基本呈上升势头,但每年增长幅度却略有减少,其中,前3年的教育支出分别1.82亿元、1.84亿元、1.91亿元,同比增长为18%、25%、3%。在2013年灾后重建时期,由于职业院校均受影响,在2014年度、2015年度,国家给予了一定的灾后重建资助,C高等职业学校所获的资助总额相对较高,在除去灾后重建资助之后,学校总计的教育经费数额约为1.2亿多元人民币,相比于上年增加约为23%。

分析C高等职业学校人均教育经费与学校在校生规模可以看出,从2016年到2018年学校在校生的总体规模已经从11,000人增长到了16,000人,增长超过了30%,但是相应的生均财政投入的增长却出现了减缓的态势。而学校的扩大,其必需以及住宿等相关的服务也需要耗费巨大的开支,师资力量、课程费用以及教育花费都在持续上升,支出成本的增加与投入的减少形成鲜明对比。2018年,我国的高职高专学校教育经费大概为2150亿元人民币,而我国共有1346所院校,每所高等职业学校的资金支出均约为1.6亿元人民币。而现实情况则是,2015年C高等职业学校的教育经费仅为1.2亿元人民币,相比于国内的平均水平,少了将近0.4亿元。虽然2018年C高等职业学校的总收入超过1.69亿元,已达平均水平,但与学院3年间在校生规模的提升速率相比,教育资金不足问题就变得更加突出。教育资金不足问题使得部分学校没有能力提供相应的发展资金,学生可能就没有办法获得未来更好的教育资源,不利于学校专业能力提升和人才培养。

2. 高等职业教育投入低于普通高等教育

从教育理论上来说,高等职业教育与普通高等教育理应一视同仁,获得同等或更高一点的经费及制度保障,但从现实发展状况来看,高等教育的经费保障与制度扶持却有不平等之嫌。

表 5 - 6 数据显示，2010 年我国的全国高等职业教育经费投入数额是 1051 亿多元，到 2020 年，我国全国高等职业教育经费投入数额已超过了 2761 多亿元，10 年之间增加了近 3 倍，说明国家重视高等职业教育。但是，从高等本科学校和高等职业教育学校资金投入的规模分析可以看出，高等职业教育投入占比始终低于 20%，而普通高等本科教育投入占比始终在 80% 以上。虽然高等职业学校的教育经费增速相比普通高等教育要快，但是因为高等职业学校起步晚、规模小、所需基础设施更复杂等因素，实际支配的教育经费数额还是大大低于普通高等本科教育。

表 5 - 6　2010—2020 年全国高等职业教育经费投入对照

年份	高等教育总投入/亿元	高等职业教育总投入及占比		普通高等本科教育总投入	
		总投入/亿元	占比/%	总投入/亿元	占比/%
2010	5629.08	1051.49	18.68	4446.38	78.99
2011	7020.88	1250.79	17.82	5629.44	80.18
2012	8014.89	1410.44	17.60	6391.47	79.75
2013	8178.61	1452.39	17.76	6523.37	79.76
2014	8693.66	1517.77	17.46	6992.09	80.43
2015	9518.18	1726.26	18.17	7637.85	80.24
2016	10,124.65	1836.03	18.13	8137.36	80.37
2017	11,108.07	2025.26	18.23	8921.73	80.32
2018	12,021.83	2159.28	17.96	9699.49	80.68
2019	13,462.10	2404.10	17.86	10,892.08	80.91
2020	14,003.78	2761.45	19.72	11,068.07	79.04

资料来源：根据《中国教育经费统计年鉴（2011—2021）》数据统计整理，略有误差。

注：高等职业教育投入主要是高职高专学校投入，高等教育投入主要包括高等本科学校加高职高专学校总投入。

3. 生均财政拨款额度较少

生均经费是高等教育投入是否充分的一个重要指标，对其深入分析可以发现高等职业教育的投入是否充分（见表 5 - 7）。

表 5－7　2010—2020 年全国高等职业教育生均经费与普通高等教育生均经费对照

年份	普通高等教育生均经费/元	高等职业教育生均经费（A）/元	高等本科教育生均经费（B）/元	B 超出 A/元及 A ÷ B 占比/%	
2010	20,497.92	13,482.07	23,221.84	9739.77	58.06
2011	24,753.14	15,063.38	28,513.27	13,449.89	52.83
2012	26,106.61	16,974.42	30,630.19	13,655.77	55.42
2013	26,086.47	16,845.12	29,533.45	12,688.33	57.04
2014	26,790.62	17,473.80	30,161.89	12,688.09	57.93
2015	29,470.65	20,115.28	32,793.76	12,678.48	61.34
2016	30,505.15	20,458.13	34,094.30	13,636.17	60.00
2017	33,475.36	22,372.68	37,515.45	15,142.77	59.64
2018	36,286.97	23,687.32	40,944.35	17,257.03	57.85
2019	38,704.75	24,697.47	44,123.24	19,425.77	55.97
2020	37,655.02	25,193.04	42,812.54	17,619.50	58.85

资料来源：《中国教育经费统计年鉴（2011—2021）》中各级学校生均教育经费支出（全国教育和其他部门）和各级学校生均公共财政预算教育经费支出（全国教育和其他部门），略有误差。

注：高等职业教育生均经费主要是指高职高专学校生均教育经费，普通高等本科教育生均经费主要是指高等本科学校生均教育经费。

通过计算 2010 年至 2020 年高等职业院校和普通本科学校的生均教育经费分配数据可以得知，普通高等教育的学校生均可分配的资金总额，大大超过高等职业教育在校生生均经费数额。2010 年度，普通本科高等院校的学生生均所拥有资金投入量为 23,221.84 元，而高等职业教育学生生均资金投入量仅为其 58.06%，仅仅一半多一点。就算是占比最高的 2015 年，我国普通本科教育院校学生均经费金额约为 32,000 元，而我国高等职业教育院校学生生均教育资金，仅占我国普通本科高等院校的 61% 多，二者之间相差了大约 12,600 元。再加上职业教育的特殊性，大量专业设施需要相应资金投入，这也直接表现出普通高等院校与高等职业学校之间的巨大差距，而政府部门也越来越重视普通高等本科教育，对高等职业教育的制度扶持力度，却明显没有这么大，经费与制度的保障力度明显不足，高等职业学校发展一定程度受到影响。

本书在问卷调查了F省主要职业学校培养生产成本的基础上,对不同专业领域的培养成本和国家财政拨款额度进行估计,得知F省高职学校与中职学校的培养资金投入都存在“不充分”的问题。F省对普通本科高等院校的扶持力度明显高于高等职业教育领域。而中职学校目前的财政拨款机制也与普通高中学校基本相同,因此根据研究结果分析可知,中职院校的专业培养成本显然大于普通高中。和我国其他省市的中职院校生均财政拨款水平基本相比较低,北京中职院校生均拨款水平为6000多元至7000多元,江苏中职院校生均资助水平为2800多元,浙江中职院校生均公共支出拨款水平为全国普通高中的1.5倍以上①。可见,F省中职院校学生均财政拨款保持较低水平,使得职业院校无法根据教育需要购买实验器材,无法根据学生需要提高教育内容,直接降低了培养质量。

随着学校经费的短缺,部分职业院校也不得不忽视社会发展和学校的需要,并设法减少教育成本,如压缩教育成本较大的学科,或改为设置教育成本较低廉的学科。

4. 财政经费拨款模式不合理

我国的高等职业学校的财政投入形式主要分为三类:计划投资模式、业绩投资模式和招标投资模式。采用“结合定量+专门补偿”方法予以投资的,被称为目标投资方法。各个院校有不同的发展要求及学科专业配置差异,所需的经费量也有所不同;针对特重大项目和持续探索研发的课题予以专项资金补助方式就被称为专门补偿。科学评估院校上一年份的发展状况,对其经费耗费和下一个年份需求的经费数加以科学评估以后,再予以相关经费投放的方法,被称为“基数+增长”的投资方法。经过对一些服务项目进行定量调查以后,进而试图提出经费的投放与运用管理,从而根据服务项目的完成率来给出下年度经费投放的方法,被称为业绩投资法。在项目管理考察、对服务项目加以评估的基础上,给出经费与财务保障的方法被称为招标投资方法,由项目建设主管部门针对服务项目实施的需求提出科学合理的投资计划,然后实施公开招标。

计划投资模式是各省财政支持高等职业教育事业使用资金投入的主要方

① 李曜明、张婷:《中职生均经费标准何时落地》,载《中国教育报》2014年4月22日,第1版。

法，但对于特定领域，会按照实际发展的需求给予一定的资金投入和政府扶持，而招投标和绩效投资模式则只能在少数情形下采用。仍以 B 市的 C 高等职业学校为例，B 市教育行政主管部门针对学校的实际发展状况，最后确定了采取综合式资金投入方式，来推动职业院校的迅速发展。职业院校由于在发展过程中过度依靠国家财政资助，并没有加大吸收社会、中小企业的资本投入，并且因为产学研制度不健全使得其实际经济产出并不明显，而当前也只有依赖于“校企合作、工学结合”等现代产业发展创新模式才可以推动 C 高等职业学校的迅速发展，从而提升其办学品质。2014 年教育部明文规定，推动产学研结合，加强校企合作，建立健全人才培训体系。但在实施过程中遇到了各种各样的困难。校企合作时，双方获取利润很少，企业很难进行认真的资金投入，使得学生在现场训练的效果不突出，而且因为没有良好的制度环境，企业积极性不高，学校也难以克服实践合作中所遇到的困难。高等教育费用的投入分为财政投入、私人投资，以及社会组织投资和企业投入等多个部分，而在具体的实践过程中，政府财政投入费用和学生私人承担费用占总费用的 87.52%，这说明 C 高等职业学校主要是由学生私人投资和政府财政共同负担教育费用。

近年来，高等职业学校教育投资不合理状况加剧，所有渠道的高等职业教育投资比例均有明显下降的态势。存在如下一些主要因素：第一，职业教育资金的主要渠道越来越单纯依靠财政拨款和学费，已无法适应高等职业学校自身发展的需求。就职业院校来说，高等职业教育发展所需的费用约为普通高等本科教育的 2.64 倍，国家财政补贴资金不能有效地保障高等职业学校的高速发展，但教育成本却在迅速地增加。第二，近年来学生个人投入费用和学校的教育经费支出呈现明显的上升趋势，学生缴费意愿也大不如从前，而且社会组织和企业给予职业教育学校的资助支持也在下降。

5. 生均财政经费拨款增幅慢

由于高等教育法强调，各级政府对高等教育资金的投放应当维持逐渐上升的态势，高等教育投资增长应当同财政收入增长一样保持上升态势。而评价高等教育财政支出最科学合理的指标是每个学生人均费用总额。因此多年来，学生人均高等教育财政支出数额呈现不断上升的态势，高校与教育行政部门应按照现实的生源总量，来制定科学合理的申请经费计划，政府财政也应积极主动向职业学校供给更多的教育资金投入，以满足其学生日益增长的需要。并按照学生数量提供相应的教育资助，这也应当成为更科学合理的教育资金划拨的基础。国家有关主管部门出台专门文件提出，2017 年度高等教育职业院校生均资助数额不少于 12,000 元①。但是部分落后地区高等职业教育生均教育经费支出情况表明，地方高等职业学校的教育实际投入占比相对较低，且增幅明显下降，在未来的发展中需要进一步增加生均教育经费培养支出，以提高学生的教育满意度。

随着改革开放的力度越来越大，各级政府的收入不断提升，教育支出的实际投资比例也就必然会增加。但是，如果各级政府想进一步提高其对教育事业财政的支付水平，必须从多角度考量其对职业教育财力开支的实际需要，吸引社会力量加入其中。比如，由于我国四川的中西部区域多山，地方政府财力有限，而学生数量多，地方财政对职业教育支出能力受限，需要进一步调节和改善地区之间不均衡的职业教育现状。在未来，国家与各级政府必须继续调整其对教育财力开支的重点投入目标和教育生均投资比例，政府对职业教育的财政经费仍是推动高等职业院校建设发展的重要保障。随着我国高等学校招生数量的高速增长，我国各级政府必须增加相应的教育投入，以促进我国职业教育水平的提高。唯有通过持续的提高职业教育经费的总额度，扩大社会资本的投入力度，增加公私资本合作的制度性支持，才能提高职业教育生均资金的水平。

在高等普通本科教育与高等职业教育之间，不但在总的教育财政支出数量上有着显著的差异，而且在生均教育经费上也有不小的差异。以四川省为例，2017 年，四川省普通高等院校的生均教育经费数额是 13,983 元，比 2016 年提高了 14.27%；但高等职业教育生均经费较上年仅提高了 9%，达到 12,000 元。而在实践中，高等职业教育的学校教育成本更高，学校所面对的资金缺口更大。

一方面，地方政府的生均教育培养资金发放方式不合理。未来需要进一步探索比较合理的教育经费拨付方式。生均教育财政支出仍可以作为评价地方高校职业教育经费水平的重要依据，只有供给比较充足的教育经费，才能保障职业学校高效、健康发展。目前，全国现有 1000 多家教育职业院校，其中有 700

---

① 《关于建立完善以改革和绩效为导向的生均拨款制度　加快发展现代高等职业教育的意见》（财教〔2014〕352 号）。

多家是由地级市管理，但这里面有 40% 左右的地方职业学校生均教育财政支出，远远达不到全国平均水平。通过 2017 年《全国高等职业教育质量报告》可发现，在 2016 年全国部分职业院校的生均教育经费仅达到 10,000 元，其中不足 6000 元的学校占 133 家，而在边远贫困地区少部分高等职业学校的生均教育财政支出仅有 3000 元，有的甚至 1000 元。

另一方面，省政府对生均教育经费补贴不合理。省政府更重视普通本科生教育，在一定程度上忽略了高等职业教育。甚至在部分注重职业教育的地区，普通本科教育与职业教育经费实际投放的数额仍存在很大差距，由图 5－1 中可发现，有半数以上的高等职业学校，其每年给学校的生均教育财政支出仍低于 12,000 元。由于职业教育财政投入水平标准相对较低，政府必须要负担起相应的社会责任，采取鼓励性措施，尽量吸引民间资本加入职业教育领域①，以扩大职业教育资金投放能力。

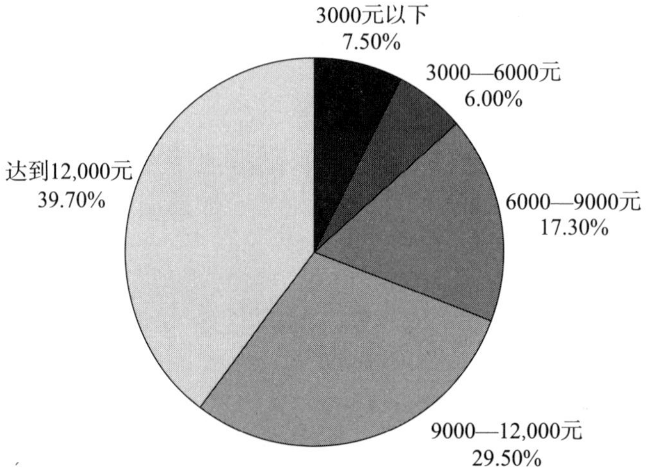

图 5－1　高职院校生均经费分布

资料来源：《中国教育经费统计年鉴(2017)》，略有误差。

① 程果：《面向 Y 学院的地方高职院校教育经费投入的问题与对策研究》，电子科技大学公共管理学院 2017 年硕士学位论文，第 76 页。

四、职业教育经费投入结构不合理

从经费收入的构成①可以看出我国政府对职业教育投入的努力程度和职业教育经费充足与否。②

对职业教育经费投入构成计算中，笔者将预算内教育经费、民办学校投入经费和学杂费，分别代表政府分担、私人办学的教育投入和个人分担。③

在本部分，笔者将对四个指标进行分析评价：一是在职业教育总经费中政府财政投入占比是否逐年有所提高；二是学杂费在职业教育总经费中的占比是否逐年有所下降；三是生均学费占居民可支配收入的比值是否逐年有所下降；四是民办教育投入在职业教育总经费中的占比是否逐年有所提高。

（一）财政经费投入占整体办学经费比重过大

根据2010—2020年《中国教育经费统计年鉴》经费构成的统计口径分析，教育经费可以分为财政类教育费用和非财政类教育费用。前者是指政府财政投入；后者是指非公共性教育经费投入。“从财政性和非财政教育经费两个方面分析职业教育经费构成情况，能把握职业教育经费收入构成现状，也能了解政府对职业教育的投入状况和努力程度。”④

从表5－8数据发现，2010年至2020年我国职业教育经费投入的构成，政

---

① 根据2010—2020年《中国教育经费统计年鉴》数据来看，职业教育经费收入来源可分为：国家财政性教育经费、民办学校投入经费、社会捐赠经费、学杂费和其他教育经费。国家财政性教育经费包括：预算内教育经费；各级政府征收的教育税费；企业办学校经费拨款；校办产业、勤工俭学和社会服务收入中用于教育的经费四部分。“政府投入”一般是指财政性教育经费，而“政府投入占比”是指政府投入的财政性教育经费占教育经费总收入的比例。参见《中国教育年鉴》数据，载中华人民共和国教育部网，http://www.moe.edu.cn/publicfiles/business/htmlfiles/moe/s5131/201012/112378.html。

② 《中国教育经费统计年鉴》中对教育经费统计指标进行了说明。“国家财政性教育投入包括预算内教育经费（教育事业拨款、科研经费拨款、基建拨款、专项拨款和非专项拨款），各级政府征收用于教育的税费，企业办学经费、校办产业（勤工俭学和社会服务）收入中用于教育的经费（以下简称‘校办产业收入’）。非财政性教育经费包括学校的事业收入、捐赠收入和其他收入。”参见《中国教育经费统计年鉴》（2011—2021）中关于全国教育经费统计指标的说明。

③ 为统计方便，笔者将财政性教育经费归为政府投入，社会捐赠归为第三部门投入，除此之外的事业收入（包括学杂费）、民办学校投入经费都视为市场投入。

④ 刘建民：《教育经费投入与支出对教育发展的影响——基于湖南省的分析》，载《中国教育学刊》2012年第12期。

府投入在职业教育经费中的占比由2010年的56.66%一路攀升到2020年的近75%，非财政投入(民办投入、社会捐赠、事业收入及其他)，亦一路下滑跌至2020年的25%。其中一个主要原因，是国家发布了治理乱收费的制度文件①，经过清理大部分改制职业教育学校，将其转为公办学校，职业教育办学投入多元化形势受到一定程度的遏制。并在2011年，国家又专门出台了清理改制学校的制度文件②。尽管从1992年我国职业教育开始尝试多元办学，薄弱职业教育公私资本合作也取得了一定成绩，但总体来看，财政投入仍始终是我国职业教育经费的主要来源。到目前为止，职业教育领域政府公办学校“一枝独大”的局面并没有根本改观。

表5-8 2010—2020年我国职业教育财政性教育经费和非财政性教育经费(全国)对比

年份	职业教育总经费构成				
	经费总收入/亿元	财政经费及占比		非财政经费及占比	
		经费/亿元	占比/%	经费/亿元	占比/%
2010	1560.79	884.39	56.66	676.40	43.34
2011	1869.57	1181.07	63.17	688.50	36.83
2012	2134.74	1459.49	68.37	675.25	31.63
2013	2185.74	1489.89	68.16	695.85	31.84
2014	2227.10	1553.71	69.76	673.39	30.24
2015	2488.42	1777.64	71.44	710.78	28.56
2016	2637.40	1878.34	71.22	759.06	28.78
2017	2855.79	2069.06	72.45	757.42	27.55
2018	3028.21	2196.73	72.54	833.42	27.46
2019	3319.00	2426.00	73.09	893.00	26.91
2020	3793.00	2844.00	74.98	949.00	25.02

资料来源：根据《中国教育经费统计年鉴》(2011—2021)数据统计整理，略有误差。

① 2006年教育部七部委下发的《关于2006年治理教育乱收费工作的实施意见》颁布与实施，中央对转制学校的定位已经从“社会力量办学”和教育体制改革的一部分转而成为教育领域“乱收费”的焦点和清理整顿的重点。

② 2011年，教育部专门出台了《关于进一步做好基础教育改制学校清理规范工作的通知》，要求在全国范围内确保2012年秋季开学前，对基础教育改制学校要完成或公或私的站队分类，全面完成基础教育改制学校的清理规范工作。虽然文件规定清理对象不是针对职业教育，但是实践中职业教育也加入清理改制学校的大潮。

(二)学杂费与民办教育投入在经费收入的占比不合理

依据国家统计年鉴数据资料归纳分析,10 多年来我国职业教育经费收入的来源构成见表 5 - 9。

表 5 - 9　2010—2020 年我国职业教育经费收入的来源构成

单位:亿元

年份	总计	政府投入	市场投入				社会捐赠
		总计	总计	事业收入		民办学校投入	
				总计	学杂费		
2010	1560. 79	884. 39	619. 38	599. 21	520. 35	20. 18	4. 38
2011	1869. 57	1181. 07	608. 19	601. 58	525. 45	6. 61	4. 02
2012	2134. 74	1459. 49	608. 28	592. 33	51. 25	15. 94	3. 27
2013	2185. 74	1489. 89	613. 30	589. 97	502. 90	23. 33	5. 01
2014	2227. 10	1553. 71	609. 68	598. 20	486. 46	11. 49	2. 50
2015	2488. 42	1777. 64	631. 05	617. 56	491. 20	13. 49	3. 43
2016	2637. 40	1878. 34	674. 74	640. 66	513. 70	34. 08	2. 83
2017	2855. 79	2069. 06	713. 44	683. 00	541. 36	30. 45	2. 69
2018	3028. 21	2196. 73	745. 28	722. 30	569. 48	22. 98	2. 50
2019	3319. 00	2426. 00	812. 98	794. 52	623. 14	18. 46	3. 14
2020	3793. 00	2844. 00	866. 96	839. 86	683. 00	27. 10	3. 24

资料来源:根据《中国教育经费统计年鉴》(2011—2021)数据统计整理,略有误差。

在职业教育经费的组成结构中,市场投入已成为其非常重要的构成之一,而事业收入又成为市场投入的必不可少的构成占比。如表 5 - 10 所示,10 多年来,事业收入在市场投入占比中一直居高不下,平均在 95% 左右。最低的是 2016 年的 94. 95% ,也远远超过了半数,而最高的 2011 年居然高达 98. 91% ,而市场收入的主要构成是学杂费,这说明我国职业教育学生所缴学杂费过高。

表 5 - 10　2010—2020 年职业教育事业收入占市场投入比重

年份	市场投入/亿元	事业收入/亿元	占比/%
2010	619. 38	599. 21	96. 74
2011	608. 19	601. 58	98. 91

续表

年份	市场投入/亿元	事业收入/亿元	占比/%
2012	608. 28	592. 33	97. 38
2013	613. 30	589. 97	96. 20
2014	609. 68	598. 20	96. 64
2015	631. 05	617. 56	97. 86
2016	674. 74	640. 66	94. 95
2017	713. 44	682. 99	95. 73
2018	745. 28	722. 30	96. 92
2019	812. 98	794. 52	97. 73
2020	866. 96	839. 86	96. 87

资料来源:根据《中国教育经费统计年鉴》(2011—2021)数据统计整理,略有误差。

在职业教育经费构成中,学杂费是职业教育事业收入的主要构成部分。表5－11数据表明,从2010至2020年10多年间,职业教育学杂费收入占职业教育市场投入的占比平均在82%以上。最低的是2019年,也超过了78%。10多年来,职业教育学杂费收入在职业教育市场投入的占比一直保持高位,虽然自2015年以来有减缓的趋势,但是,降幅极低,几乎可以忽略不计。职业教育学杂费一直是职业教育经费构成中的主要来源,这说明职业教育由学生个人承担的教育成本过高。

表5－11　2010—2020年全国职业教育学杂费占事业收入比重

年份	事业收入/亿元	其中学杂费/亿元	占比/%
2010	599. 21	520. 35	86. 84
2011	601. 58	525. 45	87. 34
2012	592. 33	512. 52	86. 53
2013	589. 97	502. 90	85. 24
2014	598. 20	486. 46	81. 32
2015	617. 56	491. 20	79. 54
2016	640. 66	513. 70	80. 18
2017	682. 99	541. 36	79. 26
2018	722. 30	569. 48	78. 84
2019	794. 52	623. 14	78. 43
2020	839. 86	683. 00	81. 32

资料来源:根据《中国教育经费统计年鉴》(2011—2021)数据统计整理,略有误差。

就读于高等职业教育院校的学生必须承担以下几个方面的成本:学费开支、住宿费、生活费、时间成本等。以上几个方面的费用成为学校的主要资金来源之一,许多高校在收取学费的过程中没有适当增加其他社会投入,影响了职业学校的进一步健康发展。

从地方职业教育学校的经费投入来看,也能得出同一结论。以C高等职业学校为例,从表5-12中可以发现,对四川省来说,全部公共事业总收入中普通高职院校费用所占的比例是82%,而C高等职业学校全部的公共事业总收入都是源于学费。通过对比C高等职业学校与当地平均水平,还可以发现:高等职业教育投入资金一直以来都会受教育观念的制约,政府更多重视普通高等教育。同时,由于中央政府对高等职业教育实行补贴政策,在一定程度上导致学校过度依赖政府财政资金,同时也造成民间资本极少进入高职学校中,致使高职学校缺乏较好的社会资金来源,缺少社会投资者。再加上高等职业学校成立时间较短、管理能力以及相应的科研能力不足,从而导致高职院校的办学能力差,相应筹措资金的能力也不尽人意。高职学校要获得足够的资金谋求发展,需要增加社会资本来源,从而缓解学校发展中经费不足的问题。但学校事业收入大部分源于学生的学费,这表明学院自我造血能力不足,一旦职业学校学生减少,必然会造成学校总收入的减少,一定程度上会影响职业教育的健康发展。

表5-12　四川省2017年职业教育事业收入中学杂费所占比重

主体	事业收入(A)/万元	学杂费(B)/万元	B÷A/%
四川省地方普通高等本科院校	939,052.1	692,069.5	73
四川省地方高职院校	350,463.2	288,459.5	82
C高等职业学校	3250.4	3250.4	100

资料来源:职业院校经费报告和我国教育经费统计年鉴。

表5-13表明,在全国职业教育投入中,代表社会投资力量的民办学校投入总量占比偏少,投资数额在市场投资中的占比过低,占比从1%至5%,且投资不稳定,十几年的投入增长不是呈逐年上升趋势,而是忽高忽低。最多的是2016年的5.05%,最少的是2011年的1.09%,即使2012年开始有所攀升,但增长趋势不稳定,至2020年为止,也只是保持在4%以内。说明我国在职业教育公私资本合作的社会环境不容乐观,不仅仅公私资本合作的职业教育生存的

社会空间狭小,就是民办学校的生存环境也值得我们思考。

表 5－13　2010—2020 年职业教育民办学校投入占市场投入的比重

年份	市场投入/亿元	事业收入/亿元	民办学校投入/亿元	占比/%
2010	619. 38	599. 21	20. 18	3. 26
2011	608. 19	601. 58	6. 61	1. 09
2012	608. 28	592. 33	15. 94	2. 62
2013	613. 30	589. 97	23. 33	3. 80
2014	609. 68	598. 20	11. 49	1. 88
2015	631. 05	617. 56	13. 49	2. 24
2016	674. 74	640. 66	34. 08	5. 05
2017	713. 44	682. 99	30. 45	4. 27
2018	745. 28	722. 30	22. 98	3. 08
2019	812. 98	794. 52	18. 46	2. 27
2020	866. 96	839. 86	27. 10	3. 13

资料来源:根据《中国教育经费统计年鉴》(2011—2021)数据统计整理,略有误差。

总之,无论是从财政经费与非财政经费在职业教育总经费中的构成占比来看,还是从学杂费与民办教育投入在经费收入的占比来看,职业教育经费收入的分担比例都不太合理。

在经费用收入结构中的份额最大的是政府所给予的财政支出,学费收入位居第二。与此同时,社会捐助以及其他收入在支出结构中的份额并不大。通过数据分析可以看出,其他收入和社会捐赠没有显示增长的趋势,这也反映了职业院校的校企合作开展水平并不高,企业缺乏对职业学校资金和科研器械投放的积极性与热情,导致其负担的学校经费占比太低,因此今后务必要激发社会和企业为职业教育捐资的积极性。

(三)多元化办学费用筹集力量不足

学杂费在居民可支配收入中的占比过高。我国城乡居民可支配收入偏低,特别是农村居民可支配收入更低,非义务阶段的职业教育中家庭教育负担沉重①。一般来说，教育支出主要是指受教育者应支付的教育费用②，主要是指学杂费、食宿费等。

从1996年开始，随着我国教育财政分权制度的实施，我国职业教育财政改革成为教育制度改革的一项重要内容，职业教育学生家庭在教育成本分担中承担了更多的责任，并且学生家庭所分担的比重正逐年增加。

非学杂费类的私人教育成本不好统计，并且个人花费也各不相同，因此，这里仅就学杂费（政府每年都对学杂费进行统计）一项进行对比。其实这一项数据要比实际的职业教育私人家庭支付的数额小的多，因为它没有把参考资料费、文具费、校服费、食宿交通费、自愿性购书费和参加课外兴趣班的开销等包括在内。但就这一项统计就可从一斑窥见全貌。

特别说明：由于我国职业教育生均学费没有统一标准，各地经费统计时差别很大，本书用生均学费 = 年学杂费 ÷ 年在校生数公式来计算。

从表5 - 14和表5 - 15③看出，从2010年至2020年10多年间，2010年、2011年、2012年职业高中学费在农民人均可支配收入中占比较高，分别是18.4%、16%、13.3%，以后几乎逐年递减，一直保持在较为合理的区间，没有超过8%，在学生家长的承受能力范围之内。但是，高等职业教育学费在城乡人均收入中的占比一直居高不下，最高的年份是2010年，在城乡人均可支配收入与农民人均可支配收入分别占比47%与94%，即使最低的2020年，占比也分别达到15.28%与28.77%。从全国来看，高等职业教育学杂费一直保持在5000元以上，虽然逐年有所回落，但降幅很小。由于人均可支配收入的快速增长，学费在人均可支配收入中占比降幅较大，从2010年的47%与94%降到2020年的15%与28%。但是，这样的占比对一般家庭而言仍然是一个不小的负担。特别是对于农村家庭更是如此，高等职业教育学杂费在农村居民可支配收入中的占比更高，最高的是2010年的94%，即使较低的2020年也达到28%，也远远超出

---

① 世界银行1997年进行的一项研究结论表明，"人均GDP（按购买力平价计算）1000—4000美元时，教育支出在居民消费结构中占9%较为合适"。

② 包括学杂费、校服费、学校指定的教材及参考资料费、文具费、为求学而支付的食宿交通费以及其他一切在校支出，还包括自愿性购书、参加课外兴趣班的开销等。

③ 2021年我国《职业教育法》生效后，取消初中毕业后普职分流，中等职业学校一年减少2600所学校，高职（专科）增加18所，普通高中学生占比已达66.5%，职校学生比例同步下降。

了一般农村家庭的负担能力。其实,高等职业教育的私人教育成本不仅包括学杂费,更多的是非学杂费类的私人教育成本。如果再把参考资料费、文具费、校服费、食宿交通费、自愿性购书费和参加课外兴趣班的开销等计算在内,职业教育的家庭负担更重。

表 5-14 近年高职高专职业教育学杂费在居民可支配收入中的占比统计

年份	学杂费/亿元	在校生数/万人	生均学费(元/年)	城乡人均可支配收入及占比		农民人均可支配收入及占比	
				城乡人均可支配收入/万元	学费支出占比/%	农民人均可支配收入/万元	学费支出占比/%
2010	435.91	735.64	5926	1.25	47.41	0.63	94.06
2011	445.08	744.19	5982	1.46	40.97	0.74	80.84
2012	442.55	759.78	5825	1.65	35.30	0.84	69.35
2013	465.49	776.22	5997	1.83	32.77	0.94	63.80
2014	453.99	803.76	5648	2.02	27.96	1.05	53.79
2015	463.45	849.66	5454	2.20	24.79	1.14	47.84
2016	485.88	887.16	5477	2.38	23.01	1.24	44.17
2017	511.61	924.69	5533	2.60	21.28	1.34	41.29
2018	535.83	969.49	5527	2.82	19.60	1.46	37.86
2019	583.60	1106.52	5274	3.07	17.18	1.60	32.96
2020	639.00	1298.85	4920	3.22	15.28	1.71	28.77

资料来源:根据《中国统计年鉴》《中国教育经费统计年鉴》(2011—2021)数据统计整理,略有误差。

注:1. 学费支出占比(%)是指生均学费在城乡人均可支配收入中的占比;

2. 学费支出占比(%)是指生均学费在农民人均可支配收入中的占比。

表 5-15 近年职业高中学杂费在居民可支配收入中的占比统计

年份	学杂费/亿元	在校生数/万人	生均学费(元/年)	城乡人均可支配收入及占比		农民人均可支配收入及占比	
				城乡人均可支配收入/万元	学费支出占比/%	农民人均可支配收入/万元	学费支出占比/%
2010	84.44	726.33	1163	1.25	9.2	0.63	18.4
2011	80.37	680.97	1180	1.46	8.0	0.74	16.0
2012	69.97	623.05	1120	1.65	6.8	0.84	13.3
2013	37.41	534.22	700	1.83	3.8	0.94	7.4

续表

年份	学杂费/亿元	在校生数/万人	生均学费（元/年）	城乡人均可支配收入及占比		农民人均可支配收入及占比	
				城乡人均可支配收入/万元	学费支出占比/%	农民人均可支配收入/万元	学费支出占比/%
2014	32.48	472.82	680	2.02	3.4	1.05	6.5
2015	27.75	439.86	630	2.20	2.9	1.14	5.5
2016	27.82	416.57	660	2.38	2.8	1.24	5.3
2017	29.75	414.06	710	2.60	2.7	1.34	5.3
2018	33.65	401.08	840	2.82	3.0	1.46	5.8
2019	39.54	405.73	974	3.07	3.2	1.60	6.1

资料来源：根据《中国统计年鉴》《中国教育经费统计年鉴》（2011—2021）数据统计整理，略有误差。

注：1. 学费支出占比（%）是指生均学费在城乡人均可支配收入中的占比；

2. 学费支出占比（%）是指生均学费在农民人均可支配收入中的占比；

3. 2020 年职业高中在校生人数查不到相关数据。

从 2010 年至 2020 年的 10 多年间，尽管政府对高等职业教育投入的力度不断加大，但家庭的教育支出负担仍然很重，再加上高等职业教育多设在城市（及以上），农村学生离家较远，要多支付食宿和交通成本。因此，和城里学生相比，农村家庭高等职业教育消费成本更高，高等职业教育的有效需求因此受到抑制。高等职业教育高昂的学费已成为阻碍高等职业教育发展的一个主要因素，特别是薄弱职业教育高中的发展前景更是不容乐观，孩子们考不上重点高中，直接选择外出打工，小小年纪缺乏自我管理能力，要么成为犯罪分子关注的对象，要么自己常常走向犯罪边缘，给社会增加了不安定因素。高等职业教育高学杂费问题及其对我国高等职业教育事业发展所造成的负面效应已不容忽视，应从合理满足教育需求方面化解高等职业教育高质量发展难题，特别是从薄弱高等职业教育的优质教育供给方面入手。

职业教育经费投入对职业教育发展至关重要。通过实证分析发现，增加职业教育投资与降低学费，是职业教育毛入学率提高的两大要素。[①] 这充分说明，职业教育毛入学率的有效提升，得益于职业教育投入的大幅度增长。因此，为

① “在职业教育中，政府投入每增加 1%，职业教育毛入学率将增加 0.29488%，而学费每增加 1%，职业教育毛入学率会降低 0.38488%。”参见刘建民：《教育经费投入与支出对教育发展的影响——基于湖南省的分析》，载《中国教育学刊》2012 年第 12 期。

了职业教育发展,进一步增加职业教育经费投入,特别是通过公私资本合作增加薄弱职业教育经费投入十分必要。

五、职业教育经费投入不足的原因分析

(一)职业教育经费投入来源渠道狭窄,资金来源渠道单一

职业教育费用的基础是财政教育经费投入。我国现阶段已经出台的大部分职业教育经费制度,都是鼓励政府部门加大资金投入和促进职业教育发展。但是,目前我国各地大多没有建立起相关的落实监管制度,制度落实的监管体制不完备,势必制约职业教育经费制度的落实。就规模而言,尽管国家与各级政府投入职业教育的财政教育经费规模逐步扩大,但投入总量相比于职业教育学校发展的资金需求来说,还是严重不足。在地方政府财力有限的情况下,教育经费严重不足,又缺失保证职业教育资本投入的合理安排,不利于职业教育的发展。同时,由于部分地方政府财政投入能力的限制,对职业学校按照学生生均费用最低标准进行保障就已经很艰难,如果再投入更多的经费,这对政府而言相当困难。职业教育院校承担着职业教育与高等教育的双重使命,但其所得到的资金支持,相对于普通本科高等教育来说则较少,不能满足职业高等教育所需要的教育需求。国家针对职业教育经费所采取的投资方式非常简单,即根据学生规模实行定量划拨资金使用的参数、方法也相对简单,与多元化的融资格局并不一致。

职业教育需要遵循全面预算准则,使职业院校的收入、支出全部融入教育管理计划工作之中,根据近几年的生均经费和计划管理情况来看,对各地政府职业教育支出水平进行分析,公共财政投入对职业教育的基本保障支出水平是合理、科学成本分摊制度赖以形成的基本保障。在职业院校经费构成中,地方财政经费投入占据主导性地位,但一旦地方经济发展出现不景气,税收不稳定和地方财政收入增长放缓,势必影响到对职业教育的财政支出。因此,需要拓展投资渠道,建立以地方财政经费投入为主导,同时扩大社会对职业院校的投融资渠道,使其呈现多样化的特点,以满足地方职业教育学校投的融资需求。

从前面数据分析可以发现,“职业教育财政拨款补充渠道单一”①。职业教育经费中地方财政支出与学生个人学费占比居高不下,职业教育投融资方式没有呈多元化态势。中等职业教育学校举办费用仍以全国财政性教育经费为主体,高等职业教育则以全国财政性教育经费和各项事业总收入(毕业生缴纳的学费)为重。但是由于我国市场经济的发展,以及职业高校举办成本费用的逐年增加,如果仅仅依赖我国的财政性教育经费,将会影响职业高校办学品质的提高。职业教育的学生个人负担部分也相对较高,尤其是在人文艺术专业,教育的收费金额已经达到7000多元,极大加重了求学者家庭生活负担,造成了高等职业教育的社会吸引力逐渐弱化,并极大抑制了职业教育事业的发展。所以,务必开辟职业教育多元化融资渠道,这已经成为职业院校解决办学经费紧张问题的关键一环。

(二)职业院校的发展受地方经济制约

仍以B市的C高等职业学校为例。由于地方经济滞后,地方政府财力有限,该市的教育建设相对滞后,对职业院校的发展支持资金有限,职业院校的发展得到一定程度的限制。职业院校的吸引力也因此减弱,由于对优秀人才缺乏吸引力,便产生了人才流失现象。政府财政资金对该校发展的支持没有持续加强,导致该校经营上步履维艰。必须寻找社会融资渠道,以保障该校的发展。而目前该校的基本教育资金虽然主要来自政府财政、学费和学校的筹措资金,但资金数额有限,还是无法保障该校的正常发展,所以学校需要更加积极地开发投资新渠道。从职业学院当前的人才培养体系来看,务必在培养人才的过程中积极融入地方企业要素,并利用当地的工业资源优势,与地方企业建立校企合作,共同提供学校的实验场所,将课堂教育和企业实践相结合,这样就减少了毕业后学生待业的时间,不但可以充分调动企业与学员的积极性,还可以增加当地的就业岗位,推动当地经济及企业发展,实现学生、学校、企业与当地经济发展多赢的局面。与此同时,该校的教师结构需要进行较大的调整和改革。特别明显的是,扩大招生后,随着在校生数量的急剧上升,直接导致了对教师需求

---

① 《中国教育经费统计年鉴(2017)》显示,职业教育经费来源主要有国家财政性教育经费、民办学校中举办者投入、社会捐赠经费、事业收入(包括学杂费)及其他收入等渠道。

的增加。因此,为确保学院常规教学有序进行,以及校内各项事业的顺利开展,要求学校按照需要逐步增加学校在授课、办公、行政、后勤服务等各方面的工作人员数量。在学校扩招以后,尚无充足的编制内工作人员进入,编制之外的人员可以在短期内缓解这一难题。但是按照国家现行的规定,对于编制之外的人员的支出费用主要由高校自行解决,财政性资金只能承担高校编制内工作人员的薪酬及待遇,这也大大地加大了学校建设中的资金压力。

由于各地政府经济实力不同,职业教育财政经费投入差距很大,加之多元化的合作制度保障不足,职业教育学校的经费投入比例具有明显的结构性差异。从全国职业教育经费投入分析,高等职业教育总资金投入中的政府财政投入占比正在逐步提高,而非政府财政投入比例则相应地减少,并逐步形成为发展趋势。落后省份职业院校教育费用的总资金投入中的政府经济支持占比相当大,相比于全国平均水平来说也更高。而职业教育费用资金中,非政府财政投入占比却相比全国水平来说更小。第一,基于公共财政层次来说,落后省份各地区的高等职业教育资金中,政府财政投入占比大,而各地区财政能力差异很大,投入能力也各有不同。第二,基于职业教育投资途径不同。落后地区社会经济落后于全国平均水平,多渠道投资的能力更弱,职业教育学校的教育经费、投资途径也不具备多元化特征。

一般来讲,落后地区的职业院校的教育经费与财政投入的增长率相比全国水平来说较低,而学校总投资与社会投资的增长率相比全国平均水平亦更低,且均处在不规则变动之中,即经常出现较大的升降变化。这意味着对职业教育院校的经费管理所建立的投资激励机制缺失,制度稳定性差,职业教育经费多元化管理制度保障性不足。由于各地财政能力有限,各级政府仅仅对学校的基本公共支出和教师生均公共支出最低的标准加以满足,而没有对职业院校基本项目加以专项倾斜补助。专项支出通常都是由省财政厅、教育部依据有关规定下拨资金,与各地政府财力并不存在关联,而各地财政也只是要求根据地方性法规,将所下拨资金全部拨给职业院校,并对其使用情况加以严格监管。但是,我国出台的关于发展职业教育的制度、计划和方针都在不断发生变化,稳定性不足。所以,职业院校获得经费支持缺乏稳定性,仍然是拿一年算一年,而无法确保每年都能拿到。

(三)政府对非热门专业扶持力度小

以B市的C高等职业学校为例。根据劳动力市场对人力资源的需求，该市的C高等职业学校陆续推出了十几个新学科专业，比如：英语教育、医疗、幼儿教育等，不但扩大了专业覆盖面，同时也提升了学科的专业教育层次，由此促进了学校专业结构的合理与均衡发展。但是，这十几个新学科因为设置时间不长，师资力量与工作经验不足，导致了其在开学后步履维艰，属于大学中冷门专业的范畴。政府部门在监督管理这些学科专业时也缺乏成功经验和具体的制度规范，也没有制定针对性的扶持措施。至今，政府部门也未能发挥其功能来监督C高等职业学校冷门学科的发展和教育质量的提升。

B市的C高等职业学校在2012年申报四川省示范性高职院校的过程中，在所有申请的专业中，被省财政批准的有：医学专业、医学影像和护理专业等，而省财政部门又给了学校960多万元资助，开展专项建设工作；与此同时，中央也对B市的C高等职业学校下拨专门的支持资金，协助C学院，促进学前教育与医学影像二学科的发展。当这些学科建设完善后，其专业逐渐变成高考的热门专业。在最近几年，参加这些专业学习的学生占比不断提升，学生素质每年都有提高。为了推动学校自身的发展，学校早在2017年就申报"省级优质高职院校建设"项目，此项目属于四川省"双高"计划，只有将其全部建成后，才能作为四川省"双高"计划的重要组成部分。该项目建设将在很大程度上推动B市的C高等职业学校的发展，目前总投资超过1.23亿元，规划建立的子建设项目有17个，但在子建设项目投入最多者与最少者之间还存在近3倍的投入差距，同时职业院校与地方政府部门之间在开发建设项目的过程中也具有一定的利益倾向性，造成了投资不足问题的产生。但是，对于B市的C高等职业学校冷门专业，政府部门所给予的支持程度不够，导致冷门学科的报考人数和学生数量在持续减少，在冷门学科学习的人数在持续减少，使B市的C高等职业学校的冷门学科进入恶性循环，难以继续良性发展。

(四)无法反映教育成本差异，财政经费的利用效益低

前面数据也表明，职业教育学校各个专业的培养成本有较大差异。按照投入产出理论，如果要提高对各个学科专业的培养质量，培养大国工匠、能工巧

匠,国家与各级政府的财政资金投入就需要达到对各个学科最低成本的要求。倘若地方政府部门仅仅对职业院校进行无差别的生均经费拨付,学校很可能会在“生均”制度引导下,过多地为兼顾经济效益而开设人才培养成本相对较小的学科专业,对社会实际需要大、技术水平要求更高的专业的办学积极性就不高,又或者盲目扩大举办规模,导致学校人员数量的增大。目前,F省已明确了高等职业学校生均财政拨款总额基本上采用“生均经费 + 专业类别”的财务拨款方法,但通过调研后发现,该措施目前并没有落实执行。另外,和其他地区相比较,上海早在2007年就制定了关于中职院校各个学科的生均资助标准,如商业、经济管理和社会与公共事务专业为1500元,土木水利工程、交通、信息技术专业为1600元,农业、环保、能源专业为2000元,加工生产专业为2100元;而北京则于2014年制定了相应制度,按照各个学科门类的人才培养成本,制定了中职院校生均资助标准为6340元至7180元不等。但F省对中职院校的补贴制度仍和全国普通高中基本一致,没有针对各个专业的实际办学成本提出具体补贴金额,直接影响了职业教育人才培养的教育质量。

国家有专门的制度性规定,“各级政府要增加高等教育资金向职业教育领域偏斜”①,要求把职业教育经费“蛋糕”进一步做大,但对怎样使社会资金实现正确配置和有效利用的难题缺乏制度性应对措施。以F省为例,F省职业院校的学生人均财政拨款制度中对拨款规模、资助标准、资金使用情况均有较具体的规定和要求。但在具体实施过程中,并没有对政府财政资金投入使用进行有效的绩效评价和有效管理。同时,还规定了职业院校必须用于本财政年度支出或使用的财政资金,一旦出现节余将被政府予以财政取消或收回,或降低下年度的相应拨付金额。在这种情况下,职业院校的财政资金使用形成“重硬件设施管理轻软件投资、重单纯的支出而轻绩效评价”的现状,很多政府划拨到职业院校的资金被用到学校硬件基础工程建设、购置仪表机械设备等项目上,却鲜有真正把资金投入到课程项目开发、学校专业建设等短期内看不到收获或效益的领域。另外,地方财政在划拨财政资金之后,更多重视的是对学校财政资金

① 我国《国家职业教育改革实施方案》指出“各级政府要建立与办学规模、培养成本、办学质量等相适应的财政投入制度”“在保障教育合理投入的同时,优化教育支出结构,新增教育经费要向职业教育倾斜。”参见《国务院关于印发国家职业教育改革实施方案的通知》,载中华人民共和国中央人民政府网,http://www.gov.cn/zhengce/content/2019-02/13/content_5365341.htm。

的分配,而没有特别重视学校财政资金使用的过程和事后的绩效评价以及对学校经费使用效益的监控与鼓励,地方政府对地方职业院校资金使用进行有效的考评功能弱化,导致财政经费利用效益低下。

(五)受传统教育观念制约

由于我国近些年职业教育的高速成长,使上千万学子在高等职业学校实现了自己的高校梦,但是社会各界群众对高职毕业生的接受程度并不高,甚至出现鄙视心态,这也影响了高职学校可持续成长的能力,也直接影响了高职学校所在区域和当地经济社会的发展。同时,职业院校的成长水平也受到更重视普通高等教育观念的严重冲击,主要体现在以下两方面:一方面,社会各界对高职学校的认识并不充分,对高等职业教育的接受水平普遍偏低。由于我国受重视普通教育而轻视职业教育的传统教育认知与价值观念的长期冲击,社会上不少人都觉得:高等职业教育专科学校并不能成为我国正规化的教育学校体系的重要组成部分,更不是真正意义上的高等学校教育,而只有技工学校教育。在这种社会不公平价值观的打击下,中小学生及其家长在选择学校上通常都会排斥去高职院校,而是更多选择各级各类普通教育,好像只有成绩很差的学生才会选择到职业学校就读,职业教育被认为是一种无奈的选择。同时,高职学生在求职过程中还可能遇到某些用人单位的偏见与歧视,有些企业觉得高职学生其实不是高等教育毕业生,而是技工。国家机关部门、事业单位招聘可分配给高职专业的学生机会也很少。虽然由于经济社会发展、社会价值理念的逐步改变,使得社会大众对高职院校的认识也出现了一定的转变,从而增加了对高职毕业生的工资待遇,不过职业教育毕业的大学生较普通教育大学生、被社会、学生家长重视的程度还是不足,社会地位仍然有待进一步提高。所以,大部分毕业生宁可选择普通高校中的冷门学科,也不愿报考学科配置适当、办学特色突出的高等职业学校,这与我国整体的求职氛围、职业观念等紧密相关。因高等职业教育发展步伐的相应加速,导致在校生规模急剧扩大,由此带来了几个实际问题:培养质量下降、优质教育资源不足、教育观念较为落后,使得我们在认识高职教育时会呈现一定的负面效应。

另一方面,学费过高降低了学生和家长的投入热情。根据国家一般的教育成本计算,高等职业教育要比普通本科院校多投资 2.64 倍的教育经费。职业院校经费主要为地方政府负担,有些职业学校在校生主要来自贫困山区以及偏远地区,学生家庭收入相对较少,对教育费用的承受能力也十分有限,虽然地方职业教育都有扶贫帮扶制度,但是覆盖面太窄,很多学生的费用开支得不到减免,给很多低收入家庭造成巨大的经济压力。高等职业教育属非义务教育,在目前我国人口基数大、在校生人数多、人均承载能力有限的情况下,非义务教育阶段的学生按照国家教育成本的规定付费上学,是解决国家职业教育经费投资不足的需要,也是国家进一步加强职业教育体制改革的需要。有时,较大比例学生无法及时支付费用,直接制约着学校教育资金的投放。更多的学校背负着学校拖欠费用的资金负担,干扰了学校各项教育活动的开展,造成超负荷运转的恶性态势。以B市C高等职业学校为例,据测算,目前各专业的费用大约为每年每生4000—5000元,通常住宿费用1200元/年,书杂费1500元/年,学生一个月的生活费通常在800—1000元/年,而根据高校专业的三、四年制计划,将以上几种收费相加,一个普通家庭中每一名学生每年所需要投入的经费就将达到5万—6万多元,而这个收费相对于经济发展水平落后和普通居民收入水平相对低下的家庭来说,如此高的收费已大大超出其资金承受能力。

本来很多家长认为子女在职业院校学习是浪费,还不如早点进入工作岗位,从实践中学习专业技能。尤其是当家长们得知高职院校比普通高等院校的收费更贵时,就会决定放弃让孩子进入高职院校,转而让他们在普通高中复读一年,希望来年能进入普通本科院校,接受本科高等教育。由于当地政府所给予的职业教育财政补贴不充分和民间的职业教育资源投入不足,使得学生在进入高职教育学校之后就不得不自己承担较高额的教育费用和学业成本。而与此同时,学生家庭收入不多,加上有些地方经济发展滞后,让孩子进入高职学校接受职业教育也意味着父母个人可支配收入的下降,这很容易导致普通家庭不希望孩子进入高职业学校学习。尽管高额的费用能够直接缓解职业院校建设资金短缺的压力,但是从长期的角度来看,这可能增加普通家庭不让孩子去职业院校上学的风险,进而给职业院校的可持续发展带来不利影响。

本章小结

职业教育改制的本质应该是职业教育办学体制多元化改革,即公私资本合作创新，主要是指职业教育学校教育的举办制度，它主要规定职业教育学校的开办资质、设置标准、开办程序、办学渠道与方式、领导机构与管理方法、校园规模与布局等，主要涉及学校的产权、领导权、教育权、管理权，本质是强调谁办学、怎样办学的问题，涉及职业教育投资和职业教育行政管理等诸多体制方面的问题，讨论的是“职业教育的投资、管理、办学问题”。①

办学体制变革，从本质上讲就是学校利益的再分配。换言之，其主要目的就是通过对财产权利的再次划分，采取对共同利益的激励措施，以便最终提升公共资源的配置效益。而职业教育多元化变革意味着其办学主体、投入主体的多元与费用来源的多途径，最终实现教育公私资本合作，通过利益与产权的再次综合配置，以实现优质职业教育资源的再分配，进而提升薄弱职业教育学校的教育品质。在这里，由于投入渠道不同造成产权利益的不同，因此，产权利益关联便成为办学体制变革的核心要素。多元化体制必将带来学校产权结构形式的多样化，带来的影响将显示出学校由一元向多元体制的转型，产权结构也由封闭式向开放式转化。② 所以，学校产权结构多样化是职业教育办学体制多元性的体制基础与前提条件。我国职业教育经费投入不足，需要职业教育进行投资主体多元化改革，而公私合作就是一种多元主体合作的办学体制改革，其目的是吸引社会力量办学。特别是针对薄弱职业教育学校，在经费不足、学校自身力量无法解决相关难题的情况下，实行多元主体公私合作显得尤为必要。职业教育公私合作学校其实只是职业教育多种办学体制改革中的一种类型而已。

关于多元主体公私合作伙伴关系，可以借用吉登斯的混合经济理论③，本质

---

① 在我国历史上，职业教育实行的是投资者与办学者一体化的办学体制，因此，办学体制改革是教育体制改革的突破口。

② “学校产权作为一种制度安排，其根本目的在于建立一种能够明晰办学主体及其利益关系（如资产的所有权关系、增值部分归属），从而激发社会各界投资于教育的积极性，将更多的资金吸引到教育中来的制度。”参见任志涛：《PPP 项目合作治理及其互动机制研究》，化学工业出版社 2015 年版；徐冬青：《办学体制多元化的产权关系与运行机制研究》，载《教育评论》2000 年第 5 期。

③ 吉登斯认为：“老式的混合经济有两种不同的版本。一种涉及国家与私人领域的划分，但仍有许多企业掌握在政府手中。另一种在过去和现在都是一种社会市场。在两种情况下，市场都在很大程度上受制于政府。新型的混合经济则试图在公共部门和私人部门之间建立一种协作机制，在最大限度地利用市场的动力机制的同时，把公共利益作为一项重要的因素加以考虑。”参见［英］安东尼·吉登斯：《第三条道路：社会民主主义的复兴》，郑戈译，北京大学出版社 2000 年版，第 78 页；焦凤梅：《挑战与应对西欧社会民主主义变革论析》，中国社会出版社 2009 年版。

上来讲,多元主体公私合作伙伴关系模式就是政府部门与社会组织、私人部门多元合作共同提供公共服务,是一种介于政府出资并直接建立、经营服务与政府完全退出而由非政府组织出资并建立、经营公共服务之间的制度安排,它避免走向公或私两个极端,能较好地克服政府部门完全行政垄断式供给和政府完全退出市场机制时带来的多种问题。

由于公共服务供给中主体间的竞争更强调私人部门和社会组织的独立性,并假定私人部门、社会组织与政府部门之间存在根本性冲突,政府的行政垄断与行政权力的扩张被视为是对私人部门和社会组织生存和发展的威胁。因此,萨瓦斯强调公共服务供给中主体间的竞争"要做到工作任务要清楚界定;形成并维持一种竞争氛围;政府能够检测服务生产者的工作绩效;相关的条件和具体要求在合同中有明确规定并能够保证落实"。[①] 但是,职业教育公共服务供给主体的选择从非竞争到竞争、从行政控制模式向契约关系的转变也存在过分追求竞争性市场机制的问题或不足。格雷戈里(Gregory)强调"职业教育公共服务供给如果像一个企业那么运作,其作为公共领域的公信力将被削减"。[②] 黑格(Haque)也认为"公私部门差异性的消除、公共服务接受者规模的减少、公共回应性的减弱、公共部门角色的减小以及对公共信心的挑战是市场化改革对公共性的新挑战"。[③] 也就是说,过分追求职业教育公共服务供给中主体间的竞争有削减公共性的倾向,也会忽视从整体上对职业教育公共服务供给中各主体间关系的考量。职业教育公共服务供给中主体间关系转变的最主要的原因,在于多元主体采用各种联合协作的方式组织提高公共服务供给的竞争力和效率,而这在传统的科层制下或市场机制下是难以实现的。而且,单个组织的效率提高并不必然带来服务质量的提高,或者是其他组织效率低下造成的,抑或由于不同组织之间的协调性较差;也可能存在多元主体间协作网络整合很好但内部主体绩效低下的情况,从而导致整体公共服务供给的质量降低。

---

① [美]E. S. 萨瓦斯:《民营化与公私部门的伙伴关系》,周志忍等译,中国人民大学出版社 2002 年版,第4页。

② Gregory, Robert J., *Social Capital Theory and Administrative Reform: Maintaining Ethical Theory in Public Service*, Public Administration Review, 1999(1).

③ Hague, M. Shamsul, *The Diminishing Publicness of Public Service under the Current Mode of Government*, Public Administration Review, 2001(1).

可见，在职业教育公共服务供给方面，超越简单的公私二分法已被理论界和实践界所重视，并开始对公共服务供给的公私合作路径进行持续探索。在多元主体公私合作伙伴关系模式下，政府不再完全依赖科层权威，而是更多地依赖合作伙伴之间的各种合作来形成职业教育公共服务供给网络以达到合作的共同目标。

总之，在职业教育经费投入不足的情况下，教育服务供给中主体间关系重构的关键在于构建行之有效的制度环境，不仅要激励职业教育公共服务供给中多元主体的协作与合作，还需规范并约束多元主体的行为，促使其能按照提高公共服务供给效率和提升公共服务质量目标而行动。格兰德指出："良好的公共服务至少需要包括五个基本属性：高品质，高效的运行和管理，对用户的需求和需要作出积极的反应，与此同时向纳税人负责，还应当具备公平性。"①这表明职业教育公共服务供给的效率与质量并重的价值取向。20 世纪 90 年代开始的公私合作伙伴关系模式，为我们解决薄弱职业教育领域的公私合作问题提供了思路。

在职业教育经费投入不足的情况下，职业教育领域的教育供给或教育服务主体角色的分离不仅要求政府职能转变，对政府提出了更高的要求，同时也使职业教育领域的教育供给或教育服务的多元主体共同参与，最终使公私资本合作成为一种可能。在这里，如何选择合适的职业教育供给或教育服务主体来承担角色分离后的各种职能就成为政府不得不面对的难题，虽然，"理论发展和实践经验表明即便是私人部门也能够提供公共服务，"②但是"市场失灵""政府失灵"以及第三部门也会失灵的问题使我们意识到，由单一的主体来承担职业教育供给或教育服务既不经济也低效率，难以保障职业教育供给或教育服务公共性，这有必要引入一种混合多元的参与机制。事实上，对于政府、私人部门以及社会组织提供职业教育供给或教育服务的最大批评并不在于组织的公私性质，而在于职业教育供给或教育服务是垄断的还是竞争的，在于优质职业教育资源的供给能否满足公众的需求，能否在需求者之间公平提供优质职业教育。

---

① Blair, T., *Leading the Way: A New Vision for Local Government*, London: IPPR. 1998, p. 13.

② Sclar, Elliott D., *You Don't Always Get What You Pay For: The Economics of Privatization*, 2000, lthaca, NY: Cornell University Press, 2000, p. 123.

Chapter 6

第六章

模式篇:公私合作的个案分析

在职业教育改制进程中,多元主体公私合作方式“总结起来大概分为三种类型:名校改制、薄弱校改制、新建校改制。”①本研究分别从个案视角进行相关分析。

一、名校公私合作:X 学校个案分析

北京 X 学校属于北京市早期改制的“试点学校”,它属于公办职业教育的优秀学校改制,由于基础较好,具备良好的办学条件、优秀师资充足等条件,生源状况较好,从而有比较稳定的经费来源。学校改制后由于经费投入较多,不管是办学条件还是办学水平都得到了显著提高。“该校 1996 年改制,在校生为近 2000 人,2003 年该校在校生已经接近 3000 人。1996 年该校总收入为 430 万元,到 1999 年总收入已经达到 2055 万元,其中,该校学杂费收入 1996 年为 80 万元,占其当年总收入的 20.2%,到 1999 年,学费收入达到 1022 万元,占其当年总收入的 49.7%;政府拨款的比例由 1996 年的 50% 下降到 1999 年的 20.8%(1999 年政府拨款主要为专项基建费)。该校 4 年中累计支出设备购置费 1031 万

① 袁桂林:《中国教育改革开放 40 年　高中教育卷》,北京师范大学出版社 2019 年版,第 97 页。转引自翟月玲:《高中改制政策研究》,北京师范大学教育学部 2014 年博士学位论文,第 137 页。

元,1998 年和 1999 年的基建费分别达到 650 万元和 850 万元。”[①]学校在大量经费的支撑下,基本建设有了大规模的改进,办学条件、师资力量、教学水平等都有大幅提升,学校改制取得一定成效。

(一)成效

北京 X 学校改制是我国职业教育公私合作,即办学主体多样化改革的结果,其成效主要表现为以下几个方面:

一是在一定程度上扩大了优质职业教育资源,拓宽了职业教育的筹资渠道。北京 X 学校通过改制,大量吸收社会资本,改变了政府对职业教育财政投入过低的状况。在调查过程中发现,该校改制后收支逐年增加,并且学校收入均大于开支,每个教学年度均有盈余,说明该学校改制后没有出现过严重的财政困难。另外,从北京 X 学校经费构成来看,政府拨款比例逐年下降,而学费占比逐年提升,学校自筹经费的占比已经接近 90%,学校基本上能够通过自身能力缓解学校的支出难题,同时这也说明学校经过公私合作后,为财政节约了大量职业教育经费开支。

二是通过改制,北京 X 学校拥有了较大的经营自主权,为进一步形成现代化学校制度体系积累了经验[②],这种公办私营的办学模式集中了“公办”学校和“民办”经营的双重制度优势,克服二者各自自身存在的不足。既享有国家的财政投入,又有能力吸取民间社会资本对学校的非国家财政投入。在广泛吸收社会优质职业教育资源的同时,以育人为本、自主办学、自我发展、自我约束,实现了学校产权的所有权与经营权的分离,北京 X 学校各主体之间责权利明确,学校得以良性发展,这种公办私营的办学模式有利于现代学校制度的建立。

三是通过改制,北京 X 学校在充分吸收社会力量办学的同时,也通过提供高质量的优质职业教育服务满足了一部分家长的“多元化”需求。

四是通过改制,北京 X 学校建立了一支优秀的师资队伍,包括优秀的校长、充足的优秀教师等。从收入状况看,北京 X 学校教职员工的收入明显高于非改

---

① 宁本涛:《经济学视野中的学校经营及其发展模式研究》,华东师范大学教育学部 2003 年博士学位论文,第 89 页。

② 现代学校制度,其实是一种以学校法人制度为主体,以有限责任制度为核心,以学校组织制度和管理制度以及新型的政校关系为主要内容的学校治理机制。

制的公办职业教育。但调查发现,这一高比例是在可接受的范围之内,还未发现职业教育经费大量流失的迹象。由于工资待遇方面的优势,北京X学校与一般的公办职业教育学校相比,在争取优秀师资方面有更大的竞争优势。

通过对北京X学校这一公办名校改制的个案分析,发现由于这类学校存在办学条件良好、优秀师资充足、办学经费充沛、教学管理现代化、办学特色明显等条件,学校普遍保持着较好的发展势头,学校生源充足,师生对改制学校各方面的工作都持一定的肯定态度。调查发现,名校改制学校的顺利发展有这样几个背景和条件:当时北京市民办学校较少,缺少竞争对手;北京市民对优质职业教育资源的需求比较迫切;北京市民家庭具有较高的职业教育支付能力;政府对改制职业教育学校数量的限制;强有力的制度保障,等等。

总之,本研究可以得出以下结论:介于民办学校与公办学校之间的名校改制职业教育具有其特有的制度优越性。

(二)公办名校改制的优势

公办名校改制之所以容易成功,主要是名学校具备以下优势:

一是公办名牌职业学校改制的实质是国家把公立职业教育以法定程序交由具有法人资格的社会组织或个人。其改制后所增值的资本仍归属国家,但其职业教育事业费与日常支出所需,全额或部分由参与学校变革的多元主体依法筹措并投资,而这些多元主体享有社会力量办学的优惠政策,具有相应的办学自主权,从而形成这种非公办学校,也非民办学校的独特改制学校的经营模式——“公校民营”模式。“公校民营”模式的本质特征是在不改变学校公办所有权性质的情况下,实行学校办学主体多元化和学校运营机制民营化。

二是从风险规避来看,“公办民营”模式的办学风险性较低。一方面,有国家的保障,如果发生政策变动,政府可以马上收回。另一方面,公办名校改制可以充分利用学校办学自主权,进行大胆改革与尝试。

三是通过X学校改制的个案分析发现,这种“公办民营”模式,不但减少了政府的财政投入,而且有时需要向政府缴纳一定的费用,这在一定程度上缓解了政府的财政压力,可以获得更好的政府部门支持与帮扶。

公办名校改制是公立学校改革的典型,增加了职业教育办学主体的多样化。随着我国国家财政性职业教育经费投入的大量增加,在职业教育经费充足的情况下，这种模式可能会逐渐消失，公办名校改制的必要性也会随之消失。同时，这种公办名校改制在发展中出现的职业教育公平问题也会使其发展前景不容乐观。

综上所述，公办名校改制的顺利进行需要具有以下条件：政府部门的大力扶持、负责该校的领导班子成员能力与素质较高、国家有力的制度保障。也就是说，除了政府对公办名校改制的大力支持外，公办名校改制校长的改革能力也是其成功的一个主要条件。曾经有人说过，“一位好的校长就是一所好的学校”，虽然有些夸张，但不可否认的是，北京 X 学校改制如果没有校长的优秀表现，可能就没有如此好的成效。

（三）关于名校公私合作的争论

名校公私合作过程中出现的不公平、高收费、国有资产流失、政府官员腐败等问题引发民众不满。对名校改制的争议主要集中在“名校办民校”方面。

20 世纪 90 年代是“名校办民校”的高发期。对于“名校办民校”的分歧，社会上分支持派、反对派和中间派。支持派以曾任教育部部长的陈至立和经济学家茅于轼为代表，他们认为为了扩大优质职业教育资源，应该允许名校办民校，但必须做到“四独立”。“名校办民校”是职业教育办学体制的创新，其进一步提高了优质职业教育资源总量，为学生获得高质量的职业教育资源提供了更好的制度环境。反对派①认为，职业教育领域的“名校办民校”会引起职业教育的不公平、高收费、国有资产流失、腐败等问题。多数研究学者属于中间派，对“名校办民校”持谨慎的支持态度，认为义务教育阶段“名校改制”应该严格规范或者禁止。因为我国义务教育主要由政府承担，如果任由好学校改制，实行高收费，有悖我国义务教育法的免费原则。不过，中间派认为，非义务教育阶段的职业教育名校改制在相当长的一段时间内有存在的合理因素，只要其不实行义务免费教育，制度就应允许其存在，以缓解财政压力，同时，其在一定程度上缓解了优质职业教育资源供不应求的困境。

---

① 以朱永新为代表的反对派认为，职业教育领域的“名校办民校”会引起职业教育的不公平竞争；会造成学校国有资产流失；高收费会增加学生学长负担；会导致职业教育不公平和职业教育腐败。这部分学者代表了公办名校以及职业教育行政部门的观点。

二、职业教育公私合作：Y 学校个案分析

为了对薄弱职业教育学校——Y 学校有一个感性认识，笔者曾在 Y 学校蹲点调研近一年时间，以了解该校改制的大致过程与结果。以下为对 Y 学校校长和老师的访谈内容汇总，从中可以明晰一些该校改制前后的相关信息。

（一）Y 学校访谈录

问：Y 学校办学体制变化的起止时间？

副校长：1999 年 6 开始，成为全市第二批“教育体制改革实验学校”，属于公办民助性质，学费 6000 元/年，只有高中部参加实验。2009 年 10 月转回公办学校。

问：改制期间政府投入情况如何？

校长：政府投入较少。开始和一般的公办学校一样，2008 年“断奶”，政府停止一切投入。当时学校除了学费收入，几乎没有任何经费来源。支付教师绩效工资完全自筹，国家断奶后，由于经费短缺，学校实验课也被取消。

问：改制期间生源怎样？

校长：开始只有家里有钱的孩子才来上学，后来招生困难重重，生源不足。主要是老百姓认公不认私的观念。改制时好像是回光返照似的，但是，随着国家的断奶，绩效工资发放困难，优秀老师调离，职业教育质量严重下滑是生源不足的主要原因。“弱校改制”吸引力不高，而且高收费。

问：当时优秀教师流失的主要原因是什么？

校长：对公办教师身份和铁饭碗的追求。

问：当时家校关系怎样？

校长：家校关系恶化，家长和学生也对学校产生怀疑，老感觉只让交钱而没有给孩子好的职业教育。学生回家说老师讲得不好，家长就向教委写信反映。如果学生违反纪律被开除就要求学校退钱，不退就来学校闹，影响职业教育秩序。

问：出现这些问题的主要原因是什么？

校长：一是领导的思想境界、管理水平的限制。管理者的事业观、思想境界

有问题，认为学校是上级领导的。任何体制、政策都可能办好一所学校，关键是执行政策的人，学校需要职业教育家办学。二是办学者的出发点发生扭曲。只认钱，关注点只在钱多，认为只要工资待遇高教师工作积极性就高。三是学校领导对学校发展没有预见，没有洞察老师、家长和学生的心理及变化。四是政府钱不应减少。我们常常感到改制学校不是政府的亲儿子，让其独立门户，自谋生路，而薄弱职业教育学校又缺乏社会认同，筹资困难，因此经费不足。实验资金投入不足，把好学校淘汰的旧设备给薄弱职业教育学校，美术室没有教室，占用化学实验室上课，还必须让校长找化学组长签字才能用。有时化学组长说不能捍卫自己的权利，就不做实验。学校缺少设备、药品、器材。学校本身就是薄弱职业教育学校，本身就没有什么吸引力，政府再减少投入，学校发展困难重重。五是做太多的民办宣传，高工资吸引老师，老百姓说学校是认钱的学校。

总之，教学质量下降，高考成绩下滑，政府恼火，政府严格管理又不投钱，好教师都走了，留下的大多是没本事的、有家庭关系没办法走的、身体不好的老师。老师心里难受没办法开展专业化学习，学生抽烟、打群架、谈恋爱等。生源下降—高收费—声誉下降，如此恶性循环，再加上学生素质差不好管理，老师没有工作积极性。总之，校风差，薄弱职业教育学校改制的效果很差。

问：转回来后怎样？

校长：快转公办时，政府又投资了建校区四项工程，学校是公办也不高收费，学校由政府搞建设，绩效工资政府出。盖实验楼、购买10万册图书、购买美术班设备、专设美术教室，各部门领导还亲临现场办公，学校与政府实现良性互动，感觉又回到亲妈怀里，成了亲儿子。

回来以后，学校只看分数，不看钱，开始生源不好，学校就压缩规模，集中抓职业教育。职业教育教学更精致，质量慢慢提高，学生想进学校都难。

教师1：实验经费、公办经费充足，老师们的工作积极性提高了。校长专心做职业教育，学校实行走班制也有了条件，学生可以自选上课，走班制需要的多个教室、多名老师的问题也得到解决。学校增加了电教设备。每个学年学校都会让人耳目一新。学校还建样本室，买动物标本，让孩子模拟做各种实验，请名家来学校做讲座，请美术大师为学生上美术课。

教师2：学生参加全国比赛获一等奖，高考质量提高，学校成为家长、社会、政府认同的北京市示范学校。

问:如果政府不增加投入,薄弱职业教育学校改制成功的可能性大吗?

校长:政府不管不行,不能放羊,“不养”能长好吗?

问:改制学校应该怎么做?

校长:自己的饭自己做自己吃,不等不靠,把学校、学生、老师都当成自己的,办好学校、办好职业教育,敢于承担责任。政府购买职业教育服务。要把人均经费拨给这个学校。加大对薄弱职业教育学校改制的投入力度,特别是要对这样的学校实施专门的教师配备政策。

(二)职业教育公私合作难以成功的主要原因

在职业教育改制现实中,成功率比较高的大都是名校改制,薄弱职业教育学校改制要么被忽略要么会失败。其主要原因有以下几个方面:

第一,针对职业教育公私合作改革的制度目标不够清晰。按照国家职业教育转制制度的有关规定,进一步完善职业教育改革,提高职业教育质量,扩大优质职业教育资源数量,是我国对职业教育转制制度的主要目标。具体制度内容见表6-1。

表6-1 我国职业教育改制的主要目标

时间	文件名称	主要内容
1996年9月	上海市教委曾发布《关于加强上海市公立中小学转制试点管理工作的意见》	提出了“三独立”原则,即“有基本符合政府规定标准的独立场地校舍,有独立的学校法人和法人代表,有独立的财务管理制度,具备民办学校的基本设置条件。”[1]“三独立”条件的提出,似乎是因为转制学校的条件极为“薄弱”,必须予以保证才能进行
1998年	国务院办公厅转发职业教育部《关于义务教育阶段办学体制改革试验工作若干意见的通知》	对于学校改制的目的规定如下:“试验工作要……有利于加强薄弱学校的建设,缩小……公办学校之间在办学条件和教学水平方面的差距。”虽然这一政策不是针对职业教育的,但在现实中,在没有相关专门规定的情况下,职业教育的实践大多是参考了义务教育的相关规定
2001年	《国务院关于基础教育改革与发展的决定》	要求公立学校办学体制改革要有利于改造薄弱教育学校,满足群众的教育需求,扩大优质教育资源。薄弱学校、国有企业所属中小学和政府新建的学校等,在保证国有资产不流失的前提下,可以进行按民办学校机制运行的改革试验。职业教育实践大多参考相关规定

续表

时间	文件名称	主要内容
2002年2月	《教育部关于加强基础教育办学管理若干问题的通知》	肯定了"近几年来,各地在进行公办学校办学体制改革试点、鼓励社会力量办学、改造薄弱教育学校、扩大优质教育资源等方面取得了明显成效。"职业教育的实践大多参考义务教育的相关规定

依据职业教育部网站资料整理。

〔1〕方建锋:《颇具争议的公立学校转制:大胆的政策构想与明显的操作误差》,载《上海教育科研》2003年第1期。

对于职业教育公私合作的具体目标,笔者在整理了有关制度文件之后,发现在2006年转制学校被清理以前的制度文件中,直接和职业教育学校转制目的有关的文件几乎没有,相关制度文件主要是针对义务教育阶段学校改制的相关规定。也就是说,当时缺乏专门的职业教育转制方面相关的立法规范。在现实实践中,大多将这些制度文件作为职业教育改制制度的参考。这些制度文件中均明确提出要做好公办薄弱学校公私资本合作,并提出提升薄弱教育品质是薄弱教育学校改革的重点目标,不过由于这一条款内容不够具体,只是寥寥数字,这一目的性条款被湮没在大量的具体内容之中,也缺乏其他相应的具体条款规范,不能让拟参与主体清楚,究竟怎样的学校才是薄弱教育学校?薄弱教育学校的评价标准,评价程序,新改制学校在多长时间内应取得一些什么样的成效?政府在薄弱学校改革中应该履行怎样的财政资本责任?公私合作主体之间的权利义务等,都没有具体的可操作性规范,这是薄弱学校在改造过程中容易被忽视或改造失败的主要因素,薄弱职业学校也不例外。

第二,职业教育改革学校校长的思想境界与管理水平有限。部分校长并不是把职业教育公私合作改革当做一项大事业来搞,只是把它作为上级领导指派给自己的工作任务,消极应付,工作不积极主动,只对上负责,而忽略对师生、学校、社会、国家的责任,缺乏职业教育家办学的事业心和思想境界。

第三,政府在财政上对学校的支持力度逐渐下降。原来薄弱学校的办学条件、教师水平、生源情况等本来就不被看好,学校缺少基本的实验设备、实验药品、实验器材等,学校本来就弱势,对学生及家长、社会投资主体本来就没有什么吸引力,如果政府再减少财政投入,就会让弱势学校的转型难上加难,这也是薄弱学校失败的另一关键性因素。

第四,制度执行存在偏差。对职业教育改革的最初目的,是期望通过公私合作提升薄弱职业教育学校的教育质量,进而扩大优质教学资源,将弱势学校改建成为拥有良好职业教育资源的优质学校,并提供更多的良好职业教育学习平台,使更多的学生受到更好的职业教育,进而达到优质职业教育资源均衡配置的目标。而在实践中,地方政府则期望通过改革缓解财政压力,在不提高财政投入水平甚至减少财政投资的情况下,有的地方政府甚至对改革的职业教育学校收取相应的管理费用,这是让人难以接受的。如果当地政府不增加财政投入,不对职业教育基本办学条件加以改善,不吸纳优质教师资源和管理得力的学校管理人员,社会上又有谁愿意将资金投入到这样的薄弱学校呢,又有哪个父母乐意出钱让子女到这样的学校就读呢?因此,各地政府的职业教育制度执行偏差也就成为薄弱职业教育学校改革不能顺利达成目标的一大主要因素。

(三)薄弱学校改制面临的主要困境

事实上,与Y学校类似的职业教育学校改革大都存在一个共同的问题。

现行办学体制下,我国现有的职业教育面临的主要矛盾是优质职业教育资源供求之间的矛盾,现有的优质职业教育资源不能满足民众对优质职业教育资源的需求。其主要原因是职业教育领域的政府投入不足和重点校政策,职业教育质量难以有效提高,影响了整体职业教育品质的提升以及对优质职业教育资源的供给。

薄弱职业教育学校办学环境较差,优秀师资力量不足,教学质量不高。其主要表现在三个方面,一是职业教育教师、教学条件不充足,职业教育基本办学条件差,办学效率偏低,一定程度上成为职业教育发展的障碍,这也是当时职业教育改制失败的主要原因。① 二是职业教育优秀师资与管理人员流失严重。导

① 根据2013年度《中国教育统计年鉴》统计,2012年全国生均校舍建筑面积为16.63平方米,平均班额达54.4人,2012年分别是16.61平方米,平均班额达54.1人,班额过大影响教学的正常运转,特别是农村的职业教育(平均班额远远超过这一数值)更是如此。其他教学设施也不太完备,2012年全国职业教育体育运动场(馆)面积达标学校比例为83.01%,体育器械配备达标学校比例为83.39%,音乐器械配备达标学校比例为80.63%,美术器械配备达标学校比例为81.88%,理科实验仪器达标学校比例为85.81%,建立校园网学校比例为80.29%,农村职业教育远远低于这一数值。职业教育成本结构不合理,办学效率不高。生师比15.47∶1,虽然比2011年的15.99∶1有所提高,但仍然较低,明显高于《关于制定中小学教职工编制标准的意见》中规定的标准13.5∶1。2011年职业教育经常性成本中人员成本占50.6%,业务费占4.8%,2012年分别是50.4%,业务费占4.6%,业务费份额太低,影响职业教育教学工作的有力开展。这只是全国职业教育的一个平均计算,如果只是计算薄弱职业教育,情况会更差。

致职业教育招生困难，学生素质整体不高，结果是强校越强，弱校越弱，两极分化严重，校际差距和城乡差距进一步扩大。[①] 三是职业教育多样化选修课程基本无法开设[②]。由于人力、物力、财力不足，多样化选修课程开设难，特别是农村职业教育情况更是不容乐观。所以，为了解决目前职业教育存在的主要困难，并提高薄弱地区特别是农村职业教育质量不高的问题，必须寻找破解职业教育质量低下的解决之道。

职业教育经费投入不足、优质职业教育资源短缺、民众对优质职业教育的需求日益增强成为职业教育择校、职业教育高收费和乱收费的三个主要根源。因此，政府除了需要进一步提高在职业教育公私合作方面的经费占比之外，更关键是要提升改善职业教育质量的制度规范效能。

三、股份制办学：新建 Z 学校改制个案分析

股份制 Z 学校是 1996 年在 Z 学校基础上创办并发展起来的，是一所新建"公有民助"模式的学校。创办之初的主要目的是：一是保证学校有优质的稳定的生源；二是按照政策，可以合理合法地利用当时的政策资源，解决学校运作过程中经费不足的问题；三是满足社会需求。Z 学校的创办可以说与当时国家颁布的《中国教育改革和发展纲要》相吻合，也确实吸引了社会力量共同参与到职业教育中来。

该校是江苏省首批四星级的职业教育学校，为争创"五星级的职业教育学校"，顺利通过省职业教育局的评估，成为本市第一家、全省首批"五星级的职业

① 薄弱职业教育导致优秀教师流失严重。薄弱职业教育因为办学条件差，优秀教师流失现象严重，补充不足，而学生也因此流失严重，生源质量总体下滑，导致薄弱职业教育整体教学成绩落后，引起越来越多社会及家长的不满，导致学生择校现象更加严重。特别是各乡镇农村职业教育学生流向县市学校现象更是有过之而无不及。薄弱职业教育学生素质整体下降，职业教育质量的下滑，使学校声誉受到严重影响，招生越来越困难，生源质量也急剧下降。

② 由于薄弱职业教育学校办学条件差，教学设备不足，受课时、场地、师资等职业教育资源的限制，选修课程的具体开设非常困难。因为条件有限，学校目前准备开设的选修课，大多是对场地、设备要求不高，如社交礼仪、太极拳、民谣吉他、硬笔书法等。开设选修课，不要说实验室不够，连最起码的教师和教室也不够用。特别是由于城乡差距，一些基础相对薄弱的农村学校，开出足够选修课的问题更加严重。不是老师没有精力开，就是老师没有能力开。农村学生要想具备城里孩子一样的综合素质，让农村老师能够开发出一些精品选修课，是一件难上加难的事情。

教育学校”,巩固该校在全市乃至全省中等职业教育界的“领头羊”的地位,就必须解决其“校中校”问题。因为在江苏省《五星级教育评估细则》中明确规定学校的办学条件必须满足以下几点:独立设置的学校,规模适度,每班学生不超过46人;校园宽敞,校舍充足;设备设施一流,拥有数字化校园的应用系统,生均教学、办公设备固定资产不低于4000元;校园布局合理,环境优美别致,体现了学校办学理念和特色;有标志性建筑物和精心设计的景点,形成了特有的校园文化。

(一)资产投入多元化

根据《联合办学合同》,Z学校的投资总额为1.35亿元人民币,其中甲方(江苏省苏州Z学校)投资0.68亿元人民币,占总额的51%;乙方(民间力量方之一)投资0.50亿元人民币,占总额的37%;丙方(民间投资方之二)投资0.16亿元人民币,占总额的12%。

改制后,Z学校的办学条件得到极大改善,从改制前的28个班级规模扩充到2007年的68个。而班容量也从每班64人降到35人,实现了小班化教学,职业教育质量也有大幅度提升。

(二)收益分配股份化

学费是股份制Z学校的主要收入来源。根据我国《民办教育促进法实施条例》和《Z学校章程》的有关规定[①],办学结余属可分配范围,由学校多方投资主体按股份占比分红,作为对投资的一种合理回报。任何一方不得抽逃资金或者挪用办学经费。

(三)管理机制现代化

现代学校制度的一个主要特征就是政校分开。在现代化的股份制学校,政府只是股东之一,不能直接干预学校内部事务,只行使股东权利,学校董事会拥

---

① 根据我国《民办教育促进法实施条例》和《Z学校章程》的有关规定,为了学校建设、维护和教学设备的更新等,在每个会计年度结束时,股份制Z学校都要按不低于年度净收益的25%提取发展基金。在每个会计年度结束时,在扣除办学成本、国家资助、社会捐助以及学校发展基金和其他相关费用后的办学结余,属于可分配利润,由学校多方投资主体按股份占比分红,作为对投资的一种合理回报。

有最后的决策权,校长代替董事会组织实施相关事务。Z 学校在管理机制[①]上力求同现代学校体制相吻合,尤其是在权责利方面,明确确定了政府对举办者的监管职责、办学者与教员分别所享有的权利和履行的责任,禁止举办者在学校规定的权利以外干涉教学组织的内部管理与教学活动。作为举办者不但拥有按规定出资一定数额的资产的义务,同时也有分红的权利。同时还拥有重大决策和选聘办学者的权利。当学校活动因合法理由撤销或终止活动的时候,办学者也要以投入的出资额为限对学校债务承担有限责任。

(四)股份制办学带来的思考

1. 职业教育改制面临的困境

作为非义务教育的职业教育,政府投入的公共财政资本严重不足和优质职业教育资源无法满足民众对优质职业教育的需求,这是目前我国职业教育的最基本现实情况,在短期内还无法发生根本性变化。但是,针对优质职业教育需求的旺盛和政府财力紧缺的现状,积极吸纳社会资本投入办学,将是现状改变

---

① 依《联合办学合同》和《学校章程》,学校设立董事会,由 8 名董事组成,由苏州学校和社会投资方各派 4 人组成,董事长由江苏省苏州学校委派,董事长和董事任期 5 年,经委派方继续委派可以连任。董事和董事长在任职期内,委派方不得无故解除其职务。学校董事会行使下列职权:审定学校的发展规划和投资计划;审定学校办学方针和管理机构的设置;批准学校的规章制度;听取和审议学校执行校长的年度工作报告;审定学校年度财务预、决算方案和利润分配方案;对学校增加和减少注册资本、分立、合并、终止、清算和举办者转让出资等重大事项做出决定;聘任和解雇学校执行校长、副校长;决定对学校校长、副校长的奖励和惩罚;修改学校章程;学校章程规定的其他职权。学校设监事会,其人选由学校举办者全体会议协商推选产生。监事会人数 5 人左右,任期 5 年。监事会设主席 1 人,副主席 1—2 人。监事不得兼任学校的董事或学校的执行校长、副校长职务。学校监事会对学校举办者全体会议负责并报告工作,其任务与职务如下:列席学校董事会会议;对董事会的决定可提出复议要求;监督学校各级行政领导的工作责任,并可提出奖惩建议;检查学校的财务状况。学校监事会会议每年举行一次,由监事会主席召集。当监事会主席因故缺席时可委托副主席召集。学校设职业教育教学管理机构,负责学校的日常管理和职业教育教学工作。职业教育教学管理机构设执行校长 1 人、副校长 2 人,均由江苏省苏州学校推荐并由董事会聘任。执行校长、副校长任期为 3 年,经江苏省苏州学校推荐并由董事会聘任,可以连任。学校执行校长的职责是执行董事会会议的各项决议,组织领导学校的日常事务管理工作和职业教育教学工作。包括:实施学校长远发展计划和董事会做出的其他决定;制订并实施学校整体年度职业教育工作计划;决定本学校管理人员、教职员工的聘任和解聘;根据当地的市场水平,并参照公办学校的待遇标准,决定学校管理人员和教职员工的工资和福利的预算并组织实施;制定学校的招生规模、措施、方法和学费以及其他费用项目的标准并组织实施;拟定学校的规章制度,提交董事会批准;根据学校的规章制度,实施对学校管理人员和教职员工的奖励和惩罚;董事会委托的其他事项。学校副校长的职责是根据组织分工,协助执行校长工作。职业教育教学管理机构设若干部门主任,分别负责学校各部门的工作,办理执行校长和副校长交办的事项,并对执行校长和副校长负责。

的必然选择。①

但是,情况并非想象的那么简单。一种比较常见的情况是,按照教育部的相关规定,对公立学校开展转制试行,即对职业教育和新建职业教育学校转制试行,需要省教育主管部门审批。但在实际操作中,试行学校大多是在优质资源平台上开展的,这往往与教育部的规定相违背。② 这就产生了改制学校、改制试行的合法性风险。改制试行中出现了高收费、不公平、腐败、国有资产流失等问题,改革受到民众、社会与学界的质疑也就成为必然。因此,改革实践虽然获得了明显的进展,但其潜在的风险与困难也不少。

2. 有关学校办学自主权的问题

职业教育,特别是公立职业教育由于受到国家制度的严格管控,所以学校的办学自主权十分受限。而对公立学校转制来说,非常关键的一个方面便是政府尝试引进民营的一些制度或经验,来改变公立学校过于单一僵化的局面。这从几十年实践探索来看,成效也算显著。但是,实践也证明,对于像职业学校教育品牌以及优质教学资源作为知识产权投资的话,价格、占比如何衡量?当时的相关政策立法没有规范,对于无形的知识产权的作价,大多靠民间的投资人与民办公助学校以及职业教育主管部门之间的协商,而这个过程是否科学,也就只能留待于现实的检验。下一步如何探索名校带弱校模式,便成为职业教育公私合作法治的一个关键问题。

3. 关于学校无形资产的评估

薄弱学校要在职业教育市场站稳脚跟,并在竞争中立于不败之地,单纯靠

---

① “2002 年教育部统计,全国目前已有千所以上的公办学校在进行转制改革,每年为国家节省财政开支和新增国有资产都会在 10 亿元以上。以上海的转制和民办学校来说,共有 144 所,其中公办学校转制虽然仅有 76 所,但转制学校的学生数占总数的 98%。北京的 X 学校是转制学校中各方面效益都很显著的佼佼者,截至 2002 年,国有资产净增值为 1.65 亿元。显然,在政府财政十分紧张的情况下,公办学校转制能够节省大量的财政性职业教育经费,甚至还可以用改制学校上缴的部分经费来改造薄弱职业教育学校,实现职业教育均衡化发展。如沈阳市 43 所学校,进行改制后,先后改造了两所薄弱职业教育学校,产生了积极的社会影响。”参见吴惠芳:《苏州立达学校改制过程研究》,苏州大学教育学院 2007 年硕士学位论文,第 4 页。

② 职业教育部要求,学校改制试验由省级职业教育行政部门审批,但区县一级的职业教育行政部门受区县级政府的影响(或控制)更多更大,而区县政府部门在支持改制学校方面往往更积极(因为可以缓解财政投入压力,甚至增加政府收入),所以,省级职业教育行政部门便处于比较尴尬的境地。于是,改制试验尽管取得了显著的成效,但其中潜在的危机和问题却很多。

投入硬件设施是远远不够的，更关键的是要塑造学校自身的整体形象，要树立品牌意识，着力培养学校核心竞争力，提高对无形资产的投资意识。[①] 当前社会对学校无形资产的评价，重点是在如下几个方面：学校是否具备了自身的独特品牌；能否拥有众多优秀生源；能否拥有众多优秀教师；能否拥有杰出的校长。[②]

Z 学校把学校的优秀品牌以及优秀师资作为无形资产注入了股份制学校，可以说是学校转职过程中的一个创新与亮点，这既能保障公共职业教育资源的保值增值，又利用市场进一步提高了优质职业教育资源的品质水平，这无疑是职业教育公私合作的一次全新尝试。[③]

本章小结

经过对现有资源以及上述代表性案例的剖析，发现我国职业教育公私合作大致有如下几种模式：一是薄弱学校公私合作模式。这种模式就是将优质教学资源的短缺、职业教育质量不高的职业教育，通过公私合作的形式将其转制改革，其学校产权没有发生改变，仍属公有，只是学校采取民营化运营方式。[④] 目的主要是在职业教育机构无力自主提高职业教育质量的过程中，通过吸引社会各界力量加入其中，以满足我国民众对优质职业教育资源持续增加的需求，并解决优质职业教育资源相对紧缺的难题。二是新建模式。主要是对新增职业教育学校实行公私资本联合，一般是由财政投资该校设施建设经费以及该校老师相当年限的工资，之后再逐渐降低财政投资，直到彻底终止财政投入。财政

---

① 学校无形资产的使用，主要体现在利用有形资产培养出有价值的职业教育产品或提供职业教育服务方面。

② 在 Z 学校改制的过程中，因其带有比较优质品牌的职业教育资源而成为吸引和组织更多的社会资本的基础。

③ 对于将无形资产作价 3500 万元的合法性问题，修订后的《独立审计实务公告第 1 号——验资》第 10 条第 3 款规定："以知识产权、非专利技术和土地使用权等无形资产出资的，应当验证其产权归属，并按照国家有关规定在资产评估或各出资者商定的基础上审验其价值。"按现行的企业登记注册的有关规定，组建企业时需要由有资格的验资机构对投资人的投入资本进行验证。在上述验资规定中，明确说明了以投资为目的的无形资产的价值确定有两种方式：由评估机构进行评估，或由出资者共同商定并确认。所以这种运作方式是符合法律的规定的。

④ 合作的对象包括私营部门、第三部门，合作的方式可以采取基础设施公私合作、合同学校、政府购买私立职业教育服务和服务外包四种类型。

全部终止投入后，新建学校要实现自收自支、自负盈亏、自担风险。如 Z 学校改制。三是优秀职业教育学校转制模式。主要是以解决学校经费不足问题为目的，正如上文中提到的北京“X”学校改制便属于这一类型。这一类型选择的改制对象一般为基础条件较好的公办职业教育学校，虽然这一类学校改革成功的概率非常高，但在实践过程中也出现了很多问题，如不公平、高收费、国有资产减少、腐败等问题。所以，这一模式在社会上也是受到批评最多、最被民众质疑的一种模式。

Chapter 7 第七章

借鉴篇:域外职业教育公私合作法治的经验启示

本章首先从职业教育公校私营模式和职业教育私校公助模式两种分类对职业教育公私合作法治的国际趋势与经验进行介绍。

一、域外职业教育公私合作模式

关于职业教育公私合作的分类,本书参照了教育国际的分类方法,将职业教育公私合作分为“契约性公私合作”和“多方参与教育合作”①两种类型。第一类包括基础设施公私合作②、民办公助合同学校③、教育服务外包类学校④、非教育支持服务外包类学校⑤、

---

① Education International, EI。参见朱永新:《我看转制学校》,载《教育发展研究》2005 年第 8 期。

② Infrastructure PPPS. 参见朱永新:《我看转制学校》,载《教育发展研究》2005 年第 8 期。

③ Private Operation of Public Schools/Contract Schools. 参见朱永新:《我看转制学校》,载《教育发展研究》2005 年第 8 期。

④ Outsourcing of Educational Services. 参见朱永新:《我看转制学校》,载《教育发展研究》2005 年第 8 期。

⑤ Outsourcing of Non Educational Support Services. 参见朱永新:《我看转制学校》,载《教育发展研究》2005 年第 8 期。

创新和研究公私合作①与学券和补助②6 种方式。第二类“多方参与教育合作”是指公私部门在自愿的基础上以非合同方式形成的契约关系。

基于本书的研究需要,本研究在教育国际分类的基础上,按职业教育公私合作的学校对象是公办学校还是私立学校,将职业教育公私合作的分类分为两种:一是外国职业教育公校私营模式,二是域外职业教育私学公助模式。

(一)外国职业教育公校私营模式

外国职业教育公校私营模式包括基础设施公私合作、合同学校、政府购买私立职业教育服务和服务外包 4 种方式。

外国职业教育公校私营模式的做法起源较早,但大规模、系统性的公办职业教育民营化则起源于 20 世纪 70 年代末期英国撒切尔政府时期,到 21 世纪初已成为一种全球性风潮。广义的职业教育公校私营可界定为公办职业教育更多地依靠民间组织,更少地依赖政府来满足公众对职业教育的需求,“它是在职业教育产品或服务的提供方面减少政府投入,增加非政府部门的作用”③。从狭义上看,“职业教育公校私营是指一种政策,是指引进市场激励机制减少政府干预,从而改进一个国家的职业教育”④。综合而言,其是指在职业教育领域缩减政府部门角色后,再把在学校教学中的部分政府部门服务通过签约或外包,或者以特许经营方式,凭名单等形式将公立学校的一些部门的教学责任,委托给非营利性部门、私营部门或个人,由非营利性部门、私营部门或个人来介入学校的教学事业,且政府应不断地创造竞争。它的主要特征在于打破政府对公办职业教育的垄断,在公办职业教育领域引入竞争,以改善政府作为职业教育服务提供者的绩效,满足公众对职业教育的选择和多样化的需求,由政府和市场来共同提供职业教育服务。

将公立学校改革为私立学校,因变更了该校的所有制属性,不属于本书研

---

① Innovation and Research PPPS. 参见朱永新:《我看转制学校》,载《教育发展研究》2005 年第 8 期。

② Vouchers and Subsidies. 参见朱永新:《我看转制学校》,载《教育发展研究》2005 年第 8 期。

③ [美]E. S. 萨瓦斯:《民营化与公私部门的伙伴关系》,周志忍译,中国人民大学出版社 2002 年版,第 4 页。

④ Gold E., Christman J. B., Herlod B., *Bringing the Private into the Public: Changing the Rules of the Game and New Regime Politics in Philadelphia Public Education*, in Education Policy, p. 160 – 185(2006).

究的公立民营学校范围。在国有职业教育学校民营化的发展模式中，如签约外包、BOT、特许学校等属于公办民营范围。另外，有的教育机构虽然还没有变成公立民营，但是也有了公立民营的作用，如职业教育券，它能使公办民营学校与公办学校及私立学校之间进行公平竞争，解除相关法规、政策对职业教育的诸多限制，促进职业教育的整体发展。因此，公办民营学校应该是指政府将自己设立的学校，委托给非营利部门、私人部门或个人经营，是一种介于公立学校与私立学校之间的特殊经营形式，可以说是一个半公半私的，政府财政负担经费，非营利部门、私人部门或个人经营的学校。

公办民营学校的模式是人们对公立学校业绩不佳不满情绪的一个反映，认为政府投入巨大的职业教育经费，其学习效果却难见改善，需要创新校园运营管理模式，来提升校园经营业绩。实际上，政府部门对公立学校限制太多，诸多法律与行政科层制度对公立学校有着太多限制，使得其很难及时改变以应对市场的变革，因此，人们提出应该改变校园管理形式，公办民营校园的构想随之出现。

基于研究的需要，本书只针对职业教育公校私营模式中的管理合约模式进行相关分析。

职业学校教学的经营协议方式，简称公立职业学校的教学模式，是指由学校主管部门和营利组织、非营利性单位订立协议，“各方各自在经营宗旨、资金、期限、环境、教学内容、方法和教学质量评估等方面签订协议，民间机构依据双方合约负责学校营运，政府提供所需设施及人员”①。在管理契约模式中，民间金融机构并不直接向该项目融资，其仅依靠自身的运营管理实力获取项目管理费。政府是学校财产所有权人，对学校的监管与亏损负全责。此外，政府仍拥有经费预算、制定学费标准、进行人员聘用等方面的决策权，但同时也须接受民意机构的监督。但教学部门的教师聘任权可以下放到教学部门，因而工资待遇及聘用条件与公办公营学校可能有所区别。

这一模式中的政府职业教育主管部门可从民间私人或机构中选择愿意合作且擅长经营管理、并能够配合且具有职业教育理念、在职业教育实践中有经

① 转引自原青林、单中惠：《基础教育公私合作伙伴关系模式：问题与启示》，载《教育研究》2009 年第9期。

验者作为合作伙伴,政府不仅提供必要的职业教育资源,还应将经营权交给合作伙伴。这一模式对于改进整个学校的系统管理和职业教育资源的有效利用均有明显效果。它最大的优点是:参照公办学校收费标准,不增加家长的经济负担,同时还能提高学校的运营效果。但它也有不足之处,即明显增加了现任教师的工作压力。“美国在宾夕法尼亚州的费城和巴尔的摩、在佛罗里达州的达德县、明尼苏达州的明尼亚波市等地所实施的公办民营方式,大多属于此类模式。”[①]比如,在费城,学区与营利机构或非营利机构签订对公立学校进行委托经营的管理契约,政府按学生数额进行补贴(以人头计算),经营机构要对学生成绩和学校绩效负责。管理合约模式具体包括“合同学校”、学校基础设施合作伙伴关系、政府购买私立职业教育服务、服务外包等方式。

1.“合同学校”

“合同学校”是一种公立学校私人运营方式,也是21世纪前后兴起的一种形式。“合同学校”是指政府或职业教育主管部门直接与营利机构或非营利机构签订合同,“让其负责公立学校部分运营或全部运营”[②]。合同学校形式主要有两种:“一种是地方学校董事会直接与一家职业教育管理组织(Education Management Organization,EMO)签订合同;另一种是EMO作为学校特许状持有人与地方学校董事会签订间接管理学校合同,或与持有特许状的组织签订管理合同。”[③]与政府或职业教育主管部门签订合同的非政府部门范围很广,既有营利性或非营利性的私人公司,又有具有良好口碑的邻校和所在社区,也可能是非政府组织或大学,等等。所签的合同内容涉及学校的发展目标、基本要求、教学计划、课程要求、预期学业成果、评估方法、入学人数、社区参与等,以私立学校相关规定为参照。虽然合同学校仍旧保持“公立”性质,即学校所有权归政府,学校接受公共财政支持,以及学生享受免费的职业教育服务,只是由非政府部门来管理运营。合同学校具有独立法人资格,有权参与合同条款的谈判、拥

---

① Gold E. ,Christman J. B. ,Herold B. ,*Bringing the Private into the Public:Changing the Rules of the Game and New Regime Politics in Philadelphia Public Education*,in Education Policy,p. 160 – 185(2006).

② 转引自韩晴:《国外基础教育公私合作研究及启示》,南京师范大学教育科学学院2011年硕士学位论文,第19—37页。

③ LaRocque, Norman, *Contracting for the Delivery of Education Services: A Typology and International Examples*,Education Forum,2006,p. 20.

有使用公共财政和聘用员工等自主权。一般来讲,合同学校多用于改善落后地区的职业教育状况,提升薄弱职业教育学校的职业教育质量。在这方面,发达国家和发展中国家都有大量的实例①(见表7-1)。美洲的特许学校大多由私立学校参加管理,而在哥伦比亚的特许学校与拉美的信仰与致福会学校联盟,则大多由非政务机构参与管理。

表7-1　“合同学校”国际实例

项目名称	国家或地区
认养一所学校项目(Adopt-a-School Program)	巴基斯坦
独立学校(Independent Schools)	卡塔尔
合同学校(Contract Schools)	美国
特许学校(Charter Schools)	美国、加拿大亚伯达省、哥伦比亚
职业教育行动区(Education Action Zones)	英国
学院计划(Academies)	英国
信仰与致福会学校联盟(Fe y Alegria Network)	巴拉圭、巴拿马、巴西、秘鲁、多米尼加、厄瓜多尔、洪都拉斯、尼加拉瓜、萨尔瓦多、委内瑞拉

资料来源:世行的研究报告:*The Role and Impact of Public-Private Partnerships in Education* 和 *Public Private Partnership in Education-A Report by Education International*,Education International,2019,p.45。

2.学校基础设施合作伙伴关系

学校基础设施合作伙伴关系用英文表示为Public-Private Partnerships,简称PPP方式。

PPP方式是职业教育领域公私合作修建学校大型基础设施项目的一种形式,主要由政府通过公开招投标形式,与有意向投资且有资质的非政府部门签订合同来建设基础设施项目。基础设施PPP可通过多种方式加以组织(见表7-2)。基础设施公私合营的通常形态分为:传统的设计和建造(政府与私人部门签订合同,让后者设计和建设符合要求的基础设施)、运营和维护(政府与私人部门签订合同,让后者运营公共基础设施)、总承包经营(由政府部门提供融资,私营部门承担设计、建造设施,以及在一段时间内的设施经营,但基础设施

---

① 其中,这一模式下最具标志性的是加州爱迪生学院、哥伦比亚的特许学院以及拉丁美洲的信仰与致福会学校联盟。

的所有权仍属于政府)、租赁—购买(私人部门将设施出租给政府一段时间,租赁期届满后所有权归于政府)、租赁—发展—运营(私人合作伙伴从政府处租赁或购买基础设施,并按照与政府签订的合同规定在限定时间段内发展和运营该设施)、建设—运营—转让(私人部门与政府签订排他性合同,负责在限定时间段内投资、建设、运营、维护、管理基础设施,并允许收取用户费用以此来抵销投资。到期后,归还给政府)。

与传统的采办方法不同,基础设施 PPP 是非政府部门提供资助该项目所需的资金;政府在合同中规定基础设施要达到的服务水平;新建立的设施先由非政府部门经营,经营合同期满才被移交给政府。

虽然各国具体形式不同,但不同形式的基础设施 PPP 都有以下特点:通过公开竞标选择私营合作伙伴;私营合作伙伴对学校基础设施投资,并提供相关非核心性服务,如校舍维修;政府仍然主要负责教学等核心服务;政府与私营合作伙伴之间合作一般通过 25—30 年的长期性合同加以规约,并对私营合作伙伴提供的服务和必须达到的标准明确约定;私营合作伙伴要承担基础设施的设计、建造、维修,并负责聘用非教学人员;合同款项的支付取决于私营部门履行合同的情况。

从表 7 - 2 的实例来看,各国政府都将基础设施公私合作看作一种新的融资方式,用以解决政府职业教育设施投入不足的问题。对于私营合作伙伴来说,可以获得一份长期的合同和稳定的收益。政府在职业教育基础设施公私合作中的主要责任仍然是公平保障所有公民的职业教育权,这一责任政府不能推卸,即不能把这一责任转移给私营合作伙伴,否则会引发道德危机和政治危机。就基础设施公私合作项目而言,就是当私营合作伙伴按合同完全履行了义务,政府有义务按时按量地将合同款支付给私营合作伙伴。另外,根据合同类型的不同,私营合作伙伴分担的风险也不同,但大都在原本应由政府部门承担的投资、设计、建设、维修、租赁、运营等范围内。需要说明的是,这些风险的转移并不意味着政府部门对这些责任可以置身事外,相反,“政府部门仍然需要通过透明的竞标过程、制定包含详细明确责任的合同、有效的监督管理等方式指导私营合作伙伴提供合格的服务”。也就是说,政府部门不是将某种风险完全转移给对方承担,而是与其风险共担。除此之外,双方还要创新融资方式、合理控制合同的经济和时间规模,吸纳先进的私营合作伙伴管理水平,以能有效控制成本,实现物有所值。

表7-2　学校基础设施合作伙伴关系国际实例

项目名称	国家或地区
新学校公私合作(PPP for new Schools)	埃及
设计—建设—运营—投资项目(Design-build-operate-finance)	爱尔兰、韩国
新校园工程计划(New Schools Project) 职业教育工作新学校(Education Works New Schools)	澳洲新南威尔士州、南澳州
公立学校租赁给私人运营商(Leasing of Public School Buildings to Private Operators)	巴基斯坦
科隆市学校(City of Cologne Schools) 奥芬巴赫学校(Offenbach Schools)	德国
海牙勇堡郊区项目(Ypenburg Suburb of the Hague)	荷兰
职业教育基础设施公私合作(PPPS for Education Infrastructure)	加拿大新斯科舍省
私人主动融资项目(Private Finance Initiatives)	加拿大亚伯达省、澳大利亚昆士兰州、比利时、英国
联合投资学校(Jointly Financed Schools)	印度

资料来源:世行的研究报告:*The Role and Impact of Public-Private Partnerships in Education* 和 *Public Private Partnership in Education-A Report by Education International*, Education International, 2019, p. 45。

3. 政府购买私立职业教育服务

第三种契约型的职业教育公私合作共建方式是由政府部门购买私人职业教育服务,即政府部门利用公共资金购买私人部门(主要是私立学校)的职业教育服务,公私双方签订的是职业教育服务合同,即政府花钱让学生在现有私立学校注册就读,而不是另外新建公立学校。该种教学模式不但能充分利用已有的私立学校教学资源,以缓解公立学校优质职业教育教学资源缺失的问题,同时也能使学生有更多的选择学校的机会。依资助或直接拨款的对象不同,由政府部门购买私人职业教育服务的形式也有所不同,学券/助学金则是政府直接颁发给学校的,以支持学生在私人学校完成学业。而补助/特别津贴则直接发送给学生,是当地政府对私立学校接受学生入学的一项经济奖励。后一类学校统称为"津贴学校"。目前,这一模式在世界各地得到了广泛的应用与推广(见表7－3)。学券制的思想发源于美国,而智利的学券计划实质是应用的补助/津贴形式,而新西兰的替代职业教育则是用补助/津贴的形式促进合同项目的实施。

表7－3　政府购买私立职业教育服务的国际实例

项目名称	国家或地区
私人院校公用投资项目(Public funding for private schools)	阿根廷、澳大利亚
奖学金(Scholarships)	危地马拉、塞内加尔、冈比亚、巴基斯坦稗路支省
基础职业教育支持工程(Basic Education Support Project)	巴基斯坦稗路支省
职业教育服务合同(Contracts for education services)	科特迪瓦
每名注册儿童财政救助计划(Financial Assistance per Child Enrolled Basis Program)	巴基斯坦旁遮普省
学券制(Voucher scheme)	美国、丹麦、荷兰、捷克、卡塔尔、巴基斯坦、比利时、瑞典、匈牙利、意大利、智利

资料来源:世行的研究报告:*The Role and Impact of Public-Private Partnerships in Education* 和 *Public Private Partnership in Education-A Report by Education International*,Education International,2019,p.45。

政府部门购买私人职业教育服务的这一模式,为什么还能在不少发达国家中得以推行,而且成效还如此显著,原因主要在于:一方面,政府部门发现私人部门在提供职业教育服务上的优越性,对私人学校的作用给予充分肯定,并且在私人学校与公立学校的中间引进社会市场管理机制,激励它们不断自觉提高职业教育质量,这也是多数国家购买私立职业教育服务的初衷。其实,这不但有助于提高整体的职业教育质量,且对私立职业教育也是莫大的支持。另一方面,这一模式也为公立学校学生提供了接受私立职业教育的机会,即学生有了更多的学习选择权——选择学校的权利。再加上这些国家的私立职业教育质量卓著,使得择校条件更加成熟。而发展中国家政府购买私立职业教育服务的目标人群主要是低收入家庭学生和女童,主要目的是实现基本的职业教育平等权。此外,这一模式往往与其他类型的公私合作模式配套实施,促进了其他模式更好地落实,并能最大限度地发挥作用。

4. 服务外包

服务外包模式中专业服务型外包的主要目的在于通过其他部门的专项服务提高教师培训服务质量，而支持性外包服务（非专业服务性外包）的主要目标则在于帮助教师们从繁杂的非教育工作中摆脱出来，把工作重点放在教师培训职业教育的领域。

不过，由于专业性服务和支持性服务大多都包含在其他几种合作模式中，专门的服务外包实例就世界范围来看并不是太多（见表7－4）。例如，有些基础设施公私合作包含学校基础设施日常维护、学生的餐饮服务等，而有些公立学校私人经营本身就已含有专业服务性外包的内容。英国LEA功能外包是公立职业教育专业服务性外包的典型实例，而萨比斯学校联盟则是支持性外包服务的代表。

表7－4　服务外包国际实例

项目名称	国家或地区
辅导入学券计划（Tutorial Voucher Initiative）	澳大利亚
教师集中训练计划（Cluster-based Training of Teachers）	巴基斯坦旁遮普州
质量保证资源中心计划（Quality Assurance Resource Center）	巴基斯坦信德州
新学校基金会项目（Escuela Nueva Foundation）	哥伦比亚
补充职业教育服务（Supplemental Educational Services）	美国
政府学校计算机职业教育（Computer Education in Government Schools）	印度
LEA功能外包（Contracting Out Local Education Authority Functions）	英国

资料来源：世行的研究报告：*The Role and Impact of Public-Private Partnerships in Education* 和 *Public Private Partnership in Education-A Report by Education International*，Education International，2019，p.45。

国外学校承接的业务形式是多样的，这主要是因为它并非政府部门直接采购或买断学校的业务的主要形式。在有些情况中，以政府部门采购的业务为主要服务项目，亦即用于学校直接提供的业务，包括课程设计咨询服务或教学设备咨询服务。但在另一些情况中，政府部门采用了合作分包形式把某个公立学校委任给了某个专门机构去管理，该专门机构承接了这个过程中所包含的各种服务项目，在这一合作分包模式中，“政府购买的是某种输出服务项目,即以承包方式委任某个私营机构去为某个学习者进行职业教育服务(为入学者付钱)”①。投入型、过程式或输出型的公共服务,也可能采用合作分包形式进行。

(二)域外职业教育私学公助模式

职业教育私校公助模式主要是指政府对私立学校给予一定的经费支持。下面是私校公助模式的相关国际实例(见表7-5)。

表7-5 私校公助模式的国际实例

项目名称	国家或地区
补助(Subsidies)	美国、韩国、南非、毛里求斯、泰国、中国澳门特别行政区
私立学校质量改进和制度发展(Quality Advancement and Institutional Development in Private Schools)	巴基斯坦
毕达哥拉斯合作赞助学校(Pitagoras Corporate Sponsored Schools)	巴西
萨比斯学校联盟(Sabis Network of Schools)	黎巴嫩
扩大中等职业教育覆盖面计划(Plan de Ampliacion de la Cobertura de la Educacion Secundaria)	哥伦比亚
海地全民职业教育资助工程(Haiti Education For All Adaptable Program Grant)	海地
非政府学校公共资金(Public funding for non government schools)	加拿大亚伯达省
独立学校公共资金补助(Public subsidies for independent schools)	新西兰
替代职业教育/生均资助(Alternative education/per-pupil funding)	新西兰
整合学校(Integrated Schools)	新西兰
定向个人津贴计划(Targeted Individual Entitlement)	新西兰
全面中等职业教育计划(Universal Secondary Education Program)	乌干达

① 原青林、单中惠:《教育公私合作伙伴关系模式:问题与启示》,载《教育研究》2009年第9期。

续表

项目名称	国家或地区
政府资助私人管理学校制度(System of government grant-in-aid to privately managed schools)	印度
协助注册计划 (Assisted Places Scheme)	英国

资料来源:世行的研究报告:*The Role and Impact of Public-Private Partnerships in Education* 和 *Public Private Partnership in Education-A Report by Education International*,Education International,2019,p.45。

本问题只从私校公助的原因、条件、主要内容与方式等方面进行相关分析。

从国际范围来看,一个国家的职业教育财政能力和政府对私立学校重视程度决定着一国政府私校公助法治的资助内容、方式和资助类型。许多发展中国家,因政府财力不足,对私立学校的资助程度较低,资助方式和类型也较少,而在职业教育经费相对充足的国家或地区,对私立学校往往采取多样化的资助,并注重对私立学校经费使用效率附之以严格的监督与管理。

1. 域外政府资助私立职业教育的原因

虽然域外支持民办职业教育的标准、项目、方法、力度等各有不同,但世界上许多发达国家已经制定与执行了支持私立学校发展的立法方针和方法。其主要因素包括:一是学校职业教育是一项公共性和公益性较强的事业,私立学校也不例外。和国立、公立学校相同,私立学校也一样承担着公共职业教育的使命,只不过建立者有所不同。实际上,许多发达国家都已经将私立学校作为追求公共利益的主要社会组织,将其融入本国的职业教育体系当中,在重视民办学校自主权的同时,也更重视增强其公共性与公益性。例如,日本《私立学校法》规定:“根据私立学校的特点,透过充分尊重其自主权,提升其公共福利性,而谋求其健康蓬勃发展。”①韩国《私立学校法》也明文规定:“本法根据私立学校所存在的特点,以维护其独立性,实现其公益性,并维护私立学校的健康蓬勃发展为目的。”②将民办职业教育当做公益性事业看待,是具有职业教育的基本特点的。无论选择哪种培养方式,学校获得财政的支持都是理所当然的。二是

① 石长林:《西方国家实行政府资助私立教育政策的成因及其内容》,载《江西社会科学》2001 年第 3 期。

② 原青林、单中惠:《基础教育公私合作伙伴关系模式:问题与启示》,载《教育研究》2009 年第 9 期。

根据职业教育的分摊理论,政府还应对民办职业教育加以支持。市场经济中有将商品分成公共产品、准公共产品和私有产品之说,职业教育并非单纯的公有产品,也并非单纯的私有商品,只是介于二者之间的准公有商品。也就是说,职业学校教学兼有私人性和公共性两个特点,而且公共性远大于私人性,在既能为受职业教育者带来种种利益的同时,更能为国家创造很大的社会利益,从而促进全民素养的全面提升,为社会对专门人才的培育与输出在关键阶段打下良好基础,从而推动国家经济社会发展与社会进步,让全社会都成为最大的受益者。所以,职业教育非义务教育费用越来越被认为是一项生产性投入,其投资并不是只由个人负担,政府也有责任和义务投入于职业教育,包括对私立职业教育的责任。所以,由政府依受益状况对私立学校加以补助,并分摊相应的教学成本,从而推动私立职业教育的健康发展应是政府在中职和高职学校教学中应尽之责任。三是对民办非义务教育进行补助,可以缓解国家非义务职业教育经费不足和民众对高质量学校非义务职业教育的要求无法得以实现之间的矛盾。职业教育公共支出对于任何一国财政而言都是一项不小的负担,国家和地方政府也不例外,尤其是在经济萧条的状况下,政府当局积极发展私人职业教育也不失为一个很聪明的选项,因此增加政府对私立职业教育补助也就成了顺理成章的事。个人、公司、社会组织等各类社会力量对职业教育进行投入,参与到私立职业教育的发展当中,对职业教育进行投入,无疑符合民众更多受职业教育的需求。这样,民办职业教育发展本身也就减少了国家的财政负担。和公立学校发展一样,虽然国家不必承担所有的职业教育经费,但只要拿出一点资金扶持私立学校发展壮大,就能够对职业教育事业产生事半功倍的效应。四是政府对学校阶段的私立教育加以补助,能改善学校教育的整个教学。许多私营学校办学条件和职业教育品质与公立学校的总体水准有相当差异,在民办学校建立之初比比皆是,这不仅影响着职业教育品质,同时也影响着国家职业教育的总体水平,政府在这种状况下对私营职业学校提供扶持特别关键。最经典的事例是,在职业学校教育方面,美国的许多州政府都将相当数量的职业教育经费划拨到了公立学校的账户上,或指定其为一些私立学校进行职业教育服务,或要求其为私立学校提供一些培训服务,“并准许一些私立学校利用公立学校的试验室、书库，以及其他教学设备等”[①]。这无疑帮助一些私立学校克服了在办学条件等方面出现的问题，也有利于提升私立学校和整个社会职业教育品质。再者，制度上对民办学校进行重点扶持，就可以把竞争带到职业教育领域，从而突破了公立学校一统天下的局面，也破除了公立学校对职业教育领域的垄断。竞争可保证职业教育工作与学生均充满活力，这在许多发达国家几乎已达成共识，我们通常也相信，公平竞争是提升职业教育工作效率的重要前提条件。一方面，政府财政上对民办学校的扶持，破除了公立学校对职业教育的垄断；另一方面，民办学校具有更强的独立性与危机意识，能促使其更加重视并通过改革提质增效，从而留住更多的家长，扩大更多的学生生源，并为公立学校发展带来了负担和压力，促使公立学校加速地向教师培训、教学、师资配置等领域的改革发展，也能很好改变公立学校的管理不力、官僚盛行、职业教育资源浪费等不良现象，从而形成良性竞争，进而提升职业教育的管理水平。

2. 私校公助法治的资助条件

从国际经验看，各国对私校公助都有一定的条件限制，随着政府对私立学校的资助力度的加大，总会提出一定的资助条件来加强对私校的监管，以使私立学校承担更多的公共职业教育责任，特别是为提高经费使用的效率，会加强对资助经费的监管。Kobe 曾对 16 个国家的私校公助法治的资助条件作过专门考察，对政府资助与私立学校资助条件之间的关系进行了总结，认为二者之间的关系可分为高、中、低三种情形，他首先对高、中、低进行界定和分析，“高是指私立学校所接受的经费津贴超过公立学校生均经费的 66%；中是指私立学校所接受的经费津贴占到公立学校生均经费的 30% 至 66%；低是指私立学校所接受的经费津贴占公立学校生均经费的 30% 以下”[②]。而后对政府资助与私立学校资助条件之间的关系得出如下研究结论：“高”是指政府对私立学校的学校注册、入学政策、课程、教师的工作条件和工资水平等方面进行全方位监管；“中”是指政府对私立学校的学校注册、入学政策、课程、教师的工作条件和工资水平等方面进行一定程度的监管，私立学校可以在学校的学费、教职工的入职

① 原青林、单中惠：《基础教育公私合作伙伴关系模式：问题与启示》，载《教育研究》2009 年第 9 期。

② 资料来源：Kober. Lessons from other countries about private schools aid. Higher public funding for private schools always means more government regulation. U. S. Center on Education Policy,（Jan 10, 1998）, http:/leric. ed. gov/ERICDocs/data/ericdocs2sql/content storage 01/0000019b/80/76/ao/27. pdt。

要求、水平测试等方面拥有一定的灵活性;“低”是指政府只对私立学校注册和登记、所提供的课程需与国家的广义课程目标相一致、需满足一定的财政要求进行最低限度的管理。

Kobe 的研究结果表明,绝大多数国家对私立学校的资助力度与资助条件呈正相关的联系,一般来讲,政府对私立学校的资助越多,资助条件就越高,私立学校所得到的满足感也越充分。相反,资助越少,资助条件也相对较少,私立学校所得到的满足感也越不充分。一般情况下,政府对私立学校的资助条件包括以下几个方面:

教师——一些国家对接受资助的私立学校教师的资格、薪酬和工作条件进行管制,一般需要资助学校的教师要具有教师资格,并获得与公立学校教师相同的薪酬。如在法国和奥地利,有些受资助的私立学校教师享受公务员待遇,并接受政府部门的任命,私立学校对政府任命的教师有拒绝权或选择权;意大利对资助的私立学校的教师进行统一考试招聘;某些国家对资助的私立学校的师生比与公立学校一样进行具体的规定。

学杂费与学校财政——一些国家对受资助的私立学校收费金额进行规制,并强调学校办学的非营利性质,也有的国家禁止受资助的私立学校收费,如比利时、法国与西班牙;荷兰受资助的私立学校可以接受外界的捐助,但禁止将捐助款用于教师工资的支付;有的国家要求受资助的私立学校递交财务报告,并对学校的财务预算、分配等方面提出要求,学校对此必须遵守,典型代表国家是挪威。

办学标准与学期安排——许多国家法律都规定受资助的私立学校在设施方面须满足一定的办学标准,拥有一定的学生数量和学校规模,并在学生健康与学校安全标准方面严格遵守国家的法律规定。有些国家还需要受资助私立学校遵循公立学校的课时长度、总教学时间和学年长度等学期时间表。

学校委员会或董事会——许多国家立法明确要求受资助的私立学校必须成立董事会或学校委员会,且规定其成员需要包括学生家长、教师、学生以及社区人员等。

课程与教科书——许多国家立法都保障受资助的私立学校的办学自主权,不对其课程设置进行干预,但受资助的私立学校所提供的课程必须符合州或学区的课程大纲或标准,受资助的私立学校所使用的教科书由私立学校根据学校课程设置的需求自主选择或开发。

虽然 Kobe 的研究相关统计数据不是非常全面,但对我国私立学校资助立法的研究提供了一个较好的思路。

也就是说,外国政府并不会对每个私人学校都进行不间断地拨款,当选定拨款的范围后,政府会按照其要求或者其他标准来决定拨款的方式。这些国家会用立法的方式明确规定政府要对什么样的私人院校进行哪些方面的拨款,以及接受拨款的私人学校要符合什么要求、国家或政府对受到拨款的院校有什么规定等。在美国,政府对营利与非营利性私立学校的资助政策有严格划分,在多数地区,政府对非营利私立学校的资金均采取了免税制度,非营利私立学校的财产、捐赠者所捐给该校的资产、基金和对学生的利益等均可免税,但这一制度对营利性私立学校资助的资金却不适用,即政府对接受赞助的营利性私立学校的上述资产均不得免税。

法国受援助的私立学校,通常要和当局订立包括接受国家职业教育督察条件的合作协议,而只有接受该条件的私人学校方可获得资金。比如,同地方政府部门订立职业教育协同合约的主要对象多是财政上贫困程度超过一定基准的私立学校或部分年级,但只要将其依公立学校的教学大纲去执行,就能获得同公立学校等额的财务运营费用。

德国分为后援替补和辅助的两种私立学校形式。"后援学校通常是指一些虽然不由本国政府举办,但由于其职业教育计划和教学目标与在本国举办的公立学校相一致,因此能够发挥替代或者弥补公共职业教育功能的私立学校。而辅助学校,则泛指一些没有能力替代公立学校的私立学校,因此不需要根据公立学校的职业教育规划或者教学目标进行职业教育,多数为学生提供补习性、职业性或者成人职业教育培训的教学组织。"①一般而言,实施基础学历职业教育的民办学校属于替补机构,而实施非学历职业教育的民办学校则大多是辅助机构。联邦德国各州对私人的后援院校的支持程度都较大,例如,柏林地区的《私立学校法》规定:"德国国民根据公立学校的要求负担了所有接受其学位的

---

① 石长林:《西方国家实行政府资助私立教育政策的成因及其内容》,载《江西社会科学》2001 年第 3 期。

私人学校的人头费，以及对老师和其他职员的报酬。”①目前日本以学校法人和非学校法人的标准，对私立学校进行资助。对学校法人私立学校采取了各种减免税制度，但对于非学校法人私立学校，仅准许开设专门从事非学历高等职业教育的专修学院以及各种院校，而对于非学历法人私立学校，要报告请示地方政府当局、提交调查统计数据、照章纳税等，并接受类似于公司法人的立法规制，地方当局则认为除某些特定学科的学生需要予以补助之外，一般不得资助。

总之，外国当局在拨款于私立学校之时，毫无例外地都规定了资助的标准，把接受资金的私立学校数量限制到了一定的程度，只是各国资助的范围、资助的力度、对接受资助的学校提出的要求各异而已。

3. 各国私校公助法治的主要内容

因为世界各国的政治体制、文化职业教育传统、政治经济环境等不同，因此各国私校公助的形式与种类也各具特色。在联合国教科文组织工作的詹姆士教授将私校公助的种类分为如下几类：一是无常规资助，目前实施的无常规资助国家主要有意大利、希腊、瑞典、马达加斯加人民共和国、坦桑尼亚、尼日利亚、布隆迪等国。二是间接补助，主要是指政府在所得税方面的优惠措施，如所得税减免、给学校提供低息贷款或者助学金。实行间接援助措施的国家，主要有美国、日本（1970 年以前）、墨西哥、朝鲜、危地马拉、约旦等国。三是提供部分经费，主要给民办学校提供教科书、教学设备、免费或低租金提供教师用房，以及其他职业教育用具，派遣一些老师、资助教师进修等，对民办学校提供部分经费的国家主要有日本（1970 年以后）、巴西、巴基斯坦、利比亚、印尼、菲律宾等。四是提供部分资金。提供部分资金是指政府对私立学校提供的资金占私立学校所有支出的 75%—95%，由政府部门负责给学生提供部分房产，并提供全部老师的薪水，对私立学校提供部分资金的国家，主要有法兰西、德意志、新西兰、比利时、丹麦、卢森堡等国家和我国澳门特别行政区。

私立学校的办学费用，通常由以下 3 个部分构成：一是学费收入。传统意义上，私立学校主要依靠学生所支付的所有费用来维持，这也是私立学校最主要的费用来源。二是社会各界的捐赠。主要依靠校友捐赠、私人捐款、慈善民间团体和教会的捐赠。三是政府的资助，如上文所述，由政府以不同形式提供

① 张兴、欧阳小华：《国外资助私立学校的理念与模式》，载《外国中小学教育》2002 年第 6 期。

不同程度的资助。

由于职业教育的公益性特征，加上不断增长的办学成本，使得单纯依靠学费收入难以维持学校经营与运作，而社会捐助很大程度上取决于国家存在的捐赠传统和社会慈善意识，尽管能够补贴一部分学校经费，但其不稳定性特征难以保证学校的稳定和持续发展。因此，政府对私立学校的资助有着非常重要的意义。从各国的制度与实践两个方面来看，与过去相比，私校公助的范围和力度明显加大了。

一般来讲，各国私校公助法治中政府对私立学校的资助内容主要包括以下几种：

一是职业教育经常费补助。随着私校公助政策在世界范围的普遍推广，以职业教育经常费对私立学校进行资助成为各国普遍采取的举措。职业教育经常费补助是指政府对私立学校的日常经营和运作费用进行补助，通常以生均日常职业教育经费形式计算的。虽然在不同的国家，政府对私立学校的经常费补助额度不同，但大都以公立学校的生均职业教育成本为参照标准，有的国家采取私立和公立学校同样多的经常费补助措施，有的国家则按照公立学校生均经常费的一定比例发放。全额经常费资助的国家有荷兰、北欧的一些国家，采取部分经常费资助的典型国家有澳大利亚、加拿大等。

政府采取多种不同的模式对私立学校进行职业教育经常费补助，以资助对象不同可以分为对学生的资助和对学校的资助。美国和荷兰采用的都是对学校进行补助方法，美国采取的主要补助模式为教券模式，即对就读于私立学校的学生发行教育券，学校凭券向当局兑换职业教育经费。荷兰也是采用职业教育折价券模式，将拨给学校学生的职业教育经费折合成职业教育券，将择校权交给学生家长，私立学校和公立学校一样，必须凭借所收集的折价券向政府兑换职业教育经费。法国和澳大利亚对私立学校的经常费资助则是直接发放到学校，政府根据学校的注册人数发放职业教育经常费。

如何发放对学校的职业教育经常费？对私立学校的经常费资助进行何种比例的发放？不同国家做法也多有不同。澳大利亚先后采用过“职业教育资源指数法”和“学生社会经济地位指数法”对私立学校进行资助，对私立学校的经费资助并不是平均用力，而是需要考虑社会和学校需求等因素。日本政府也针对私立学校的发达程度以及地区不同的原因，把经常学费补助分为普通资助与特殊补助两类形式,采取倾斜补助措施,如“按照学校人员、学费用于职业教育与研究的比率不同,给学校不同的补助,针对学生人员较多、学费用于职业教育与研究的比率较大的情况提高补助不同的金额,相反的降低补助”①。日本还根据私立学校的收入状况进行不同程度的资助,经营情况好的年份少补,经营差的年份多补,意在保障学校经费的稳定性,并对经营管理不善或利用资助经费不充分的私立学校,实施停发 5 年资助经费的制裁措施,以保证私立学校提高资助经费使用效率。

二是基本建设费。政府是否应该对私立学校的基本建设费进行资助历来争议很大,反对者多以私立学校的产权问题为理由,反对对私立学校进行基本建设费的资助,认为这是拿公共财政帮助私人赚钱,会造成公共财产的流失。“但从各国的基本实践来看,对私立学校进行基本建设费资助是一种普遍的做法。”②澳大利亚对私立学校的资助最先是从基本建设费开始的,20 世纪 60 年代澳大利亚天主教学校系统普遍遭受到财政困难,政府于是开始对天主教学校的图书馆、科学实验室、语音室的建设进行资助。法国受资助的私立学校可以申请教学设备的更新经费和校舍重建经费。

不可否认,在私校公助法治中,基本建设费方面的资助对私立学校的运营和发展意义重大,很多国家或者出于国家的办学传统,或者出于对私立学校办学质量的关注,对私立学校在学校建筑、设备的更新、发展学校信息化管理方面进行基本建设费的资助。但是,这里涉及学校产权方面的问题,政府对私立学校资助的基本建设费的产权归属成为老大难问题,尽管很多被资助学校是非营利性质的,但学校产权毕竟属于私人所有。基本建设费如何折旧?学校在退出、清算或转让时,这些基本建设费如何清算和分割?这些问题不仅在我国改制学校存在,在国外公私合作学校也是一个普遍性问题。因此,在对私立学校进行基本建设费资助时,各国政府一般都附带着一些关于基本建设费资助和使用的相关条款。

三是教师工资补助。一般来讲,私立学校的教师工资薪酬是由学校自主决

---

① 朱鹏:《私校公助:澳门的视点与问题》,华东师范大学教育学部 2009 年博士学位论文,第 28—58 页。

② 朱鹏:《私校公助:澳门的视点与问题》,华东师范大学教育学部 2009 年博士学位论文,第 28—58 页。

定和管理的,但是很多国家会对受资助私立学校的教师给予工资补助。许多发展中国家对受资助私立学校的教师工资进行补助的原因是他们一般比公立学校的教师工资要低,出于公平的考虑而对他们进行一定的补助。很多国家的公立学校教师是按公务员编制发放工资的,因而公立学校的教师福利待遇、晋升机会比私立学校教师更好,出于职业教育公平的需要或者职业教育工会的压力,政府也会对私立学校教师进行一定的补助,并帮助私立学校聘任和留住优秀人才。法国将对私营学校教师薪资补偿方式分为"单独合约"和"共同协议"两种情况,私营学校只有具备符合师资规范、教职员工占比、学员数量和学费等几个方面的必要条件,就可与政府部门订立"单独合约"(contract simple),对于订立"单独合约"的私营学校,政府部门付给老师薪水、进行专门补偿,有助于完善学校办学要求;"假如私营院校希望开办与公办院校相似的学科,采用与公办学校大致相同的时间表,可以订立'共同协议'(contract association)"。对于签订"共同协议"的私立学校,政府支付教师的工资、按学生人数支付办学费用。"1964 年,阿根廷政府又发布立法规定,国家要负担私立学校教师工资的 20% 。"①

四是学生资助。政府对私立学校的学生资助一般针对个人,主要方式有职业教育券、交通费、书本费、牛奶费等福利经费,贷学金或奖学金一类的奖助经费等。如美国推出的专门面向贫困学生的职业教育券的立法规定:"凡是家庭经济条件符合职业教育券规定的家庭和学生可以申请这类职业教育券冲抵入读私立学校的学费。"②

五是低息或贴息的贷款。在私立学校的创建初期和运营阶段,政府对非营利性的私立学校常常采取为这些学校提供低息或免息贷款进行资助,而许多私立学校以慈善团体的方式进行经营和运作,也可以得到政府的免息或低息贷款,从而降低了学校经营的成本。例如,日本私人学校振兴财团将对日本私人学校的基础建设、校园改造、土地购买、设施购买、教学研究等事务发行长期低息贷款,偿还期限为 50 年。

六是税收减免。各国财政对受扶持的民办学校实行税费减免的两个含义:

---

① 朱鹏:《私校公助:澳门的视点与问题》,华东师范大学教育学部 2009 年博士学位论文,第 81 页。

② 张兴、欧阳小华:《国外资助私立学校的理念与模式》,载《外国中小学教育》2002 年第 6 期。

对民办学校实行税收减免;对入读私立学校的家长进行税费减免。前者主要体现在,对私立学校的校舍、运动场等教学财产减免固定资产税,有的国家还对学校为学生提供非免费午餐的所得收入免除营业税,等等。对家长的税费减免主要用于学生的学费补贴。如美国一些州政府规定"每个家庭每年可以要求以一定的税款扣除额度,额度为符合规定的职业教育费用的1/4"[①]。另外,家长通过对私立学校捐款可得到相应额度的个人或公私的免费优惠,国家对捐助款项的用途有着严格的规定,接受捐助的学校只能把赠款用来发放学生的奖助学金,而不能用于一般的学校日常开支。日本政府对受补助的私立学校采取免除纳税的方法,但若利润进入其公司的财务账户,有50%可以作为所得税的处置。

当然,并不是每个国家对私立学校的资助都包含上述所有方式,但大都包含对学校资助和对学生资助两大方面,即使是在坚持私校经费独立的国家,其政府一般也会对就读于私立学校的学生进行某些方面的间接资助。随着各国对私立学校的普遍重视,各国的私校公助法治也体现出一些共同的特点和趋势。

尽管各国私校公助法治的内容各有不同,但是从整体上来看,各国的私校公助在资助的目的、资助的力度、资助的方式、资助的标准、资助的附加条件、资助的效果方面体现出某些趋同性的特征。在资助目的方面,普遍提高职业教育公平和效率是各国的政策价值追求;在资助力度方面,各国对私立学校的资助金额越来越高,资助范围越来越广;在资助方式方面,越来越多的国家坚持学生受益原则,普遍采取直接与间接资助相结合的方式;在资助标准方面,越来越多的国家以公立学校的生均经费为依据,对私立学校进行分类资助;在资助的附加条件方面,各国普遍的做法是对私立学校的资助力度越大,附加条件越多,监管力度也越大;在资助效果方面,政府对私立学校资助力度越大,国家私立职业教育发展就越为迅猛。"比如,在荷兰对私立学校实行全额补助,因此私立学校的学生数量占全部学校数量的69%以上;澳大利亚的政府生活补助费用占到了私立学校总支出金额的56%以上,私立学校的学生占比由25%提高至33%;而智利则在20世纪80年代开始实施全省范围内的职业教育券制,到20世纪90年代中期,智利的私立学校数目猛增,学校占比(私立学校占总学校数的比例)

① 吴文侃、杨汉清主编:《比较教育学》,人民教育出版社1989年版,第27页。

从 30% 上升到 40% 以上。"①

二、域外职业教育公私合作法治的启示

(一)兼顾职业教育公平与效率的价值取向

1. 兼顾职业教育公平与效率的美国经验

兼顾职业教育公平与效率是贯穿 20 世纪 80 年代以来美国职业教育公私合作法治的一条主线,正是这条主线使得不同时期美国职业教育公私合作法治具有连贯性与互补性,从而使美国职业教育公私合作改革能够持续深入。全美学校教学公私协作措施在成长中不断调适、改革和发展,在追求公正和价值的钟摆过程中持续进行,推动全美学校教学持续成长。

"二战"后几十年间,美国多届总统为促进职业教育机会平等和职业教育质量提高而奋斗,特别是 20 世纪 80 年代以后,美国多届总统都积极参与职业教育改革,不仅扩大学生的受职业教育机会,而且重视职业教育质量,把职业教育机会平等和职业教育优异作为职业教育公私合作法的双重目标。

比如,2002 年乔治 · W. 布什政府出台了《不让一个孩子掉队法》,该法律的核心内容为学业成绩问责,目标为"缩减差距,促进平等"。强调扩大学生的职业教育选择权、鼓励职业教育领域的市场化介入、加强地方政府对职业教育管理的灵活性。为了达到"优质职业教育公平"的目标,奥巴马当局继承了这一职业教育观念、目标和使命,制定了《改革蓝图:对〈初级与学校法〉的再次认证》(以下简称《改革蓝图》),强调"增加水平、鼓励先进、问责落后"等目标,"把从政府部门到学校的纵向负责,从优质师资培训到对弱势补偿的横向支援正确衔接,让全美的公立学校职业教育转变得更科学、更高效"②。《改革蓝图》在修改学术标准以提升学生学业成就、提倡公平问责以保障学校质量、调整师资政策以实现优秀教师和校长均衡分配、减少制度限制以支持优质特许学校的发展、实施补偿措施以帮助弱势群体发展等方面都体现出公平与效率兼顾的价值

---

① 朱鹏:《私校公助:澳门的视点与问题》,华东师范大学教育学部 2009 年博士学位论文,第 84 页。

② 王瑜:《公平视域下美国义务教育改革研究》,西南大学教育学院 2013 年博士学位论文,第 161 页。

理念。

兼顾职业教育效率和公正,也成为美国学校教学与财政体制改革的最新趋向。美国不仅在州政府和联邦政府二级层次分别设置生均费用的均衡制度,减少各州间以及各学区间生均费用的差异;同时在校方层次扩大校方自主性,提高校方运用经费的灵活性,将经费运用和校方绩效联系在一起,以提升经费的运用绩效。

比如,美国特许学校和职业教育券财政政策,特许学校的财政以政府经费为支持。"许多州的特许学校法禁止学校收取学费(有个别州则允许特许学校可以以某种形式收取一定的'合理学费'),特许学校的经费比例除一小部分来自私人资源(如企业的捐赠、合作等)以外,大多数主要来源于联邦和州政府,联邦还对特许学校的开办建立了职业教育辅助金和特许学校课程研究方面的专项资金,如 Charter Schools Program 等。州政府或地方税收分配给特许学校的资金,主要以每个学校学生的注册人数为分配计算标准。"①

美国各州的特许学校财政方式虽有差异,但拨款通常都是政府坚持的一次性拨付方式原则。由财政根据综合定额将资金一次划拨到学校,学校拥有资金安排和运用自主权,这从一定意义上大大提高了资金的运用效益。新的职业教育财政体制改革是在兼顾公平与效率的过程中实现的。

同样,职业教育券制度也促进了职业教育公平与效率的协调发展,职业教育券盘活了职业教育财政经费,对职业教育结构的调整和职业教育的均衡发展起到了良好的促进作用。国家推行教育券是要利用教育券制度进行公立学校的优胜劣汰,不但要医治公办学校教学体系僵化、效益降低问题,同时也要帮助低收入家庭学子获得公平的优质教学机遇。职业教育券制度在对学校办学的自主权、积极性和把受职业教育的决定权交给学生手中两个方面达到了双赢。因此,美国职业教育券制度也促进了职业教育平等、效率与自由和谐与均衡发展。

同样,在充分保障职业教育办学经费方面,美国也兼顾公平与效率。即使在美国,许多地方职业教育的经费也不是很充足,特别是欠发达地区和广大农村。美国是通过不断修订相关法律来保证职业教育均衡发展所需的经费投入。"美国一直坚持以州为投资主体的传统,各州平均承担了职业教育总经费的

---

① 张杨:《公私合作的行政法规制研究》,载《人民论坛·学术前沿》2017 年第 8 期。

93%,联邦政府平均承担了7%左右的职业教育经费。近年来联邦政府不断加大对职业教育的经费投入,与州政府相比,联邦政府的职业教育经费大部分是专项资金。而且美国政府制定了一些相应的措施与策略来提高职业教育经费的使用效率,确保重点专项投资经费。”①

国家经济和财力状况的变化,始终未能改变联邦政府注重对弱势学校学生的特别关怀,并在职业教育经费上给予保障。这与美国职业教育均衡发展法治兼顾公平与效率是分不开的。

2. 英国兼顾效率与公平的职业教育价值取向

自1988年以来,英国职业教育财政拨款制度主要经历了两次大变革。第一次是1988年的《教育改革法》,强调提高职业教育经费的使用效率。第二次是布莱尔政府1998年的《学校标准和框架法》,改革坚持兼顾效率与公平的职业教育财政拨款原则。

(1)追求效率:《教育改革法》的职业教育价值取向

1988年,英国基础职业教育改革的重点是加强国家对职业教育的统一领导和规划,并强调市场对职业教育领域的介入。主要原因是撒切尔政府时期采取了职业教育福利主义和课程自由化管理模式,其中职业教育中的福利主义导致职业教育的政府垄断性,加之地方政府的官僚化,导致公立学校间缺乏竞争、效率低下。《教育改革法》在以下几个方面予以改革:首先,把职业教育经费与每所学校的学生数直接挂钩。经费分配主要以学生数为基础通过公式拨款(Formula Funding)的方式进行。其次,增加了学校财政自主权。地方政府须把学校经费的使用权授予学校,各校根据实际需要管理和使用这些经费。最后,实行直拨公立学校制。学校的职业教育经费由中央直接直拨,学校实行董事会领导下的校长负责制,职业教育经费支出均由学校自主管理。

虽然这次职业教育拨款改革的目的是建立一个职业教育资源的公平分配方式,但当它一旦与自由入学制度挂上钩,学生数量便与学校的收入直接相关,实质是强化了学校间的生源竞争。这次拨款制度改革不仅使直拨学校数量剧增,而且公式拨款和学校财政权下放也使学校更关注成本效益,在资金使用上注重降低生均成本。因此,改革反对声不断,反对声音主要集中在以下几个方

---

① 曾晓洁:《美国公立学校“改制”的政策分析》,载《教育科学》2002年第3期。

面:从社会整体职业教育来看,职业教育效率并没有提高;公式拨款会使好的学校人满为患,差的学校门庭冷落,对薄弱职业教育学校有失公平,这一系列问题为新政府的改革埋下了伏笔。

(2)英国兼顾公平与效率的职业教育拨款价值取向

1998 年,布莱尔政府对公立学校财政拨款制度进行改革,对《学校标准和框架法》进行必要的内容改革,后又修订了 2002 年《教育法》关于公立学校财政拨款部分条款,使之进一步完善。这两次职业教育拨款制度改革与以前不同的是更兼顾职业教育公平与效率问题。

①两次职业教育拨款制度改革都关注职业教育资金的使用效率。一方面,英国中央通过加强政府对全国各地职业教育预算的干预,来确保职业教育财政支出和国家职业教育投资增速保持一致,最直观的体现便是布莱尔政府大幅增加国家职业教育投资,而为了提升资金运用效益,政府出台的一些举措包括:规定学校预算总额的增加不得少于国家职业教育支出额的增加,对学校学生预算数额不够的地区政府制定了最低学生预算标准;2003 年又提出了学校开支的最低保证,即从第二个财政年度起,地方政府应保证每个学校生均预算额逐年增长;要求地方政府对学校管理费用的增长不能高于学校预算的增长,目的是促使地方政府减少职业教育管理的行政支出。另一方面,进一步扩大学校经费管理与使用自主权。1998 年《学校标准和框架法》规定:"大部分直接拨款学校转变为基金学校。基金学校和社区学校的资金分配、拨付和管理都由地方职业教育当局负责,并允许这两类学校都有权获得百分之百的预算授权,从而使更多的学校获得了更大的财政自主权;规定地方学校预算扣除地方当局行使法定职责所需的经费后剩下的独立学校预算(Individual Schools Budget),要全部授权给学校,由各个学校自由支配使用。"①这实际上是要求地方政府将所有学校的经常性开支的预算权全部授权给学校,一些以前作为地方政府留用的经费也允许学校自由支配。

②两次职业教育拨款立法改革都关注职业教育公平问题。为了使所有学校提高职业教育教学质量并走向成功,政府出台了一系列帮助财务困难学校摆脱困境的措施:"要求地方政府在使用中央的学校公式支出的最低增长额与学

① 沈卫华:《兼顾公平与效率:英国基础教育拨款政策的调整》,载《教育科学》2007 年第 4 期。

校预算最低增长额之间的差额(Headroom)时,应优先考虑资金发生困难的学校,并在'过渡支持计划'中表明所占的金额。"[①]为作鼓励,还允许地方政府留用这方面的经费可以不计算在集中留用的限制之内,并通过专项过渡拨款对这些学校实行额外补助。

③注重资金信息的披露和透明度。信息公开、透明化是职业教育资金公平化的基石,它便于公众对职业教育资金的运用加以有效监管。所以,这项改革就需要及时披露全国各地的财政年度预算报表、年终结算报表、学校财政管理方案等信息,同时还要使公众了解财政拨款是怎样实现的,也要知道政府为何对不同的学校会有不同的补贴,以便公众能更好地监督职业教育经费分配的公平性。具体的措施就是修改了财政拨款的计算公式,公式尽量简单、清楚,使之更清晰地体现各类学生有权得到的拨款数。

同时,2002 年英国《教育法》明确规定:"各地方教育当局必须依法在所辖区域内建立一个名为学校论坛的组织,这种机构将代表由地区教育当局依法维持所有学校的董事和院长,以及教育当局依法所确定的其他有关机构,就有权决定当地的学校计划提出咨询和意见。地方教育当局必须就拨款公式、学校预算、服务合同等地方职业教育财政的重大问题向学校论坛征求意见,并在决策时予以充分的考虑。教育大臣在审批各地方教育当局的学校财务管理方案、预算报告及其他申请时,也会充分考虑学校论坛的意见。"[②]在这两次改革中,英国政府不仅在一定程度上继续扩大学校财政自主权并加大中央的干预,提高了职业教育资金的使用效率,同时,改革还更多地关注职业教育公平,反映了工党政府追求社会公正的职业教育法治价值取向。

(二)域外职业教育资源补偿机制

1. 美国职业教育资源补偿制度

首先,加强对薄弱职业教育学校的补偿与扶助。实施薄弱职业教育学校补偿教育方案。在美国,职业教育最大的困难之一就是要解决扶助薄弱学校职业教育和薄弱人群子女的职业教育问题。美国多届政府和各级州政府进行了不

---

① 沈卫华:《兼顾公平与效率:英国基础教育拨款政策的调整》,载《教育科学》2007 年第 4 期。

② 沈卫华:《兼顾公平与效率:英国基础教育拨款政策的调整》,载《教育科学》2007 年第 4 期。

懈的努力,制定了相关的法律和规划,开展了“职业教育机会均等”“补偿职业教育”等一系列席卷全国的削减薄弱学校职业教育和薄弱人群子女的职业教育计划和运动,收到了良好的效果。

比如,在加强对薄弱职业教育学校的资助与扶持方面。奥巴马政府提出的《改革蓝图》中有3项加强对薄弱职业教育学校的资助与扶持政策,(1)强调师资配置要以实现优秀教师和校长均衡分配为核心内容。联邦政府因此提出“优秀教师”和“卓越校长”计划,因为奥巴马政府认为优秀教师是缩小学生学业成就差距的关键因素,而卓越的校长则有利于教师获得成功。该计划还规定各州都要以学生学业和上课记录为指标,并对“有效率学校”和“有效率老师”、“高效率学校”和“高效率老师”作出了两个等级的分类,从而分析评价了各个学校所拥有的优秀教师和杰出学校的数量与品质,并建立教师和校长数据库,使各州政府可以对优秀教师和优秀校长资源进行有效调配。只要学区能保证学校之间优秀教师和优秀校长的数量合理分配,就可以获得专项资助并可自由支配。体现在如下多个层面上:一是各学区制定公正、合理的学区发展评估体系,以学校老师和学生的实际发展为立法“有效”和“高效”的划分尺度,对老师与学校实施了三类以上的政策分类区分;二是联邦政府将会采用职业教育阶梯项目,来引进优秀教师到更需要他的学校;三是奖励生活于经济落后地区的教职员工;四是设立了教师贮备计划,通过为优秀大学毕业生提供更高工资、可以获得专门的硕士学位机会和专家两年教学指导机会为薄弱职业教育学校贮备师资。(2)减少对优质特许学校的制度性限制。增加特许学校发展资金,设定专项资金对表现优异的特许学校进行奖励,而对落后的特许学校进行帮扶、问责甚至予以关闭。(3)实施补偿机制帮助薄弱职业教育学校和弱势群体发展。奥巴马政府将提升贫困学生以及帮助弱势学生视为实现职业教育平等的重点。如政府将继续执行“农村学校成就”①和“农村低收入学校”②项目,对乡村学校予以财政拨款,同时将新问责制度与乡村学校改造有力结合,政府加大对薄弱学区的财政支持力度。

《改革蓝图》在《不让一个孩子掉队法》的基础上进一步完善,提出了提高

---

① The Small, Rural School Achievement, SRSA.

② The Rural and Low-Income School, RLIS.

标准、奖励优秀和问责落后等要求,将联邦政府对学校的责任与培养弱势学校优秀教师和校长的横向支持合理结合,实现了美国职业教育改革的新突破。美国各州在帮助弱势学生方面采取了类似的做法:各州按照严格的规范和程序对弱势学生加以鉴别,保证帮助工作顺利开展;在家庭扶助过程中,与学区各组织相互配合,加强了过程中的广泛参与;对基础薄弱学校改革,形成了相应的评估、监测与奖励等制度;在重视联邦、州和学区、学校在资金、技术两方面扶持的同时,强调发展学区、学校的自我改进能力。

其次,对农村职业教育实施特别制度。美国乡村社区的公立职业学校及其学校职业教育品质的好坏,直接影响着美国整个职业教育现状与水准。20 世纪 90 年代以前,因为以往的国家社区制度和政府部门对乡村社区重视程度不足,导致职业教育投入不够,造成了美国的乡村社会职业教育条件和质量低下。20 世纪 90 年代开始,美国联邦、各州政府及社会、高校等有关利益组织开始共同提高乡村学校职业教育标准,建立专门的“农村职业教育成就项目”,专设乡村学校建设经费,加大乡村学校投资,全面统整乡村职业教育资源,对促进乡村学校职业教育起到积极作用。

美国乡村职业学校教育所面临的问题,主要是乡村学校教育投入资金极度紧缺、乡村贫穷学生和少数民族学生人数较多、乡村学校规模偏小、乡村学校师资数量不够、以及乡村教学无法满足美国政府当前对乡村经济社会发展的需求。针对这些问题,国家政府商贸部制定“乡村教学成就项目”(Rural Education Achievement Pro-gram REAP),增加乡村教学费用。2000 年 12 月克林顿签署通过了“乡村教学成就项目”,2002 年 1 月,小布什也对这一项目进行了批准。REAP 项目通过对美国各州农村和地方学区职业学校教育的指导,为乡村职业教育提供了投资保障和灵活优惠政策。REAP 项目对农村职业教育资助的投向重点表现在如下几方面:改善乡村薄弱职业教育学校中不利于孩子的学习成绩;培养乡村薄弱职业教育学校师资;招募合格的老师和学校学生到乡村薄弱职业教育学校中去;运用现代信息技术改善乡村薄弱职业教育;建设没有毒品的安全的校园和社会;特别面向英文熟练度有限的新移民孩子,以提高其语言职业教育;鼓励农村薄弱职业教育学校实施创新计划。在 REAP 项目的积极推动下,全美乡村学校运动在联邦教育部、乡村与城市社区基金会、美国乡村教师联合会等组织主导下发展良好。针对美国乡村职业教育实践,探寻更良好的美国乡村模式是这项运动的主旨,其中有 4 种社会与学生互惠模式值得提倡:学生成为社会的终生学习中心,作为政府提供各种学校与公共服务的主要动力源;将农村社团融入学生学习的第二课堂,加强与农村社团的复合性;建立服务乡村薄弱职业学校的企业经营项目,增强校园与社会的亲缘关系凝聚力;发展信息网络科技,密切校园与社会的联系。

据调查研究,美国农村教师短缺的根本原因在于美国各州教师招聘与挽留制度不完善。因此,在师资配置方面,1998 年克林顿专门修订了教育法案,将第 2 款内容改为"进一步提高师资素质、缓解师资紧缺地方的负担,政府需要设立招聘师资的专项财政资金"。并专门为各州制定了规划,如建立各种为乡村薄弱学校服务的职业教育项目;在各业务领域中招聘专业人士到乡村对薄弱学校教师开展专门辅导;以师资在农村学校服务换取老师个人贷款或债务减免等;制定特别的师资奖励策略以挽留弱势学校的师资;为进一步提高薄弱学校师资的招聘效率而制订了各种计划、职位和组织。各州也为此制定了不同的实施措施。如为降低区域间的不均衡,肯塔基州和康涅狄格州政府制定了与各州内教师水平一致的工资制度;阿拉斯加州政府从 1997 年开始建立了非营利学校的师资安置项目,以完成在各州区域内的师资招聘与职业资讯发布的信息交流;佛罗里达议会为缓解当地薄弱院校的师资不足问题,启动了佛罗里达区域未来师资规划项目,并成立了师资招聘与挽留服务办公室,来解决缺乏教师问题。另外,针对老师不足的社区和乡村,州议会还提供了职业教育培训免费方案;在密西西比州还提供了乡村班主任的助学金、住房贷款、教师短缺支持贷款与租赁等。而各个学校和社区为招聘和留住薄弱学院的新老师,都制定了相应措施:将乡村班主任招聘对象确定为具有一定农业背景的高校毕业生,并给予丰厚福利;学校通过优化教学教案、精心安排教师在职进修课程、进行听课培训等手段培养新老师;提供收费较便宜的大学远程职业教育课程,支持农村教师的学科发展;学校还精心地为新老师和有经验的老教授以及家长交流创造了平台,从而形成一个健康积极的职业教育氛围等。多数居民还为新教师开展各项公益活动,以提高居民的亲和力。

2. 英国公私合作改造薄弱职业教育学校的法治经验借鉴

(1) 职业教育均衡发展

英国政府为进一步高效地控制并保证国家职业教育水平的均衡发展与改

善,1988 年、1993 年相继通过了《教育改革法案》和《教育法》,以强化国家对地方职业教育教学的干涉,并要求"所有被地方当局控制的高校由家长投票批准后再提出申请,然后经教育部长的审批便可从地方学校变成了由国家直接资助的公立学校"①。

为了进一步推动英国职业教育的均衡发展,1997 年,布莱尔在当选为英国首相后坚持走"第三条道路",倡导建立市场经济和财政联合作用下的公私联合的混合经济管理模式,主要体现在发展职业教育方面,就是将扩大职业教育经费投资、改善职业教育服务质量、革新职业教育管理制度,确立为英国今后职业教育立法的主要目标;改变精英型职业教育模式,明确职业教育追求的基本目标是将所有人们都培育成才等。布莱尔在《第三条道路》中特别强调:职业教育改革是英国政府当前急需并优先考虑的工作重点,要增加经费投入以促进英国学校的根本变革,对一些薄弱职业教育学校也要设定新目标并加大资金支持,让未来所有的英国公民都获得工作上必需的基本技能,从而让大多数英国人都达到更高的职业教育水准。

英国政府在推动职业教育均衡方面采取了以下几方面的措施:

一是改造薄弱职业教育学校。英国政府提出素质职业教育目标,指向优质教育资源均衡和广大职业学校的发展。对于英国职业教育面临两极分化等重大问题,英国政府发布了《追求卓越的校园素质教育》白皮书,明确今后职业教育变革的目标设定到广大校园头上,而将教学薄弱区域和薄弱校园作为职业教育变革的主要突破口。在更具体的改革举措上,政府将采取招标方式,并吸纳社会力量积极参与对弱势区域校园的改造,以达到提高校园优质课程质量,促进优质教学均衡的目的。"职业教育行动区"计划也开始启动,政府将积极引进外部力量,采取公私合营、学社合作等方法改造弱势校园。为改善学生在学业成绩不足的市镇区域和农村地方学校中的职业教育质量,英国政府计划在这些职业教育的弱势地方设立职业教育行动区,以接收所有的公立学校学生。"各个职业教育行动区所在学校数量不多于二十所。大部分行动区位于英格兰最

---

① 肖华杰:《政府和社会资本合作(PPP)法律机制研究》,吉林大学法学院 2020 年硕士学位论文,第 56 页。

贫穷的城乡地区。”[1]“职业教育行动区”计划在完善薄弱职业教育学校建设、推动职业教育变革等方面累积了宝贵的经验。

二是实施“崇尚优秀的城市职业教育”活动方案。在英格兰，都市里的某些公立学校也常常被看作薄弱学校，但由于此类学校主要是工人阶级、贫民等中下层工人阶级和民族的孩子们就读，存在严重的师资不足、教学问题以及学生的学业成就低下等问题，为了整合职业教育资源，提升城市职业教育质量，推动职业教育的平衡增长，1999 年 3 月英国政府推出了“追求卓越的城市职业教育”项目(又称 EiC 项目)。其实质上是政府“第三条道路”理念在职业学校教育制度上的具体体现，它的核心是：注重大多数学生的发挥；学校不会由于所上大学的学生不同以及家庭的经济背景和社会地位而使学生学习受影响；拓展机会，提升职业教育品质；地方教育部门要给社会全体成员创造平等、均质的职业教育机会；加强与地方教育当局、学校、社会和其他组织的多方协作；重视学校校长、教师素质和技能的发展；强调学生态度与行为的矫正。

三是实施“职业教育优先区”计划，变革弱势群体与落后地区的职业教育环境。职业教育优先区(Education Priority Area)是指被英国政府列为经济落后、须优先予以改善以利于职业教育机会均等的地区。目的是改善落后地区学生和弱势群体之间的教学问题，这一项目旨在通过福利主义教学与“主动差异待遇”的教学理念，为落后地区学校的学生进行积极性的激励补偿，提高这一地区的教学质量，使其能与其他的学生平等争夺，以求教学机遇的均等。普劳顿研究指出“家庭状况、获得财政补助的状况、儿童逃校缺课现象、就读困难儿童所占的比重、师资流动比、儿童辍学率等是进入教学优先区域的具体因素。这些指标是衡量学校和地区处于不利环境的标准，也是政府补助的主要依据。”[2]“职业教育优先区”计划制定出了一个可以为一般人所接受的职业教育指标体系，并依此寻找需要特别帮助的学生与学校，而对于达到指标的学生与学校，地方政府将加强对此类院校的投入管理，使其在教师水平、教学设备、校舍、图书资料等方面，尽量超过英国国内的平均水平。所以，职业教育优先区政策是职业教育均衡和职业教育机会均等目标落实最积极的体现。

---

① 杨军：《英国促进基础教育均衡发展政策综述》，载《外国教育研究》2005 年第 12 期。

② 杨军：《英国促进基础教育均衡发展政策综述》，载《外国教育研究》2005 年第 12 期。

四是转变政府行政管理工作职能。“职业教育行动区”计划中的各行动区日常运营已不再受当地教育部门的直接监督管理，而各地教育当局与辖区内学校已经形成了合作伙伴关系，也就不再是直接领导和被领导的关系，而各地当局也转变了以往发号施令的管理工作方式，开始听取校方的声音，并积极学习其他合伙人的管理工作成功经验，为学校发展提供意见和支持，同时当地教育部门也积极参与举办教学培训班、增进学校之间的合作、沟通与成功经验推广，更多是学习者、宣传者、支持者的角色，并主动地借鉴各职业教育行区内的办学经验，依此制定针对性的优惠举措，并逐步在各学校推广，以促进职业教育行动区内学校与非行动区内学校间职业教育质量的共同提高。

五是积极引导家长参与。“职业教育行动区”计划的实践证明：在家庭职业教育与学校有效协同时，学生的学习过程将最为高效。很多行动区的成功原因就在于他们想方设法地吸引家长参加职业教育，增强家长们对职业教育的了解和支持，从而形成家庭职业教育合力，这样不仅可以减少家长们对职业教育的不满，缓解家长们对校园优质教学资源越来越高的预期压力，同时也直接扩大了教学资源范围，为老师们分担了管理学校行为上的压力。另外，家庭职业教育的积极参与也可以督促和推动学校的职业教育改革与管理工作，不仅能提高学校的职业教育质量，同时还能加强学校与家长、社区的合作与联系。

(2)职业教育改革的公私合作倾向

在“第三条道路”职业教育改革的大背景下，英国在职业教育方面的薄弱学校改革呈现出了市场化特点，例如，政府推行的职业教育改革行动区计划；实施公私联合战略，积极建设“合同学校”；“校园的社会招标机制，校园的督学中介化等”①。

2002 年，英国教育研究和技术部出台了《2006 职业教育计划》，明确提出的主要目标是：“政府对弱势学校职业教育将进行更早和更合理的干预，以改善弱势学校职业教育品质，并逐渐降低弱势学生数量。”英国薄弱职业教育学校改革凸显市场化特点。

一是通过实施职业教育行动区项目，帮助建设特色学校。“职业教育行动区计划”是指在英国职业教育的落后地区，将学生学业成绩差的学校管理权实

---

① 杨军：《英国促进基础教育均衡发展政策综述》，载《外国教育研究》2005 年第 12 期。

行外部招标。家长、当地高校、地方工商企业、当地教育主管部门等组成联盟，向中央教育厅长提出申请，并获同意后接收该学校。“1998 年和 1999 年，英国政府分别二次通过了 73 个‘职业教育行动区’，每批项目历时 3—5 年，共囊括了一千多所学校。”[①]虽然人们对“职业教育行动区计划”褒贬不一，但该计划的确在一定程度上改善了对落后地区学生的职业教育质量。“从 1998—2001 年短短的 3 年里，行动区第一个重要发展阶段的学生在读书、写作、数学活动中获得第三个等级的数量依次相较建区之前增加了 7、6、8 个百分点。第二个关键阶段的孩子，在英文、数理、科技提高四个等级的学生数量上依次增加了 12、16、20 个百分点。”[②]

特色职业教育是英国对薄弱职业教育学校改造的主要目标。在职业教育行动区设立“特色学校”，也就是把职业教育发展的重心置于基础技术类、语言及现代外语、体育、美术、工程、自然科学、国际商务和企业管理等方面的专业学校，从而发展一批特色学校。学校职业教育必须全部达到国家课程标准，每个特别行动区必须有一个特色学校，以带动整个行动区的职业教育发展。特色学校应该在其所属区域成为某一专业领域的重要领航者；其特色专业领域也应该作为其他院校和社区的重要教学资源；为学生未来发展提供所需的职业教育技术，或奠定良好的社会基石；特色学校还可以得到中央政府额外的资助；建立本校特色课堂等。由此可见，该优惠措施将赋予该校更多的选择性、多元化发展空间，也可以助力弱势学校走出发展困局，迈向成熟。

二是推行“公私”联合策略，积极兴建“合约校园”。2001 年，英国政府倡导进一步推行“公私”联合策略，鼓励商务行政部门依据合约接收薄弱职业学校，这类校园被称之为“合约校园”，合同期定为 5—7 年，对于薄弱职业学校，构建一种公私联合办学模式，积极推进校园的“私人参与”。这个方法类似于美国的特许学校制度。“公私”合作战略是在公立学校财产所有权不变的前提下，容许私人企业接手该校某些方面的管理和职业教育服务。实施“公私”联合经营战略，可以向该校职业教育领域灌输先进的经营管理理念和经验，提高职业教育管理质量。

---

① 杨军：《英国促进基础教育均衡发展政策综述》，载《外国教育研究》2005 年第 12 期。

② 杨军：《英国促进基础教育均衡发展政策综述》，载《外国教育研究》2005 年第 12 期。

当时，大不列颠当局还实施了“领先优势计划”的工程，“以允许由私营部门投标并参与经营的公立学校，尤其是经济落后地区的薄弱院校。英国最优秀私立学校将得到英国政府的专门资助，以支持提升英国公立职业教育水准”。在“领先优势计划”的活动中，最杰出的私立学校将和最薄弱的公立学校共享职业教育经验，并将最优秀的课堂教学方式传授给公立学校。

三是实施校园联合战略，共建优质教育资源。为了改善弱势学校的职业教育品质，英国政府还实施了学校联合策略，让弱势学校和成功学校在一起共同发展。通过联合，将英国当地几所管理不好的学校与成绩最优秀的学校联合，并让优势学校的校长管理好弱势学校，目的就是使一个治校有方的成功校长在弱势学校中再大显身手。校长也因此将获得大约每年 10 万英镑的薪水，这一薪水比一般的同类校长更高。这一措施也获得了英国社会各界的广泛认可，据英国《独立报》披露，“此举也是英格兰教育部为挽救英格兰职业教育薄弱学生的重点改革举措之一。这将促进薄弱学生享用成功学校的理念、管理、课程以及优秀教学资源，进而达到优势互补，实现使每一个学生获得成功的职业教育战略目标和期望”①。

四是校长督学中介化。学校的转型成功，更有赖于严格的、独立的、高素质的督学队伍来监督。为了改善对弱势学校的职业教育管理，1993 年英国政府制定了《教育（学校）法》，并引进了社会招标的机制，同时提出了学校指导督署中介化、市场化的改革措施。“职业教育监督机关和督学的联系由原先的行政管理隶属关系转为合作联系，由原先监督机关对督学的直观监督转为现在的间接的宏观经济监督。”②通过这一职业教育监督变革措施，不但培养高素质的职业教育督学人员，提升了学校监督能力，同时还可以实现政府加强对弱势学校职业教育的更早和更高效的干预。

五是开设信托学校。2000 年，英国政府引入了信托学校制度。信托学校是公费资助的特殊学校，较一般普通学校具有更多的独立性和自主权，可依本地区实际需求，灵活调节教学大纲和教学方法。主要是为了改善经济落后地区的

---

① ［英］爱德华·法夸尔森等：《新兴市场公私合作模式》，唐李雅宁译，中国电力出版社 2015 年版，第 88 页。

② ［英］爱德华·法夸尔森等：《新兴市场公私合作模式》，唐李雅宁译，中国电力出版社 2015 年版，第 89 页。

职业教育薄弱学校。而截至2000年年底,英国政府已开设了200家以上的这种学校。信托学校则仍由当地政府提供资助,并获得了一个专门慈善信托组织的资金支持。而这种慈善信托机构的建立者可能是企业、公私、学校、社会团体、宗教机构或公益组织,以及任意一种校外组织。每一个薄弱的公立学校,都可向信托机构申请成立信托学校,而信托学校也和其他基金会院校同样拥有高度的自主性,如入学标准、聘请老师、校园资产管理等方面。但是,英国教育部规定,如果信托学校职业教育品质还不能改善,就应该停办。

六是成立"公信学堂团队"。"公信学堂团队"是公办学校连锁运营管理工作新方式。英国政府颁布的教学变革白皮书——《你的学生,你的校园,我们的未来:构建二十一世纪学校管理体系》指出:"想要提升学校办学品质,有必要让一流的学校校长负责管理多所学校,从而将他们优秀的职业教育管理经验在职业教育体制内推广。"①也就是要形成一个"公信学堂团队"的公办学校连锁经营模式。公信学堂团队的组织者应该是比较优秀的学校,也应该是学校的职业教育研究所。集团化学校必须由一个比较杰出的学校统一经营,政府给学校发展创造了良好的条件。这一项目意在帮助所有的薄弱职业学校,形成学校联合体,提升薄弱职业教育学校办学效率和整个职业教育的发展质量。

英国职业教育薄弱学校的诸项改革措施,旨在追求职业教育领域的平等与职业教育优异的平衡,寻找政府机制与市场机制之间的平衡。

本章小结

英国最有名的比较教育家萨德勒曾说过:学校围栏外面的事件,可能比学校围栏里的事件更为重要。20世纪90年代,世界各地职业教育公私合作在政治环境变化与私营化的影响下,已发展成为一种国际趋势。职业教育公校私营模式包括基础设施公私合作、合同学校、政府购买私立职业教育服务和服务外包4种类型。而职业教育私校公助模式主要是在职业教育经常费补助、基本建设费、教师工资补助、学生资助、低息或贴息贷款、税收减免方面对私立学校进行资助。当然,并不是每个国家对私立学校的资助都包含了上述所有方式,但

---

① 吴雪萍:《新世纪英国教育发展的目标与策略述评》,载《全球教育展望》2002年第4期。

大都包含了对学校资助和对学生资助两大方面，即使是坚持私校经费独立的国家，其政府一般也会对就读于私立学校的学生进行某些方面的间接资助。随着各国对职业教育领域公私合作的普遍重视，各国的职业教育公私合作法治也出现了一些共同趋势。目前，由于中国职业教育区域、城乡、校际水平差异过大，尤其是优秀职业教育学校与弱势职业教育学校之间差异，已经严重制约着当前职业教育的正常发展，而弱势学校的职业教育品质的改善与否也将直接决定着当前职业教育的整体品质水准。所以，提高与改善薄弱学校的职业教育，进一步扩大优质职业教育资源，推动全国职业教育均衡发展，是事关中国人民切身利益的大事，也是对职业教育品质全面改善的基本要求。一个好的体制就必须立足问题的根本解决上，而不是让社会矛盾进一步加剧，在改革薄弱学校的职业教育方面，我国应制定并执行什么样的制度呢？职业教育改制学校清理政策是否适应当代社会发展趋势？为什么要清理改制学校？清理背后的根源是什么？公私立学校划分的标准是什么？公私二元对立观念主导下的划分思维是否可取？职业教育腐败问题、职业教育公平问题、国有资产流失问题、高收费问题是学校改制过程中特有现象吗？清理改制学校就能解决职业教育腐败问题、职业教育公平问题、国有资产流失问题、高收费问题吗？其背后的根源是什么？如何解决职业教育改制学校清理政策与我国优质职业教育资源供不应求的冲突？我国目前大量存在的职业教育质量低下的问题如何解决？在提高职业教育质量的路径选择中，有没有比改制更好的选择方案？职业教育改制学校清理政策是不是应该区义务教育改制与非义务教育改制？是不是应该区分优质学校改制与薄弱学校改制？在目前情况下，改制学校清理政策“一刀切”合适吗？它能否化解职业教育面临的主要矛盾？在对职业教育改造过程中，政府应如何定位？政府应如何引导并有效规避职业教育改制过程中出现的各种问题？应该制定哪些相关的法律制度？如何将相关问题纳入法制轨道？后面两章将对以上问题进行研究与探索。

Chapter 8
第八章

根源篇:职业教育公私合作法治探源

职业教育公私合作失败主要表现在我国职业教育改制学校清理政策的实施,其失败主要表现为以下方面:职业教育改制学校清理政策的错误假设、职业教育改制学校清理政策的盲目性、政府清理职业教育改制学校的意识误区。而职业教育行政垄断、政府和学校的自利性、职业教育制度性缺陷、“重点”校和“城市”化取向的政策惯性则构成职业教育公私合作失败的关键因素。

一、职业教育改制学校清理政策的错误假设

我国职业教育改制学校清理政策是基于职业教育腐败问题、职业教育公平问题、国有资产流失问题与职业教育高收费问题之错误假设的基础上来清理改制学校的。说这四个问题是一种错误假设的主要根据主要是腐败问题、公平问题、国有资产流失问题与高收费问题不是改制学校的特有现象,它们普遍存在于社会生活的各个领域。这些问题不仅存在于改制学校领域,也同样存在于非改制学校领域(如公办职业教育领域也有这些问题),不仅存在于职业教育领域,也同样存在于非职业教育领域(这些问题大多存在于公共资源配置领域,如职业教育、医疗、国有企业等),同样存在这些问题的公立学校、公立医院、国有企业等没有被取缔,而单单改制学校被取缔,显然取缔改制学校的理由不够充分。

因此，称为错误假设。下面对学校改制过程中出现的职业教育腐败问题、职业教育公平问题、国有资产流失问题与职业教育高收费问题进行相关论述，为后面的公私合作法治对策建议提供现实基础。

(一)关于职业教育腐败问题

在中国职业教育改革的进程中，全国各地都不同程度地出现了与政府部门和社会组织采取股份制形式合作办学的情况，并且随意性很大，或者有的地方政府部门参股，或者个别公务人员直接入股等，获取部门利益和个人利益的现象比较严重。由于各类不合规的股份制职业教育办学模式的存在，学校资产管理在运营中也遇到了许多新的难题，由于缺乏相关的法律约束，相关的行为得不到有效规范与监督，滋生很多职业教育腐败问题。

什么叫职业教育腐败？职业教育腐败的根源是什么？它是改制学校特有的现象吗？

从传统意义上来说，腐败是指滥用公共职权以谋求私人利润。在混合经济背景下，我国社会已发生转型，但在这一过程中政府职能转变尚未完成，旧体制下公共权力仍然对社会生活直接干预过多，对公共服务和公共资源配置进行行政垄断。设租寻租的行为、单位权力利益化、单位权益法规化等，都能够找出各种借口，从而形成了以权谋私、金钱交换的重要因素，使腐败不断地滋生蔓延。已有的研究中对贪腐概念的划分，基本可分成以下4种模型：一是以“公职务为主要中心的界定模型”①。这一模型将腐败的概念同公职务以及公职务拥有者之间相应的标准与职能联系在一起。界定了公共行政工作人员的行动是不是腐败，取决于其行动有没有背离被规定的应尽行为职责准则。二是以市场经济为主要内容的界定模型。代表角色为雅可布·范·克拉弗伦，其指出：“手中握有权力的干部把公职务视作一项业务，努力增加其利益。这一模型从市场经济的角度加以抽象，用市场交换的方法对腐败概念加以阐述，指出腐败是公职人员把公职位当作寻求收益最大化的工作单元，找到公权力需求曲线上最高赢利

---

① 代表人物是约瑟夫·S.内伊(Joseph S. Nye)，其认为“腐败是偏离公共职位所赋予的正规职责而谋取私利的行为”。阿诺德·J.海登海默(Arnold J. Beidenheimer)指出界定腐败定义的三种基本模式。转引自王沪宁编：《腐败与反腐败——当代国外腐败问题研究》，上海人民出版社1990年版，第17页。

点的行动。”①使公务人员权力或行动完全市场化，是本模型腐败的最主要表现。三是以公众利益为中心的概念模型。代表角色为卡尔·弗里德里希，其指出："无论如何，身为担负某一职责或承担某些社会职责的政府官吏或掌权者，如果通过非法提供金钱利益，诱导他人采用更利于自己实现回报的手段以影响公众利益实现时，可以说腐败就开始产生了。”②这一模式主张以公共利益为中心，将政府工作人员任何有悖于公共利益目标的言行都视作腐败。这一模式并未重视腐败的违法性，将谋取自身私利，危害公共利益界定为腐败的唯一标准。四是“委任—代理”框架下的定义模式。以透明国际组织为代表，提出“其是指一些凭借其职务而操控着各种社会活动或决定性措施者或执行管理人员，透过侵害委任权利，来使自身及其亲信不正当地或违规地发家暴富的犯罪行为”③。强调腐败并不仅是指公共官员滥用职权，而是指出了由于民营制的存在，某些传统的政府活动以及一些垄断性的商业经营活动可以采用“委任—代理”的方式由私人机构承担，而人们侵害委任权利以谋取私人利益的现象即为腐败。这一模式从经济学的角度出发，主张“腐败的产生是与特定的市场经济体系中公私体制内的竞争、对公权力的不同控制手段之间有着直接的关系。就现代市场经济体系而言，由于分权式的决策机制在每一个制度中都存在，因此公权力等级的逐级代理也是这些制度中所不能缺少的重要的决策手段”④。公权力在社会领域的普通性导致了腐败的普遍性，因此社会各领域的腐败具有同质性与普通性的特征。无论哪种模式，其核心内涵都包括滥用公共权力、损害公共利益、谋取个人私利几个关键要素。所以，职业教育腐败也可界定为，在职业教育领域，职业教育行政主管部门的政府工作人员利用其职务滥用公共职权，或受委托人（主要指学校）滥用委托职权，或者受到非法提供的钱财或其他报酬的诱惑，为谋取私利所进行的危害公民权益的活动。

腐败具有广泛性与同质性特征。

---

① 阿诺德·J. 海登海默（Arnold J. Beidenheimer）指出界定腐败定义的三种基本模式。转引自王沪宁编：《腐败与反腐败——当代国外腐败问题研究》，上海人民出版社 1990 年版，第 17 页。

② 王沪宁编：《腐败与反腐败——当代国外腐败问题研究》，上海人民出版社 1990 年版，第 18 页。

③ Anne O. Krueger, *The Political Economy of the Rent-Seeking Society* 64(3), The American Economic Review(1974), p. 291 – 303.

④ Jagdish N. Bhagwati, *Lobbying and Welfare*, Journal of Public Economics 14(3), 1980, p. 355 – 363.

腐败具有广泛性。“腐败主要发生在公共资源领域，如铁路、民航、金融、电力、职业教育、医疗、公交等部门。”[①]在上述的公共资源方面，多采取公开招标、拍卖、挂牌、开放竞标等具体的使用形式。在操作环节中，因公共权力监督不力、市场机制运转失灵以及自利性的膨胀，常常会滋生多样形式的腐败行为。

社会各领域的腐败具有同质性。腐败的同质性主要表现在以下几个方面：一是腐败产生的行为主体。包括行贿主体与受贿主体，其主要是指腐败行为主体中的公职人员，即国家政府机关的工作人员，在我国主要包括国家政权机关工作人员和政党人员，他们是公共权力的执掌者，是公共权力的具体执行人。随着各级政府对社会微观管制的加强，使得他们实施腐败行为的机会越来越多。在实际社会中，他们的贪污活动往往与非公权力人士相关，如行贿人士、寻租人士或者其他为贪污铺路的人等。随着行政权力委托范围的扩大，受委托单位及其主要领导也成为腐败的主体，如职业教育改制学校的校长和其他学校主要管理人员。二是腐败行为。从活动过程分析，腐败活动在客观上体现为国家公职人员利用执掌机关的职权地位，严重违反职权上的职责规定，公权私用，使国家权力逐步偏离了法制与道德规范上的规制轨道。腐败活动中最突出的特点便是公权力主体偏离或违反了公权力规范和规则，而这种规范和规则中既包含了公开制度规定，又包含了得到广泛承认的道德规范。在职业教育改制学校，校长和其他学校主要管理人员同公职人员一样有可能实施腐败行为。三是腐败行为的动机。腐败行为的主要动因就是指谋求不正当私利的个人意愿，表现为公职人员或受委托单位领导及其他主要管理人员，在主观上追求私利和收受私利的故意。受益者既可能是腐败行为者本身，又可能是和腐败行为者有密切联系的人。四是腐败行为的结果，指腐败行为主体在达到利己主义目的的过程中，严重扭曲了国家社会收益的公平分配，严重破坏了国家和社会公众的整体利益，并产生了巨大的社会危害。

学校改制过程中职业教育腐败行为主要包括以下几个方面：[②]

1. 职业教育财政领域的腐败行为。职业教育财政中的腐败行为是指各级

---

① ［美］雅克·哈拉克、［美］穆瑞尔·波森：《如何应对学校腐败？——联合国教科文组织教育伦理与教育腐败报告主要观点》，鞠光宇译，载《世界教育信息》2011 年第 2 期。

② 刘梦祺：《PPP 社会资本方权益法律保护研究》，西南政法大学法学院 2017 年博士学位论文，第 56 页。

政府部门在资金划拨、分配和使用过程中出现的职业教育腐败行为。一是资金划拨中的职业教育腐败行为。改制学校的划拨资金分公式划拨资金和特定拨付资金,公式划拨资金过程中可能出现的职业教育腐败行为:在划拨资金时,学校虚报学生数量套取资金,校长有意降低学生分数套取资金,或者校长有意伪造数据套取资金等。特定拨付资金包括政府给学校或学生的奖学金、补助金或基金等,这一过程可能出现的腐败行为:拨付资金的条款不透明,出现不公正行为;不符合条件的学校或学生或用行贿手段,或伪造数据获得资金;学校或地方政府故意夸大学校或学生的情况,以获得更多的资金。二是资金分配中的职业教育腐败行为。在资金分配中腐败行为主要表现为:地方行政官员侵占本应该拨付给学校的资金;学校或学生领取补助或奖学金时向地方官员缴纳好处费;教师领取工资时向地方行政官员或校长缴纳好处费;学校挪用或侵占奖学金;相关政府官员侵占职业教育专项资金。三是资金使用中的职业教育腐败行为。资金使用中的腐败行为表现为:挪用职业教育资金;将职业教育运营资金部分用于行政事务;通过虚假的单据支取不正常的经费;购买不需要的教学用品等。

2. 教师管理中的腐败行为。一是教师任命、调配和升迁中的腐败行为,主要包括:或者基于主观或者基于受贿来任命、调配和升迁教师;基于教师的虚假文凭确定教师的工资;不合理地分配教师,导致有的地方教师数量不足,有的地方教师数量过多;弄虚作假虚报教师人数不足,套取教师名额;擅自把教师从教学岗转为行政岗;教师通过行贿参加在职培训。二是教师薪酬发放中的腐败行为,主要包括:向无名册教师支付工资;职业教育管理人员侵吞教师津贴。三是学校资金管理中的腐败行为。如学校管理人员或校长篡改学校的有关数据,多套取资金;教师或校长额外收取费用;教师或校长侵吞学校的职业教育经费。

3. 签订、履行和监督合同过程中的腐败行为。这里的合同主要是指非工资支出中的合同,非工资支出是指除工资支出之外的所有职业教育支出。如学校租赁的建筑物支出、学校建设和维护支出、购买教学仪器、教科书、膳食、交通、热、电和水等日常开支。这种腐败行为发生在合同过程的各个阶段。一是合同确定阶段的职业教育腐败行为。如将研究项目委派给领导青睐的某个公司;将工作委托给非竞标单位;对外界不公布真实信息,以有利于某个供应商。二是合同组织过程中的职业教育腐败行为。如将数额较大的合同,大额化小额,规避采购规则的约束;或者对投标过程加以限制,或者歪曲投标规则,或者故意降低标价,在招标过程中进行幕后交易;招标方和投标方之间串标。三是在确定中标者过程中的职业教育腐败行为。如招标文件对标的选择标准不作明确阐述,为“暗箱操作”提供空间;开标后修改选择标准;投标者贿赂官员或学校领导,挤掉竞争对手;开标结果不公开。四是合同履行中的监管腐败行为。如对修改合同条款改变合同的实质性内容,对供应商故意放松或不予监管,虚报费用或管理费用超标,虚开发票,受贿监督主体擅自修改合同履行报告。

改制中的职业教育腐败行为增加了职业教育的交易成本,使职业教育效率降低,并导致职业教育资源配置的不足或浪费,还会加剧职业教育不公,使整个社会的职业教育公共性受损,因此职业教育腐败行为具有很大的危害性,我们必须采取有效措施对其严加防范和打击,防止其泛滥成灾。

腐败行为具有社会普遍性,特别是公共资源配置领域,从对腐败的现象分析可以看出,腐败与公共权力密切相关,学者们常把职业教育寻租与腐败活动的根源归结为职业教育行政垄断。

目前职业教育的优质职业教育资源市场供应量远低于社会总需求,重点学校拥有优质职业教育资源供应的绝对垄断权,这一专有权也给对学生乱收费、高收费的择校创造了机会。在垄断过程中,学校利用这一垄断权可以将职业教育机会这一职业教育产品以高价出售给学生,而这种机会弥足珍贵,学生及其家长也毫无讨价还价的余地。正是这些职业教育资源供给的垄断权使校园中产生大量潜在的权力寻租,校方或者有关人士想要获取这种租金就会进行高价收费、乱收费来进行寻租并实施腐败行为。

职业教育的垄断,容易使地方政府及其下属的职业教育行政主管部门超越并滥用其权力,排斥、阻挠和影响或损害竞争秩序,以致违法行为产生。职业教育行政垄断表现为职业教育行政机关形式上依法管理职业教育事务,但本质上却是滥用职业教育公权力进行非法垄断。职业教育行政垄断在行政立法方面的主要表现就是职业教育行政机关制定含有排除、限制职业教育竞争内容的政策,在行政执法层面主要表现为超越和滥用职业教育行政管理职权的职业教育行政垄断形式,或者是根据其现有职权所作的扩张性解释,或者是由于职责权限模糊所致。职业教育行政垄断具有很强的行政强制性特征,这种行政强制性是职业教育腐败产生的主要根源。职业教育领域的行政垄断是通过公办职业教育一枝独大表现出来的。

笔者根据多年对《中国教育统计年鉴》的分析发现,我国民办职业教育数量在全国职业教育的占比最低的是 2003 年的 16%,最高的是 2006 年的 20% 左右,这两年民办职业教育在全国职业教育在校生数量中的占比分别是 7% 和 9% 左右,公办职业教育无论在学校数量上还是在校生数量上均表现为一枝独大。多年来,我国财政性职业教育经费在职业教育发展中也表现为一枝独大(见第五章内容)。尽管从 1992 年开始,我国职业教育就开始尝试办学主体多元化,但总体而言,政府投资仍然一直是我国职业教育经费的主要来源。公办职业教育一枝独大的现象并没有从根本上有所改观。公办职业教育一枝独大是职业教育领域的行政垄断的主要表现,职业教育行政垄断为职业教育腐败的产生提供了条件。

正是由于行政垄断以行政权力为后盾,职业教育主管部门及其管理人员、公办学校及其管理者借助行政权力的权威不正当地干预职业教育学校(包括公办学校、改制学校和民办学校)之间的竞争,特别是利用优质学校的制度性优势,垄断职业教育的优质职业教育资源,高价出售优质职业教育资源机会,明目张胆地收取高学费,利用稀缺的优质职业教育资源买卖优质职业教育学额,接受学生家长的行贿,实施腐败行为,为政府部门、学校或个人谋取私利等。职业教育行政主体所享有的职业教育行政权力具有法律所赋予的强制性执行能力,也就是这种职业教育行政强制力,职业教育领域才有了腐败的土壤。特别是职业教育行政主体利用政府强制力所出台的部门规章及其他一些政策文件等,由于其带有可重复利用的特点,所以,对职业教育领域公平竞争秩序的破坏力更大,并且职业教育规章、条例及其他一些职业教育文件易于让腐败行为披上合法的外衣(因为很多腐败行为是打着集体的名义实施的,窝案的反复出现就说明了这个问题)。

职业教育择校收费的相关规定很能说明这种行政强制力的社会危害性。下面仅以 2011 年的某地市发改委曾经要求为例,"按照要求,对一般学校及公建学校的收取标准如下:基本费用方面,省部级及省部级之上示范性职业教育学校每学期每生 460 元,市级之上示范性职业教育每学期每生 340 元,一般通用学校每学期每生 280 元。学校择校费方面,省部级及省部级之上示范性职业教育学校每年每生 5000 元,市级之上示范性职业教育学校每年每生 3000 元,一般通用学校每年每生 2000 元。在征收择校费后,将不再缴纳基本费用。各学校的其余学费政策均相同:学校寄宿费用每学期每生 200—600 元,学校教科书预收费每学期每生 180—300 元,学校毕业考试费每学期每生 5 元,学校计算机科目会考考试费每学期每生 6 元,自行车寄存费每学期每生 12 元”。关于择校费方面的政策也表明,示范学校成为择校高收费的垄断特区,这种垄断性的政策性规定,当时在全国各省市普遍存在,这种高垄断极易导致高腐败。

改革开放以来,中国社会和市场经济的发展曾一度遭遇了较严重的阻碍,其中一个重要原因就是行政垄断。凭借公权力所形成的行政垄断,行政部门和相关利益团体或利益组织积极配合,在为自己捞取不正当利益的同时,严重削弱了竞争的充分性和社会的公平性,行政垄断在个人身上多以家长制管理、“一言堂”等形式表现出来,这种行为一旦与经济利益挂钩,极易出现腐败,对经济效率与社会正义的双重损害使行政垄断日益成为社会各界的诟病。而行政垄断不仅仅出现在改制学校领域,它在其他教育领域与其他行业也普遍存在。因此,把职业教育腐败现象作为清理改制学校的理由是一种错误假设。

只要择校市场供需两旺,择校现象就不会消失。择校现状形成的根源本质就是学校内部职业教育质量的极大差异,所以处理择校问题最基本的办法就是加强对弱势职业学校的全面管理,通过增加政府对弱势职业学校的投入,提高职业教育条件、教学手段和职业教育环境,使每所职业教育学校都享有更优良的办学环境和师资队伍,减少优秀学校与薄弱学校职业教育质量之间的差异,从而确保职业教育的均衡发展,提升弱势学校的教学质量,让职业教育需求者没有择校的需求。

(二)关于职业教育公平问题

普遍认为,公建职业教育学校在转制试点中产生的职业教育公平问题,主要集中在两方面:一是怎样保障家里最贫穷的学子也能享用到优质职业教育资源?二是怎样保障转制学校与公立学校和民办学校之间的职业教育公平?前者属于学校内部的教学公平问题,后者属于学校之间的公平竞争问题。职业教育改制的一个重要目的是改造薄弱职业教育学校。教育部相关文件都明确规定应该主要选择薄弱职业教育学校进行改制(前文已作梳理),提出加强公立薄弱职业教育学校改造,提高薄弱职业教育质量是学校改制的主要目的。

政府期望通过改制与改造薄弱学校,可以在不增加财务类职业教育经费的情况下增加优质教育资源,将薄弱学校改建成为拥有优良职业教育资源的好学校,并提供更多的优良教学机会,使更多的国人受到良好的职业教育,进而达到职业教育学校与职业教育资源的平衡发展。然而现实并非总是如此,由于更多的国家重点职业教育学校的转制,以及一些改制学校使用国家优质职业教育资源高价收取费用,学生们要想享受到更高质量的职业教育资源,往往需要支付一些金额不菲的择校费用,这对于农民或贫困户的子女来讲有失公平;尤其是部分地方的职业教育学校以转制学校为重点设立班级,由于办学规模过大,学校教学资源的"同质化"问题严重,无法适应人们对职业教育的多元化要求,即使花费大量的金钱也享用不到更个性化的国家优质学校职业教育资源,因此对于这些高收费学校而言也面临职业教育资源的不平等;大量落后地区和乡村地方职业教育学校的骨干教师涌入职业教育改制班,人为增加了地区之间与学校之间的落差,"在一定程度上影响了落后地区,尤其是在乡村地方职业教育的健康发展,也不利于地方职业教育的均衡发展,对于乡村地方的学校教师与学生来说更显得不公平"①。

学校间的公平竞争问题主要表现为转制学校与公立学校和民办学校的公平竞争问题。现实中,职业教育改革的试点学校大都为公办重点学校,而且大多借助了公建"母体"校的声誉和职业教育资源,在师资和职业教育质量上相对有保障。而纯公办学校与私立学校却与之不能同日而语:一是在投入成本上,改制学校既可得到当地政府的财力补助,又可向学员收取不菲的其他费用,成了学校体系中的一个"特权"层次;二是在教师问题上,私立学校的教师身份"低人一等",没有编制、不能解决户口、人事档案没人管等。而改制学校可以同公办学校共享职业教育资源,或以公办学校名义吸纳师资。也就是说,如果转制学校同时拥有公建与民办职业教育学校的两个政策优惠条件,在财源管理与生源选择方面都占尽了先机,势必会拉开相跨学校间的差距,尤其是扩大转制学校与民营学校之间的差异,这对公办学校或民营学校来说,都是极不公正的。

正是这两个方面的不公平引起社会对改制职业教育学校的激烈争论,改制学校的存与废也因此成为政府要面对的难题,在没有更好的办法解决这一问题

---

① 魏文松:《我国教育法治建设的核心内涵、实践历程与前景展望》,载《现代教育管理》2021 年第 1 期。

之前,也许清理改制学校更能快刀斩乱麻。一了百了的政府心态,加之改制学校过程中的不规范行为,最终导致改制职业学校与义务教育改制学校一样被清理。

说到底,职业教育公平的根本问题是教育公平和教育效益的平衡问题。职业教育公平有广义与狭义之分,狭义的职业教育公平通常仅指教学资源的平等性,而广义的职业教育公平则包含职业教育公正和职业教育效率两方面的基本要求。为方便讨论和分类,本问题都采用了广义的职业教育公平。

职业教育公平包含教育均等性与教育效能的两种要素,“职业教育公平实质上是职业教育公平和教育效能之间的动态均衡。促进非义务教育阶段的职业教育公正,就必须把二者有机地融合一起,并在动态发展过程中加以调控”①。职业教育的平等性要素,主要包含职业教育权力公平、职业教育机会公平和职业教育结果公平三层意思,前者即进行职业教育的权力既是一项自然权力,也是一项社会权力;职业教育机会公平有两个解读意思,一是进入职业教育体系的机会公平,二是参加职业教育活动的机会公平;而职业教育结果公平,则是指受同等层次种类和质量的职业教育,对每位受职业教育者的未来可能产生的结果具有相同的影响。

职业教育效率要素包含两层含义:一是职业教育资源的配置具有竞争性。办学主体的资本投入、教师配置等资源要素的分配全部经由市场竞争的渠道获取,其资源使用效益超高,获得的教学资源也更多,对弱势群体没有什么倾斜与照顾;二是受职业教育者本人的经济能力对受职业教育的品质有着决定性意义。受职业教育者究竟可以获得什么品质和水准的职业教育资源,完全取决于其本人的经济能力,而非义务教育阶段的职业教育则被视为一项完全个人化的投入活动,其经济能力直接决定着他的职业教育投入强度和投资水准。

职业教育公平和职业教育效率之间的关系,有时候就会产生此消彼长的问题:为了谋求职业教育公平,就可能要牺牲相应的职业教育效率;但要追求教学效益,也可能要以不同程度的教学不均衡为代价。这是由教学需求的无限性与教学资源的稀缺性间的冲突决定的。“对教育平等的评判,取决于对职业教育

---

①　魏文松:《我国教育法治建设的核心内涵、实践历程与前景展望》,载《现代教育管理》2021 年第 1 期。

公平和教育效能之间的边际替代关系问题。当职业教育公平和教育效能的结合点越偏离平衡点,就表明整体教育效能情况就越差。此时,仅仅承担较低水平的教育公正损失,就会得到较大幅度的教育绩效水准的改善;相反,就应该优先选择改善教育公正情况。只要一个社会能不断地朝平衡点靠拢,就表明了它不断提高自己的职业教育公平状态;否则,就代表了职业教育公平状态的下降。社会的历史发展阶段不同,对职业教育平等和职业教育效率所引起的综合评价也有所不同。当职业教育平等和职业教育效率的结合点处于均衡点以上时,人类对职业教育效率的评估要大于人类对职业教育公平的评估,越远离平衡点位置,人类对于职业教育效率的追求愿望就越高;相反,当职业教育公平和职业教育效率的结合处于平衡位置之下时,人类对职业教育公平的评估大于人类对职业教育效率的评估,越远离平衡位置,人类对职业教育公平的追求愿望就越高。"①单纯地追求职业教育效率或单纯地追求职业教育平等都会使职业教育的公平状况恶化,都意味着职业教育公平的缺失。

职业教育公平或职业教育效率单纯之一种无法承载职业教育公平的重任,只有把二者有机融合才能真正反映职业教育公平的实质意义,即职业教育公平是在对职业教育公平和职业教育效率的动态调节中进行的。那种完全否定社会主义市场机制在发展中国职业教育事业中功能的做法,是不可取的。因为即便是对于非义务教育阶段中的职业教育学校来说,也同样需要一种健全的竞争环境,同时也必须充分发挥社会主义市场机制的功能。而健康的竞争环境需要由政府通过完善的制度设计和实施来构建完成,政府只有将既讲平等又讲效率的竞争机制进行必要地设定和推广实施,才可能提供一种公平的职业教育环境。

从职业教育法治这一相对具体的层面上来说,对公平与效率关系处理的好与坏是直接影响职业教育制度供给最终效果的一个关键问题。

职业教育法治原本就是一种利益分配的协调机制,协调处理多元社会条件下的职业教育领域各种矛盾是衡量一项职业教育制度合理性的一个主要标准。职业教育法治应在坚守效率与公平的动态平衡(政府与市场兼顾)中确定自己

---

① 聂竹明、刘钊颖:《优质教育资源共享制度变革:从科层制到社群化》,载《中国教育学刊》2017 年第 5 期。

的新思路。

如何纠正职业教育公平与职业教育效率的偏离,实际上就是如何寻找实现职业教育公平与职业教育效率最佳结合的基本路径。因此,要解决职业教育公平问题,有必要先处理好职业教育公平与效率的关系问题。而清理职业教育改制学校并不是解决这一问题的有效途径。其实不仅仅职业教育改制学校与非改制学校之间存在职业教育公平问题,就是在职业教育公办学校与民办学校之间也存在职业教育公平问题,最明显的就是两种学校教师的退休制度问题,公办学校教师退休后有国家的制度予以保障,而民办学校教师退休与之则无法相比。因此,将职业教育公平问题作为清理职业教育改制学校的理由也应说是一种错误假设。

(三)关于国有资产流失问题

国有资产流失问题在我国所有体制性改革中都是一个老大难问题,这一问题的实质其实是产权问题。这一问题是任何体制性变革者都会面临的难题,不管是经济组织改革或是教育体制改革。不过,在职业教育转制进程中,一些转制职业学校没有很好地解决这一情况,产权关系仍然模糊不清,最终导致了其合法性受到人们广泛质疑,再加上改制学校国有资产保值增值问题、财务管理和监督问题等,使改制学校饱受争议,直至被取缔。

1. 职业教育学校改制过程中国有资产流失的主要表现

职业教育学校改制过程中国有资产流失,主要发生在名校办民校这一类型中。主要表现在以下几个方面[①]:

(1)低估国有无形资产。一是合作前恶意低估国有名校的价值。特别是在名校办民校过程中,名校办民校最大的价值是“名校”这块牌子,名校办民校正是靠“名校”这块牌子吸引学生和家长的,但这块牌子到底值多少钱?应在学校产权中占多大份额?有的合作者可能会趁机故意压低其价格,再加上有关人员的暗中配合,国有资产的流失于是成为必然。二是故意压低职业教育改制学校的分成比例。在名校办民校每年的学费、赞助费收入分配比例上,如果名校分配比例过低、合作方回收资本比例过高,也会造成国有资产的流失。三是如果

---

① 邓晓丹:《教育公平的本质:教育平等与教育效率的动态均衡》,载《理论前沿》2007 年第 9 期。

名校办民校自身优质师资力量不足,过于使用名校优秀师资和管理人员,影响名校自身教学质量,降低名校的内在价值,也会带来国有资产的损失。四是对田地、房屋等有形资产按原值等价折合入股,将市场波动给价格带来的影响忽略不计,有时不把国家无偿拨给的土地计算在总价格之中,也会造成国有资产的流失。

(2)无偿占用国有土地收益权。名校办民校的土地,大多是无偿划拨或低价转让的。一是当这些土地被用来经营但收益未收归国库时,就会造成国有资产的流失。如在校园内的网吧、电信、餐饮、邮政等,国家免收税费,如果在租赁费方面排除国家收益份额,就会造成国有资产的流失。二是将来名校办民校发生归私或破产的情形时,可能会造成国有资产的流失。当名校办民校转为民办或破产时,名校办民校的各合作方(特别是地方政府、国有企事业单位为合作方时)可能会通过合法或非法的手段,让校园国有土地的使用权、处置权和收益权私有化,造成国有资产的流失。

(3)个人或集体私吞、挥霍、转移国有资产。一般来讲,个人或集体可能会采用 3 种方式私吞、挥霍、转移国有资产:一是转移或私分国有资产。合作者的掌权者将原企事业单位的国有资产先转移到名校办民校,再从名校办民校转移到个人腰包;或者名校办民校掌权者将名校办民校的财物转移到个人腰包,造成国有资产的流失。二是名校办民校法人变更或破产时恣意处置国有资产。如名校办民校破产时,名校办民校掌权者有可能私分、转移学校资产,或低价转让财产、土地等而收受好处。三是任意挥霍学校资金。如大肆请吃、乱买礼品、多开工资等,造成国有资产的流失。

(4)名校为名校办民校提供信贷担保。比如,一名校为名校办民校进行了信用保证,如果名校所办民校贷款到期后没有按时偿还,就由担保人——名校代为清偿债务,再加上与个别负责人的私自串通,或利用担保有意地骗取国家资产,极易造成国有资产的流失。

(5)国有资产在职业学校产权交易流程中的流失。在学校转制过程中,以明晰学校产权为名,将大量经营性国有资产以超低价出售给私营企业,如私自处置学校内的关键设备和重要建筑,低价出售、转让国有土地使用权,或擅自改变学校所有权,使大量经营性国有资产被廉价出售,导致大量经营性国有资产的流失。

(6)运营管理水平不好导致国有资产流失。公办职业教育改制学校运营管理水平的好坏,直接影响学校国有资产的正常运作,或者因校长决策过程不民主,独断专行,或运营管理混乱,不按程序办理,对项目不作全面研究讨论,决策失误,导致国有资产的流失。

2. 职业教育改制学校产权方面的主要争议

(1)关于所有权与经营权的争议。虽然造成国有资产流失的原因有学校产权制度问题、监督制度不完善、个人的贪欲、社会大环境的影响等,但基于本书研究的需要,在此主要从学校产权不清晰方面进行分析。

学校所有权,是我国职业教育产权中的一种特殊形态,是指围绕教学财产所建立的一种所有权,包括占有、使用、收益和处分权等。其中,"该校资产主要是指由出资方或股东投入该校的资本和增值部分及该校经营、管理活动的债务资金等构成的资产"①。

改制职业教育是继公立职业教育和民办职业教育后出现的职业教育类型,有学者认为改制职业教育包括原始所有权未发生变化而运营方式发生变化的公立转制学校、原始所有权组合方式和运营方式均发生变化的改制职业教育和公校承办的民办学校三种类型。本书主要研究前两种情形,即所有权仍归国家所有的公立转制学校和所有权归公私共同所有的职业教育,二者在本书中皆称为公私合作职业教育。实际中,部分国内外学者也把介于公校和民校之间的特殊类型,称作"公立民办"或"私立公建学校";也有人称为"公有民营""民有公建""民办公助""公建民助"学校,还有人将其统称为转制学校,亦有人将"名校办民校"纳入转制学校之列。无论称谓如何,我国职业教育改制学校有公办民助、民办公助两种经营模式是毋庸置疑的。

根据我国职业教育转制的现实情况,对于公私合作职业教育学校产权界定,本书主要是指公立转制学校的产权界定。本书所指的转制学校包括两种情况,一是所有权未发生变化,经营权发生转移的学校,即只是办学体制发生变化的学校——采用民办经营机制进行运行的公立学校,学校所有权不变,仍属公办性质,只是在招生、教师聘用和分配制度、收费等方面进行民营化运作。这种

---

① 聂竹明、刘钊颖:《优质教育资源共享制度变革:从科层制到社群化》,载《中国教育学刊》2017 年第 5 期。

学校是本书研究的重点。二是原始所有权组合方式和运营方式均发生变化的改制职业教育,其主要是指以股份方式新组建的改制职业教育。

公立转制学校,学校的初始所有权未发生变化,仍归国家所有,学校的经营管理权转归学校或私人,学校按民营机制运行。随着学校经营权变化,产权关系也发生相应变化,在产权关系发生变化的同时出现了国有资产的流失、保值增值问题、政府对名校办民校的监督问题、改制学校国有资产收益主体的争议。

(2)关于保值增值的争议。国有资产的流失与保值增值问题是改制学校招致的最严厉、最激烈的批评,特别是对名校办民校的批评。批评者指出,"名校办民校的办学者使用的国有资金给一少部分人谋求好处,由此造成国家固定资产规模的减少,因此公建机构没有能力使国家固定资产价值实现增长"①。

(3)关于政府对名校办民校的监督问题的争议。通常认为,职业教育是一种准公共产品,资金应当大部分由政府提供,而名校办民校过程中政府没有出资,这就减弱了对名校办民校的监管责任。很多专家或学者都对公办学校获得的资源性国有资产的保值增值提出疑问,指出:"公立学校只是资源性国有资产的管理者或使用者,而并非实际拥有者,如果改制学校产生了利益,这种利润又应当流入谁的口袋?"②是流入了公立学校,还是应该以某种形式上缴国家财政?在收益流向问题上政府应该承担什么样的监督责任。

(4)对改制学校国有资产收益主体的争议。对改制学校国有资产收益主体的争议,是改制学校面临的又一个难题。我国公办职业教育改制学校与西方国家不同,西方国家的公立职业教育民营化是由政府负担职业教育民营经费,而个人、团体或公司只负责承办经营,不涉及学校所有权的变更和争议。与西方国家职业教育民营化运动不同,我国公立职业教育改制涉及学校产权的最根本权能——所有权关系的变革,其要解决的核心问题是改制学校积累资产的终极归属和学校承办者的收益权界定。由于转制经营,原学校的土地所有权和经营权将进行剥离,虽然所有权仍归国有,但原校内的固定资产所有权和占有权将由转制学校行使,改制学校后续经营积累的资产归属和学校承办者的收益权如

---

① 聂竹明、刘钊颖:《优质教育资源共享制度变革:从科层制到社群化》,载《中国教育学刊》2017年第5期。

② 田晓伟:《促进民间资本参与职业教育服务供给的治理分析与机制构建》,载《清华大学教育研究》2017年第5期。

何界定?这种问题若不处理将直接影响转制学校的进一步发展,而中国职业教育产权制度在这方面却没有具体的规范,如此,一方面很容易滋生腐败并且导致大量国有资产流失;另一方面对改制学校的激励功能会带来减损。

职业教育改制学校的这些产权问题的产生,根源之一就是我国学校产权制度不健全,其中一个主要方面就是缺失学校人力资本产权制度的相关规定。构成职业教育机构的各种产权要素从本质上可以划分为人力资本与非人力资本两大类,人力资本一般包括学校管理者或承包运营者、教师、学生等,本书基于研究的需要只研究学校产权中的经营管理者或承包运营者。这里的非人力资本产权主要是指投入到职业教育机构中的具有市场转化价值的各种有形资产等。人力资本产权是指人们投入职业教育机构的职业教育管理方式和通过人力资本而成的经济权利关系。由于职业教育活动是一种"合作",在职业教育产权的制度安排中,物质资本和人力资本在产权安排上不应该分孰轻孰重。但是,目前我国职业教育产权制度中忽视人力资本产权的现象十分普遍,如对职业教育改制学校的运营方的人力资本产权问题缺失制度规定。因此,要解决改制学校国有资产流失必须先完善相关的学校产权制度,职业教育改制学校国有资产流失的主要根源是学校产权不清,把改制学校国有资产流失作为清理职业教育改制学校的理由也是基于一种错误假设。

(四)关于职业教育乱收费问题

职业教育转制过程中的"乱收费、高收费"现象,是指在职业教育转制试验过程中,存在的由学校等职业教育教学组织自主制定增加收取服务项目,扩大收取适用范围,或私自提高收取标准的现象。职业教育转制的主要目标之一就是多样化办学,尤其是要引导民间资本投资办学。但是实际中,许多公立转制学校的职业教育经费,由依赖财政资助转为依赖学校学生缴费,民间投入微乎其微,职业教育经费来源渠道由依赖财政单独拨付转为依赖学校学生独立缴费。以北京市某改制职业教育学校为例,"从 1996 年至 1999 年度,转制学校学杂费占全校总计的 52.8%,社会赞助费占 13.4%,职业教育主管部门资助占 17.7%,活动举办方投资占 3%,社会捐赠占 10%。也就是说,由学校所支付的学杂费和赞助费,已经占据了该校总收入的 66.2%,而举办方投入却只占 3%。同期公立院校学杂费在政府总收入中的份额约为 15.5%,政府政策资助的份额约为64.8%"①。结果表明,职业教育改制过程中的"乱收费、高收费"将原来政府的投资责任转变成了学生的投资责任,公办职业教育改制的主要目的也演变成了"高收费",这也成为当前公立职业教育转制后遇到的最大问题。

根据中国新闻网教育部通报的职业教育乱收费典型案件,改制职业教育领域乱收费行为主要有以下几种类型:

虚报学生数量套取费用;学校违法征收择校费;强迫学生购买教辅材料;对学生违法征收试卷费、报刊费用等;克扣、占用学校伙食费;违法举办学校集体补习服务收费;违法采取服务性管理收费;违反法律规定,自立名目收取费用;教师违法办班、让学生在由老师开设的私人家教或私人补习班就读,代收学生补课费;教师截留冒领经济困难的寄宿生生活补助费;教师克扣学生助学金;教师乱收费开设"小金库";跨区域补课收费;等等。

改制职业教育乱收费与公办优质职业教育乱收费的共性原因,主要有以下几个方面:

1. 优质职业教育资源配置不合理造成职业教育供求矛盾尖锐。长期以来,全国的职业学校优质职业教育资源无法满足全国人民对优质职业教育资源的要求,优质职业教育资源供求矛盾越来越尖锐,主要原因是由于国家对重点学校优惠政策所造成的。中国现在的职业教育重点政策,使得学校之间,特别是优质校与薄弱校之间的竞争异常激烈。

在优质职业教育供求矛盾尖锐的情况下,学校和家长产生了利益互动。部分学校将名校优秀教学资源当做向家长要价的筹码,大量收取高昂的择校费和学费,甚至以补习可增加考试成绩名义,理直气壮地对学生乱收"补课费",或把乱收的经费作为个人私利使用,并为此目的不惜冒着违法被查的风险,大量收取择校费,还有各类与学生入学相关的资助和捐赠等费用,收取的范围也越来越宽,且标准越来越高,少则数千元,多则数万元。但是,由于中国职业教育优质教学资源的匮乏,在大多数家长眼里进优质学校就意味着有好前途,于是具有垄断地位的优质职业教育生源火爆,家长不惜多花钱也要为孩子争取到这一优质职业教育资源的机会。在学校补课收费方面,家长希望通过补课等活动以

① 田晓伟:《促进民间资本参与教育服务供给的治理分析与机制构建》,载《清华大学教育研究》2017年第5期。

获得高考的高分，进而获取更多的优质职业教育资源。这些乱收费已经大大超出普通家庭的承受能力，但仍然存在部分家长一面声讨乱罚款，一面又拼命挤入缴费队列的窘迫场面。职业教育乱收费屡犯屡查，屡查屡犯正是由于人们对优质职业教育资源的强烈需求，而在短期内又难以寻找到其他替代资源而产生的恶果。

2. 职业教育投入不足。此问题见本书第五章节的相关内容。

3. 监督与约束机制不完善。职业教育乱收费为什么会屡禁不止，屡禁屡犯，一个重要原因就是监督机制和制约机制不完善。我国目前治理职业教育乱收费主要是依靠职业教育主管部门的查处，而职业教育主管部门对职业教育乱收费认识上存在一定误区，一是认为乱收费是财政投入不足，是学校的无奈之举；二是认为学校乱收的费用主要是用于学校发展，为了学校能更好发展，好像收取这种费用是理所当然的事情。这一认识上的误区造成职业教育主管部门在监管和查处职业教育乱收费时不及时、不严格、不到位，有姑息之嫌。

职业教育乱收费现象在整个职业教育领域中都普遍存在，只是在职业教育改制过程中表现的更加突出，乱收费、高收费不仅加重了职业教育学生的家庭经济负担，同时这种以钱选学生的行为也造成不良的社会影响。为此，我国曾发布过专门的文件[①]，对这种现状严格遏制，自 2006 年以后，教育部和各级政府几乎每年都发出专门文件，积极采取一些具体措施来制止学校的乱收费、高收费，但是这类现象不仅屡禁不止，而且有愈演愈烈之势。对此，社会各界普遍关注，理论界更是众说纷纭。其实，对于学校的乱收费、高收费现象我们应该从根源上来思考：学校为什么要乱收费、高收费？学校为什么能够乱收费、高收费？对于学校乱收费、高收费的原因，普遍的观点是“由于职业教育经费紧缺，教师工资低、被拖欠以及社会其他部门的一些收费导致学校的乱收费等”[②]。从根本上研究学校为什么能够乱收费的问题意义更加重大，能使我们从中找到治理学校乱收费的有效措施。

---

① 如教育部等七部门《关于 2006 年治理教育乱收费工作的实施意见》（教监〔2006〕6 号）、《关于 2007 年规范教育收费，进一步治理教育乱收费工作的实施意见》、《关于 2008 年规范教育收费，进一步治理教育乱收费工作的实施意见》、《关于 2009 年规范教育收费，进一步治理教育乱收费工作的实施意见》等。

② 袁连生：《教育成本计量探析》，北京师范大学出版社 2000 年版，第 134 页。

为防止学校乱收费,就应正确制定职业教育收费规范,但同时也应防止职业教育费用增长导致学校学费增长,并形成科学合理的核定学校成本费用体系。首先,正确确定学校教育成本的构成内容和支出范围。职业教育的教育成本费用一般分为职业教育成本和学校教师与学生个人成本费用,而学校教师与学生成本费用一般分为学校教师工资、公务费用、学校其他管理成本、修缮费、固定资产折旧、仪器设备购置费等一般办学费用开支,不包含学校意外、自然灾害费用、校办企业生产费用等非正常办学费用开支。其次,合理核算职业教育的职业教育成本费用。一方面对学校成本核算范畴中应作为职业教育成本费用的所有开支进行清楚地划分,另一方面对学校的所有开支也要进行评估和核算。对开支是否作为教育开支做具体划分,避免学生高投入,滥支费用。同时要规范职业教育成本构成,对定价成本费用的合理支出范畴作出具体划分,并形成科学合理的教学成本费用支出项目体系,使职业教育收费定价的成本结构具备确定性。再次,推行职业教育成本定期分析制度。职业教育成本定期分析制度主要是指经过分类比较后,每隔规定时间都要对本校的教学成本费用作出必要的比较分析,从而为学校管理者制定适当的管理决策提出依据。比较分析主要包括纵向对比与横向比较,前者主要是把学校本期的财务数据和本校过去各个时期的财务数据加以比较,以便发现本校财务数据变化;后者主要是指将该校的财务与同行业平均数及其他学校加以比较,以掌握该校在同行业中所处的发展水平,以及其财务所面临的问题。最后,形成完整的教学成本约束制度。"通过零售价格指标以及经济与社会中人均职业收入增长率因素,判断教学成本的上升率;通过教学生产率提高要求和国内外教学成果的先进水平等因素,判断教学生产成本的降低度。只有在成本上升率大于下降率时,职业教育收费才能提高,反之,则应该降低职业教育收费。在这种成本变动约束之下,学校必须努力降低职业教育成本才能取得较好的经济效益。"①

如何破解职业教育乱收费的难题呢?一要设定职业教育学费标准,二要公私合作改造职业教育,提高薄弱职业教育学校的教育质量。职业教育经费不足主要是职业教育学校的经费不足,优质职业教育学校政府重视、社会满意,无论是政府还是社会都倾向于把经费更多地投向它们,而薄弱职业教育学校好像既

---

① 袁连生:《教育成本计量探析》,北京师范大学出版社2000年版,第135页。

没资本也没能力争取政府和社会多投入,结果是强者更强弱者更弱,整体职业教育质量难以提升。只要存在校际差距,择校问题就不会消失,高收费问题和乱收费问题就难以抑制,也就很难从根本上解决职业教育乱收费问题。因此,将职业教育乱收费问题作为清理改制学校的理由应该也是一种错误假设。

二、职业教育改制学校清理政策的盲目性

从相关的政策文件可以看出,2011 年以前,中央政府对改制清理的对象有明确规定,一是义务阶段的改制学校,二是名校改制学校、校中校、一校两制等。

1998 年,国务院和公安部明确提出:"义务教育阶段公立学校办学体制改革要从严整治'校中校''校中民办班'或'一校两制'等不合规的教育办学活动。"2003 年《民办教育促进法》也很具体地要求:"实行义务教育的公办学校不准改为民办学校。"本来上述规定主要针对的是义务教育中的公立转制学校,但在实践中却无论义务教育还非义务教育,只要是转制学校都必须进行整治清理。其实对非义务教育阶段的薄弱职业教育学校进行改造有一定的合理性与合法性,合理性表现在职业教育是非义务教育,在政府财政投入不足,学生家庭财力有限和非财政投入动力不足的情况下,允许那些薄弱的公办职业教育进行"改制"具有一定的合理性。合法性表现在一系列相关制度文件的专门规定,强调改制政策的初衷主要是改造薄弱学校其中包括薄弱职业学校。但是,实践中职业教育改制学校清理没有区分义务教育与非义务教育,没有区分优质学校改制与薄弱学校改制,也没有区分改制学校发展的好与坏的合法性标准,实践中清理政策"一刀切"的做法是否过于盲目?

(一)没有对义务与非义务学校改制进行政策性区分

学校改制后有义务教育阶段与非义务教育阶段之分。关于清理改制学校时要不要分清义务教育与非义务教育?人们对此有正反两方面的看法,支持者指出,发展义务教育是政府行为,兴办义务教育也是政府的应有之职,但政府不可放弃优先发展公立义务教育的责任而不管,如果让义务阶段的公立学校转制发展成为一种社会普遍现象,政府靠社会力量发展义务教育,将不利于我国义务教育的长期稳定和健康发展,教育的公平性和公益性也将难以得到保障,改

制学校的高收费，也损害了学生享受义务公共教育的权利。在义务教育学校改造过程中加收高额费用，不仅让受教育者花更多的金钱接受义务教育，有失义务教育公平；而且用国家大量投入的教育资源，留住了较好的生源，从而扩大了同一区域的校际差异，有悖于中国义务教育均衡发展的基本方针。义务教育应由财政负担，政府不要在对教育经费的投资上有什么想法，义务教育阶段的改制学校，政府应该严格执行清理的整治要求；“而对于非义务教育阶段的职业教育改制学校，政府为了早日普及优质职业教育资源，可以适当多办些改制学校”①。

持相反观点者认为，义务教育虽然应由政府承担，但是，由于国家财力有限，政府对义务教育的投入在尽力后仍显不足，而社会力量愿意扩大对初中、小学的教育投入，就应当多办一些这样的学校。学校是否改制应以政府的投入是否充足为据，而不应以义务教育与非义务教育为据。反对者还借西方国家的现实实践进行例证，认为英美等国家从义务教育法颁布到免费义务教育落实经历了上百年的时间。目前，我国不可能实现完全免费的义务教育，让受教育者承担一部分教育成本是国家现实经济条件决定的。而且，由于社会贫富差距逐步扩大，富人阶层可能在义务教育方面有更多的个性化和多元要求，而转制学校也在一定程度上迎合了这些人的教育需要。

其实开始叫停学校改制主要是针对义务教育阶段。1998年，教育部印发的《关于义务教育阶段办学体制改革试验工作若干意见的通知》明确指出：“义务教育发展阶段公立办学机构改革要从严管理，各级政府要抓紧整治‘校中校’‘校中民办班’或‘一校两制’等不规范教育办学现象”。2002年的《民办教育促进法》明确规定：“实施义务教育制度的公立学校不得转为民办学校。”2006年，教育部等七部门明确提出要“全部暂停批准新的转制学校和其收费标准”“公立院校改为民营学校的，应当遵循‘四独立原则’，否则暂停招生。严禁搞‘校中校’‘一校两制’和以学校转制为名的乱收费。”教育部等七部委《关于2006年治理教育乱收费工作的实施意见》并没有规定职业教育公办学校不能改制，但是在现实中，教育领域开始不分义务教育阶段与非义务教育阶段，所有教育阶

① 徐玖玖：《走出公私合作制的落地难困境——外部性视野下PPP制度供给的经济法回应》，载《江西财经大学学报》2017年第3期。

段的改制学校一律叫停。

从我国改制制度的初衷来看，职业教育学校改制有其合理性和必然性，依据公平职业教育原则，优质职业教育资源不但应该满足优势人群的职业教育需求，也应对弱势群体进行补偿，使弱者也能享受平等的优质职业教育机会。

笔者的看法是：中央政府应该保证义务教育由政府负担、每个学校都应达到规定水平，义务教育阶段的改制学校必须取消；但对于非义务教育阶段的职业教育，财政则应该加强投入力度，如果仍不能满足人们对优质职业教育的需求，可以通过对薄弱职业教育学校改制方式，扩大优质职业教育资源，以满足人们对优质职业教育资源不断扩大的需求，待国家投入充足后，再取缔职业教育阶段的改制学校。但职业教育阶段的改制学校占比不宜过大，其学校的数量（包括学生数量）在职业教育总体中不能超过20%左右，这样即可迅速改善目前存在的薄弱职业教育学校的面貌，基本满足人们为子女选择学校的职业教育需要，从总体上提高职业教育的水平。

（二）清理政策没有区分城乡差异与地区差异

改制的主要因素有两条：一是优质教学资源无法适应人们日益提高的需求，二是国家职业教育经费投入不足。我国职业教育改制学校清理政策应以职业教育经费投入足与不足为依据，对不同地区、城乡之间的差距进行区别对待。目前我国职业教育存在严重的区域差距、城乡差距、校际差距，职业教育改制学校清理政策应对不同地区、城乡不同质量的学校在改制问题上区别对待。

在经济发展状况较好的地区、城市，当地政府有加大财政经费投入的财力，老百姓也具备一定的职业教育成本分担能力，改制学校具备相应的经济条件。但在经济不发达地区、农村学校，政府财政投入不足，老百姓也不具备一定的职业教育成本分担能力。因此，应在一定程度上给予保留，国家应制定制度性的激励措施，吸引非政府组织加入薄弱地区及薄弱学校的改革之中，政府对没有支付能力的学生给予一定的教育补贴。对转制学校的很多不足之处，可以继续进行学校内部管理体制改革和政府行政管理改革方面的尝试，不断完善学校改制制度。对这些保留下来的改制学校中央政府应增加专项经费进行转移支付式投入，对这些落后地区、农村地区的职业教育制订专门教师发展措施，吸引他们到这里进行一定时间的服务，吸引第三部门和私人部门加入改造这些学校的行列,提高这些学校的职业教育质量,同时让有选择能力的受职业教育者也承担一定的必要费用。我国应建立相应的约束和补偿机制,减少人为因素的过多影响,增加制度的监控程度和执行力度,促进职业教育均衡发展,而不是对所有改制学校不分强弱而简单地“一刀切”。

(三)清理政策没有区分重点学校改制与薄弱学校改制

关于改制学校我们不仅要关注其数量发展上的变化,更要关心改制对象学校的选择问题:决定一所学校改制的标准是什么?应该选择什么样的职业学校进行改制?

根据现实情况,我国改制职业教育学校主要有两种类型:薄弱校改制和比较好的学校改制。

一是薄弱校改制。公办学校的改制,一个基本的构想是着眼于公立薄弱职业教育学校的改造。如上海市提出了“三独立”原则[①],“三独立”原则的提出,似乎是因为转制学校的条件极为“薄弱”,必须予以保证才能进行。教育部明文规定了学校转制的目的,在职业教育改制没有专门的相关法律法规与政策规定的情况下,现实实践中教育部政策文件应成为职业教育改制的主要参考,很多文件均提出加强公立薄弱学校改造,提高薄弱学校质量是学校改制的主要目的。但现实中,常采取的方式是依托名校对薄弱职业教育学校进行改制,把薄弱职业教育学校直接变成名校的联盟校,薄弱职业教育学校与名校共享名校的物质资源和师资优势。这种捆绑式的职业教育发展模式,充分运用传统名校的品牌效益和资源优势,有效促进了薄弱学校发展壮大,改善了薄弱学校的职业教育资源品质,也增加了职业教育优质教学资源的数量,在短期内就创造了更多优质的教学资源。但现实中把薄弱职业教育学校变成名校分校的做法,虽然使转制学校得到一定程度的发展,名校却借机获取大量资金收入,改制的目的发生偏离,招致社会反对声一片。

薄弱校“改制”就是将办学条件差的职业学校,通过“撤、并、转”等形式改

---

① 1996 年 9 月,上海市教委曾发布《关于加强上海市公立中小学转制试点管理工作的意见》,提出了“三独立”原则,即“有基本符合政府规定标准的独立场地校舍,有独立的学校法人和法人代表,有独立的财务管理制度,具备民办学校的基本设置条件。”参见万建锋:《颇具争议的公立学校转制:大胆的政策构想与明显的操作误差》,载《上海教育科研》2003 年第 1 期。

造,采用民营化运作方式,提升职业教育资源和提高职业教育质量,以求得新的发展。民营化运作可以使薄弱校通过转制获得更多的专业技术、自主权和更多的资金支持,依靠承办者和全体员工在短期内实现薄弱职业教育学校快速转型与发展。对于职业教育领域来讲,一个薄弱职业教育学校的成功改制可以为社会多提供一个优质职业教育资源的学习场所,就更多一些满足社会对优质职业教育资源的需求。利用市场机制对薄弱职业教育学校的产权制度进行改革,促进了薄弱职业教育学校发展,学校、受职业教育者和国家都从中获益,因此,薄弱职业教育学校转制更能得到社会的认可。但是,现实操作中,薄弱职业教育学校改制是在国家没有多投入并逐渐对其"断奶",甚至是在对其高收费的情况下进行的,政府是为了抛包袱才进行薄弱职业教育学校改制,薄弱校转制成为政府面临的无奈选择,即政府无力改造薄弱校,而又难以满足民众对优质职业教育需求,于是薄弱职业教育学校利用改制收取高学费以摆脱学校困境,这也是引起社会不满的主要原因。政府对薄弱职业教育学校改制不投入或少投入都严重偏离职业教育改制的目的,薄弱职业教育学校的薄弱困境很多情况都是由历史原因或重点校政策导致的,如果政府不利用政策倾斜的方案进行扶持,单单依靠收取高学费,职业教育改制之路难以走远,也难以吸引社会资金的投入。因此,对薄弱职业教育学校改制,政府不是少投入,而是要多投入,不仅基本的职业教育经费不能减少,而且要有专项经费作保障。

二是比较好的学校进行转制①。国务院明文规定针对改制试验,应主要选择基础薄弱学校进行;办学水平较高的公办学校不得以改制为名进行高收费。

为什么不允许较好的公办学校改制呢?较好的公办学校凭借其原有的良好声誉,转制见效较快,也是投资者的首选。其主要成因有如下几个方面:一是较好的公立学校是我国政府长期制度性支持的成果,是完全由纳税人财力举办的学校,是国家紧缺的优质教学资源,一旦引入市场经济后,实施高额收费迎合的必然是更富有层次的择校需求。二是由于条件很好的公建学校改制后实行的都是民营化体制,所以往往能积聚更多的教学资源,从而更好较快地发展壮

---

① 2006年,教育部明确规定:"进行办学体制改革的试验,应该主要选择基础薄弱教育学校进行;办学水平和教育质量较高、社会声誉较好的公办学校是长期积累形成的公共教育资源,不得改为民办或以改制为名实行高收费。"

大,但其却逐步扩大了与一般学校之间的校际差异,严重背离了职业教育公平的目标。尽管节省下来的资金政府能转而投入给薄弱职业教育学校,但也是杯水车薪,根本无法支持弱势学校走出困局。三是较好的公办学校转制之后收费提高,不利于贫困家庭的孩子入学,影响了他们享有优质职业教育的平等权,同时也加重了普通收入家庭的经济负担。四是影响了政府的公信力。由于较好的公办学校改制能带来更多的利益,能增加学校和当地政府部门的收入,也往往被当地政府默许。很多地方政府把好学校改制作为当地政府的主要财政收入之一,影响了政府的公信力。五是较好的公办学校转制造成不公平竞争。较好的公办学校本身就集结了较多的优质职业教育资源,比民办学校和薄弱公办学校具有更强的实力和竞争力,再加上民营化的运营方式,使民办职业教育和薄弱公办学校在竞争中处于劣势。好学校改制作为试点,在改制初期摸索转制经验尚且可行,但在实际运作中许多较好的公办学校纷纷要求转制,“甚至在一些地方的职业教育,没有公立学校,只有转制学校和民办学校,违背国家承办职业教育的原则和学校试点转制的初衷”①。较好的公办学校转制造成不公平竞争。

通过薄弱学校改造可以减少校际差异,提升职业教育的整体质量。但薄弱职业学校教育质量不好,转制后学费又更贵,这不但对家长难有诱惑,对投资者而言亦存在风险,因此选择薄弱校改制成功的风险性更大。如何将一所薄弱校成功转制呢?现实中已有成功的经验可供借鉴。相当多的地方政府走的是一个“改造”路线,即增加地方财政,对薄弱职业教育学校进行投资。如某区的做法是:第一步,“政府一般给转制学校投入150—200万元”②,更新校舍等,如果政府不改造硬件,让其自己生存,靠现有条件吸引民间资金几乎是不可能的;第二步是配备合理的师资队伍。先找到改造薄弱职业教育学校的“领头人”——校长,高工资吸引本区和全市的优秀校长,同时高工资吸引优秀教师,如某薄弱职业教育学校刚转制的时候,该区规定其教师的工资可以高出一般公立学校20%左右,这不仅引入了优秀大学毕业生,还引入不少外地优秀教师,并且有能力聘请外籍教师;第三步是找准改制学校的合作伙伴,让转制学校与一所比较好的学校或大学联手。政府在职业教育改制中最主要的责任是“送一程”:财政

① 叶之红、汪明:《对我国公办中小学校改制的调查与研究》,载《教育发展研究》1999年第4期。
② 叶之红、汪明:《对我国公办中小学校改制的调查与研究》,载《教育发展研究》1999年第4期。

经费拨付不变，而且加大政府投入，但禁止收取高学费。

为什么薄弱校转制成功了也被取缔了呢？因为我国学校转制并没有统一标准，所以各地转制学校是五花八门。“天津以重点学校、示范学校和实验学校转制为主，上海市则以薄弱学校转制为主，也有很大比例的新建校转制。”①本书认为，多样化的学校转制，有助于人们全面、真实地了解转制成效，同时亦在一定程度上造成教育界的改制困扰。那么，非义务教育阶段的职业教育学校到底将什么样的学校进行转制较为恰当？

无论是从政府角度还是从社会角度出发，选择公办的薄弱学校改制是比较理性和理想的选择。因为，一方面，我国现有教育领域公私合作的经验不足，职业教育领域的民营化规模不能过大；另一方面，无论是从教育公平出发还是从改造薄弱校的现实出发，选择薄弱校改制都是比较理想的一种选择。教育部也明确指出：进行“公办民助”“民办公助”等办学体制改革的试验，应该主要选择基础薄弱学校进行。这一规定同样适用于非义务教育阶段的职业教育改制，这不仅能更好地顺应民意，而且也不违背国家的政策规定。

职业教育阶段的薄弱学校改造，主要是根据学校优质教学资源匮乏、校园机制僵化，以及人民群众对高质量教学日益增长的要求，与高质量教学供给不足间的矛盾等因素而实施的。薄弱职业教育改制学校只是职业教育学校之一种，它是以政府为主的多元办学体制中的一元，它在职业教育阶段的地位仅仅是公办学校的发展和补充，而不是主体，在一定时期内不会对我国职业教育的公共性造成威胁。而且，它不但促进职业教育公平，而且增加了优质职业教育资源。从实践的角度看，改制学校应在各地职业教育中保留一定占比，以供实践探索。因此，对职业教育改制学校进行清理有失慎重。

三、政府清理改制学校的意识误区

我国社会各领域大多有着一种崇公抑私的传统与本能，同样一种社会问题出现，对带“公”字号的组织人们一般都会多一些容忍和理解，而对带有“私”字

---

① “教育热点问题研究”课题组：《关于天津解决“择校问题”的调查研究》，载《教育研究》1998 年第 7 期。

号的组织人们会多一些批评和指责,如上文中出现的不公平问题、腐败问题、国有资产流失问题和高收费问题,社会中的政府部门、企业、高校、义务教育等领域,哪一个领域不存在?改制学校领域也不例外,为什么单单清理改制学校?究其根源主要在于政府的意识误区:二元对立的公私学校区分误区、转制学校管理中政府的强力控制的主观欲望、对学校公私合作的性质认识存在偏差。

(一)二元对立的公私学校区分误区

在我国传统的社会价值观中,国家之“公”对于公民之“私”来说总是有着道义上的优越感与优先性。在特权保护下,国家的“公”经常可以轻易地侵害个人的“私”。中国公私观念总是把公私利益和善恶是非对等开来,崇尚公便是好,崇尚私便是恶,这些认识沉淀于中国的历史当中,构成了根深蒂固的中国政治思想。

1. 传统的公私观发展

随着人类社会的进一步发展,人和人之间的互相依赖性也不断加强,“公”与“私”的含义也逐渐拓展,关系也在发生变化。相互依赖,使人类社会活动的范畴更具有“交叉性”和“公共性”,并越来越明显、越来越广泛。中国古代社会,“公”与“私”的含义与关系大都是围绕国家、政府、君主和各级官僚为中心来进行界定的,而现代意义上的“公”则代表的是公共利益,即国家全体成员的意志,公共利益代表着社会大多数人的共同利益,反映的是社会进步的需要。“私”则是指个人利益以及人们对自身利益的追求。所以,“现在人们已经普遍地将公看成是社会的公共利益和公共服务,以及维持社会公共利益和公共服务的准则、道义,和人类社会对这种准则和通义的遵循”①。

计划经济时代的公私观在价值观念上强调对私的否定,认为“私”属于资产阶级世界观,在经济领域崇尚“一大二公”,在思想道德领域主张“大公无私”。强调要一心为公,主张有“公”的国才会强盛,才能维护社会公正,才不会发生资本主义国家形式的巨大贫富分离和经济危机。这种强调“公”否定“私”,只重视公共利益否定个人利益的观念走向了极端。改革开放之后,中国社会公私价值观出现了多方位的嬗变,人们已经不再单纯地以“公与私”的价值准则来评判

① 张杨:《公私合作的行政法规制研究》,载《人民论坛·学术前沿》2017 年第 22 期。

是不是社会主义或资本主义,转而将个人利益与公共利益的分配看作正常的社会行为规范,注重兼顾公与私两个方面。学者们也引入西方“公域”和“私域”以及“零和博弈”等观点,提倡公私之间的良性互动。

2. 传统公私观念对中国职业教育思想的影响

传统公私观念的根深蒂固,对中国职业教育思想文化的影响难以消除。在“公而忘私”的中国传统公私观影响下,当前的中国教育界还没有明确承认并接受公与私合作有关的立法规范,在中国教育界,公共利益最大化与私人权益的边界已经趋向了一种绝对化,曾经的公私利益合作——改制被政策意识否决,而个人利益对公共利益几乎毫无合理诉求,人们对私利益提出一切诉求好像都是自私的、错误的,而一切基于私利的合理诉求,都可以被看作政府对公共利益最大化和社会秩序稳定的威胁。职业教育改制学校清理政策执行后给人的普遍感受是:普通民众必须遵守政府的法规与政策而不能对政府提出任何要求。因为政府好像既是社会道德的化身,也是人民一切私人权益的代言人,民众利益应该通过政府表达出来,政府对职业教育进行行政垄断被认为是理所当然的事情。

如果在政治领域,政府作为人们利益的代表未尝不可。如果把职业教育政治化,某些利益集团可能会利用民众让渡的权利,以公众代表之名,行满足私欲之实,将利益集团的权利制度化,这不仅极大地减损政府的公的权威,损害“公家”的形象,而且假公济私的行为示范也使整个社会风气备受毒害,结果导致“公”与“私”关系的严重错位。

传统的尊公灭私的公私观念不但在政治领域不可行,在职业教育领域也不可行,原因就在于公与私的关系并非势不两立,也并非二元对立关系,所以公与私并非谁消灭谁的问题,而是要彼此协调共进。反映在职业教育领域就是:在政府财力不足的情况下有必要对职业教育实行公私合作的救助政策,无论救助的对象是薄弱的私立学校还是公办学校。

“关于我国转制学校的特殊性,人们觉得相似于外国的特许学校,在基本性质上仍归属公立学堂;人们觉得转制学校按民营管理机制运转,应将其归入民营范围,实际上不少地区在职业教育工作事业发展统计资料中还把转制学校放到民营学校之列;人们说转制学校是‘私生子’,既不归属公立学堂,也不归属民营学堂;人们觉得转制学校是公立与民营二类学校优点相互促进的成果,是利用‘杂交’技术而取得的一项新‘品种’。”[①]无论如何定位，所有转制学校都是不同于传统的公立学校和民营学校的新式学校。从资本来源上分析，新改制的职业教育学校性质具有“公”的成分，也有“私”的成分，应该算是一类“混合制”的学校。

3. 公私立学校的区分标准

对于公私立学校区分的基本标准，学术界主要有3种观点：

一是以经费来源为标准进行区分。传统上，我们也习惯以“职业教育费用来源的尺度来划分公与私学校”[②]。但是，随着各国私校公助政策的推行这一标准逐渐失去意义，因为当前很多国家都在不同程度上对私立学校进行资助，“有的国家政府对私立学校的经费资助甚至达到学校财政收入的60%至80%”。尽管如此，人们仍习惯把经费来源作为公私立学校的重要区分标准之一，在国外人们常常把政府全额资助的私立学校称为津贴学校，并将其纳入政府的公共职业教育管理体系当中，虽然这些学校的前身是私立学校，但已与公立学校基本无区别了。因此，对于这类学校的划分也不一致，有的国家和地区将其划为公立学校系统，如我国香港特别行政区的津贴学校（aid school）和新西兰的州立综合学校（state-indegrated school），但有的国家或地区仍归为私立学校，如匈牙利、比利时和我国澳门特别行政区等。关于这个问题，美籍心理学家里维曾理解是“惯用语”的概念，意思也只是所谓的习惯罢了，但我们从某个侧面就能够发现，“当前各国公私立学校的界限已经越来越模糊”。[③] 这表明，把经费来源作为区分公私立学校的唯一标准已经不再适宜。

二是以学校办学的自主权为标准来区分公私立学校。私立学校拥有的办学自主权较大，受政府管制和约束较少，公立学校的办学自主权较少，受到政府职业教育行政当局的严密控制。比如，公立学校校长由政府直接任命或由公众选举。私立学校的校长则是由非政府组织直接或间接管理。这种标准能在一定范围解释公私立学校的差异，特别是那些受政府资助较少的私立学校，往往

---

① 吴立香：《“公私协力”（PPP）法律关系的结构化解析》，载《东南学术》2018年第6期。

② 《简明国际教育百科全书（教育管理）》中说，私营学校是指“不接收政府补助经费，依赖学生的学费、捐款和其他个人财源”而设立的学校。

③ 按照《国际教育百科全书》所新述的说法，“也许最好把由个人创办、经营或掌握了部分私人资金的学校定义为私立学校”。

拥有更多的办学自由，可以制定学费政策、设置课程内容、决定学校教学人员的聘用与晋升，而公立学校常常要遵循统一课程大纲，并严格遵守政府的入学制度和办学规则。不过，这种标准的弊端也随着各国职业教育公私合作运动的发展而逐步凸显，像“特许学校”“公校私营”学校等特殊情况的存在，也使得公办学校在办学自主性上更多地具备了私营学校的特点。以学校办学的自主性为标准来区分公私立学校也存在问题。

三是以学校的办学主体和产权作为标准来区分。公立学校一般皆指由政府部门所开设的学校，而政府部门亦对该校拥有财产所有权，即该校所有权亦归政府部门拥有。私立学校一般皆指由非政府机构或私人所开设的学校，而非政府组织或私人对该校拥有财产所有权与使用权，即产权归机构或私人所有。这里争议的焦点是产权归属问题，即能否把私人举办政府资助的学校界定为私立学校。需要对学校的“举办权”和“经营权”问题作具体的区分，举办权是区分公私立学校的有效标准，但经营权不是。从本质上来讲，“政府对私立学校的资助是对私立学校学生的资助，其资助的生均经常费用已经消耗在了学校的日常运营当中，应该将学校的生均资助和基本建设费资助区分开来，基本建设费的资助应该有明确的产权协议，包括资产的转让、退出或转移机制”①。因此，有研究者主张通过建立合理机制来避免私立学校在接受政府资助时所产生的产权不清的问题。以学校的办学主体和产权作为标准来区分公私立学校是比较可行的，但是从当前职业教育领域的公私合作的发展趋势来看，把学校分成公私分明的两种学校类型也已不合时宜。

总之，各国职业教育领域公私合作制度的发展，极大地改变了人们对公私立学校的区分标准。无论是以经费来源为标准还是以办学主体和产权、自主办学为标准，公私立学校都显现出越来越多的趋同性。本书以举办权和产权为标准来区分公私立学校。

辞海中“立”意为“设立”，较好地解释了私立学校的举办者是私人或私人机构，而“公立学校”则表示公立学校的举办者为政府。对于举办者来讲，任何“举办”活动都将代表着一种事实发生，至于举办后的学校的经营与管理，则只涉及学校的运营，并不代表学校本身的固有属性的改变。

---

① 朱鹏：《私校公助：澳门的视点与问题》，华东师范大学教育学部2009年博士学位论文，第93页。

“私立学校”和“私营学校”是两个不同的概念,因此,应将“私立”和“私营”两个概念进行区分,私立学校具有私营的性质,但是私营的学校却不一定都是私立学校,随着市场化介入,不少公立学校往往被托付给有经营能力或专业能力的机构或个人进行经营和管理,如特许学校、公校私营学校等,虽然这些学校和机构的运营方式发生改变,但属性上仍然是公立学校,学校经营权的转移并未改变学校所有权的属性。

中国的民办学校实际上相当于外国的民营学校,尽管其主要从“办”的角度,而不是从“立”的视角来对学校加以命名,但民办学校所对应的学校类别仍然为公立学校。在中国之所以叫作民办学校并不是私立学校,主要是我国国民对公私关系有一种内在的二元对立观念所致,只是一种习惯称呼而已。

“从产权关系的角度来看,传统意义上学校举办权和产权关系是合二为一的,一般而言,举办者拥有学校的产权,私立学校的产权关系归属私人或办学机构所有,公立学校的产权关系归属于政府所有。”①但是 21 世纪前后 20 多年,一些国家或地区的公办民营、私学公助的做法改变了这一状况,比如,许多国家为鼓励私立学校发展,给予其基本建设费的资助,甚至兴办校舍,从而引发了人们对所有权与经营权、学校举办者与产权关系的重新思考,这也是争论的焦点问题之一。如果根据传统意义上的举办权与产权统一原则,这些投资到私立学校的校产将归属于私人和学校举办主体,如果承认这些学校是私立的话,那么产权就属于私人而非政府。我国香港特别行政区的直资学校就是一个明显的例子。“我国香港教育系统明确地将直资学校定义为私立学校,但部分校产是由政府提供的,并且鼓励原来的政府津贴学校转制成为直资学校。”②

严格意义上来讲,类似我国香港特别行政区的直资学校和美国的特许学校等公校私营学校并不属于私立学校,而属于公校私营,其属性仍然是公立学校,因为这类学校举办者是政府,其产权仍然是政府所有,这里关键问题是运营中的产权增值部分的归属问题,这不仅需要国家出台相应法律法规来进行界定规制,而且需要公私合作时依法签订合约进行约定。如有的国家法律规定,政府对私立学校的资助费用,需要签订附加的接受资助条款,包括这些费用的核算、

① 朱鹏:《私校公助:澳门的视点与问题》,华东师范大学教育学部 2009 年博士学位论文,第 93 页。
② 朱鹏:《私校公助:澳门的视点与问题》,华东师范大学教育学部 2009 年博士学位论文,第 94 页。

折旧、转移或退出，一旦学校退出或将这些资助用于其他用途时，需要按照有关规定对这些资助进行偿还。

因此，相比较而言，本书倾向于以学校举办者和产权为标准来区分公私立学校，因为基于当前的公私合作的国际趋势，举办者的区分比较明显，而在学校经费来源、办学自主、学校管理方面表现出了越来越多的趋同性，使私立学校和公立学校的区别日益淡化，边界日趋模糊。"从举办者的角度对公私立学校进行区分，对规范私立学校的资助与管理问题具有重要意义，由于产权和举办者的不同，对职业教育的价值和认识不同，对职业教育的贡献也不同，从而导致私立学校在经营和管理中表现出与公立学校不同的特征。"①如何利用公私合作政策实现对职业教育的资助与管理，并实现学校优质职业教育的均衡发展，是公私合作政策的目的所在，也是评价公私合作政策是否成功和有效的关键所在，亦是本书主要分析的问题所在。

但是公还是私的身份并不能改变改制学校试点中对职业教育长期发展所产生的积极影响。评价一所职业教育学校的好坏标准不是姓公姓私，而是能否提供优质高效的职业教育，能否满足学生对个性化职业教育的需求。

（二）对改制学校行政控制的主观欲望

政府对改制学校强力控制的主观欲望是通过改制学校管理中政府的强力渗入表现出来的。由于长期以来政府对公办职业教育的行政垄断，行为惯性导致转制学校管理中政府的强力渗入，而这些强力渗入可能带来学校低效率，甚至带来腐败问题、乱收费问题、国有资产流失问题和不公平问题。

1. 政府对转制学校强力渗入的表现

职业教育改制的内容之一就是促进职业教育管理体制的分权，也就是说把原来由政府掌握的部分管理权下放到学校，扩大学校自主权。不过，由于转制学校管理中政府部门的大力渗入，造成了政校关系不清，转制学校的办学活动管理不规范等问题仍然存在。下面是有关学者对政府强力渗入程度所做的问卷调查。（见表 8 - 1）

---

① 朱鹏：《私校公助：澳门的视点与问题》，华东师范大学教育学部 2009 年博士学位论文，第 93 页。

表 8－1　改制学校调查问卷

问　题	回　答
学校所在区(县)对改制职业学校的管理是怎样的?	与公办职业学校一样
谁对学校重大事项最有决定权?	教委、学校领导班子
年度招生时,招生名额是怎样确定的?	由政府分配名额
师资的总体水平怎么样? 和公立职业学校持平吗?	与一般公办职业学校持平
学校为教师提供哪些保障措施? 标准是什么?	"四金";参照公办职业学校
学校教师的工资收入水平与公办职业学校相比	与一般公办职业学校持平
在师资培训方面,学校有哪些措施?	与公办职业学校一起参与教育局安排的各类培训活动
学校的课程设置与公办职业学校相比	与一般公办职业学校一样
学校学生的毕业考试成绩	与一般公办职业学校持平
学校是否有董事会?	没有
学校的校舍和场地由谁提供? 是有偿的吗?	由政府提供;无偿的

资料来源:肖华杰:《政府和社会资本合作(PPP)法律机制研究》,吉林大学法学院 2020 年硕士学位论文,第 77 页。

通过表 8－1 的回答内容我们可以看出在转制学校管理中政府强力渗入的程度。笔者通过对比改制职业教育学校与公办职业教育学校的相关回答,改制职业教育学校与公办职业教育学校在学校所在区(县)对改制学校的管理、对学校重大事项的决定权、招生名额的确定、学校教师的总体水平、学校为教师提供的保障措施和标准、学校教师的工资收入水平、师资培训、学校的课程设置、学校学生的毕业考试、学校内部管理、学校的校舍和场地等方面存在极高的重叠性,说明政府对改制职业教育学校强力渗入的严重程度。

关于转制职业教育学校与政府怎样分配转制后的职业教育权利,以及学校管理的社会责任、权利应该如何界定,我国没有相关法律政策进行规制。因此,在这方面的实践操作都比较混乱。转制职业教育学校面临"一统就死、一放就乱"的难堪境地,主要原因就是政府部门对转制职业教育学校的大力渗入,以及没有完善的立法监管机制。政府对改制职业教育学校的强力渗入主要表现在以下几个方面:

一是在职业教育收费标准方面。我国职业教育收费没有全国统一标准,既有地方政府的统一规定,也有改制学校的自行确定。特别是地方政府,对改制学校的学费规定(如前文所述)显现出强力渗入性特征。

二是在改制职业教育学校的校长的任用与监督方面。在学校校长任用方面,有的地区由政府任命,有的地区则由学校理事会任命。政府任命校长的学校,由于工作调动频繁,急功近利思维强烈,短期的办学行为明显,严重损害了学校和学生的合法权益。而对放权后如何规范和监督校长的办学行为缺失相关法律规制。对转制后的学校来说,筹措资金是学校职责,所以在校园建设方面学会了授权,善于充分调动员工的积极性。学校转制后,校长的权力、责任与其素质要求呈正相关关系,即所谓的水涨船高。学校应该从消极被动的"等、靠、要"改变为积极主动的方式管理学校,培养学生服务能力,不但对社会变化要有敏捷的感知能力,还要主动协调好学校与政府、社会、家长之间的关系。不过,实行转制的学校大多认为自己权力扩大了可以为所欲为,不管大事小情都要由自己拍板定夺,因此企业转制权就成了学校的专治权。这是政府任命带来的后果,也是政府强力渗入对改制学校带来的不利影响。

三是在改制职业教育学校的管理方面。有的地方政府对转制学校放任自流;有的地方政府只放开收费政策,其他方面则与管理公办学校没什么两样。特别是在课程设置、教学改单、教师身份的认定和学校教师编制方面,强力渗入的特征更加突出。不仅多数改制学校的校长仍然是政府任命,他们的升迁与降职的命运仍掌握在政府手中。改制学校常常受政府的"红头文件"的管制,特别是在教师身份的认定和学校教师编制规定方面,政府管制更多。转制学校的师资结构优化是学校发展中面临的主要难题。转制管理工作学校的教职工来源大致有三类:转制管理工作前的学校原有教职工的重新组合,其编制仍属于国有,老师薪酬由国家财政承担;聘用较有经验的离退休老师;聘用其他学校在岗老师作为教师兼任管理工作。为节省教学成本,不少转制管理工作学校还聘用了一定比重的离退休老师做兼任教师工作。根据"中国上海区域市民办职业教育师资素质状况调研与措施探究"项目课题组对中国上海市 8 个区的取样调查结果,"离退休老师在转制管理学校中的比重为职业教育的 45.9%;转制管理工作学校教师的平均年龄为四十二岁”[①]。尽管有些职业教育学校也要吸纳一些年轻老师，但因为该校还缺乏充分的人事聘用权，加之教职工人员编制问题难以解决，因而该校还无法切实实现学校师资的“能上能下、能进能出”。[②] 也有的转制职业教育学校则是好学校和差学校间的结合，双方学校师资待遇完全不同，不但严重影响了老师的工作积极性，还影响了该校的整体效率和教学质量，这与政府对改制职业教育学校教师的制度性限制不无关系。

四是为缓解经费投入不足，放任名校办民校。职业教育改制主要是通过改革职业教育投资体制和运行机制，拓宽薄弱职业教育学校资金来源并提高资金利用效率，最终实现职业教育质量的提高。所以，改善薄弱的职业教育教学品质和提高教学资源配置效益，以适应民众对职业教育优质教学资源水平持续提高的需求是当前职业教育改造的主要目标，而这一目的的完成核心就是将转制学校的所有权和经营权分开，并通过经营效益的提高，使弱势职业教育教学品质和教学资源配置效益得以进一步改善。然而在现实中，为缓解经费投入不足，为减轻政府的财政压力，地方政府放任名校办民校。结果是“一方面造成部分领导、老师奔波于‘公’和‘民’学校之中，其教师、设备等均处在超负荷状况，在一定程度上严重影响了公立职业教育学校正常的教育活动。但是随着改制后学校规模的快速扩张，传统名师在占公立师资的比例中含金量将越来越小，传统优质生源在公立高校生源中的比重也将逐步下降，原有公立学校的优质教学资源的含金量将大不如前，而公立学校保留的就只有‘品牌’这个‘无形资产’”[③]。一些名校纷纷加入了转制的行列，如“名校办民校”“校中校”等，其高收费的目的很明显，这严重违背了改制政策的初衷。不少已经转制的学校，转制目的只是为减少地方政府财政负担和改变学校投资体制，但对于薄弱职业教育学校的职业教育水平究竟有无改善，以及学校能否获得更大的经营自主权，似乎无关紧要，很明显是偏离了转制的目的。这不但会损害职业教育公平，也

---

① 肖华杰：《政府和社会资本合作（PPP）法律机制研究》，吉林大学法学院 2020 年硕士学位论文，第 77 页。

② 肖华杰：《政府和社会资本合作（PPP）法律机制研究》，吉林大学法学院 2020 年硕士学位论文，第 77 页。

③ 肖华杰：《政府和社会资本合作（PPP）法律机制研究》，吉林大学法学院 2020 年硕士学位论文，第 78 页。

会对职业教育的公益性原则的实现带来不利影响。

五是地方政府的改制目的不纯。学校改制实践中存在一些地方政府甩包袱的想法,其目的与改制政策的初衷相背离。“个别县市在名校通过带民校形成一定筹资能力后,不但停止财政对改制学校的拨款,而且还要求每年上缴一定的经费,这种情况有逐步蔓延之势。这既限制了中国职业教育事业的进一步发展,也限制了中国职业教育改革的进一步深入,不符合法律法规的要求。”①

同时,政府对公办改制学校进行强力渗入的另外一个表现是对学校办学经费的使用进行多重约束,从收入到支出,大到基础设施修建与改造,小到教师办公用品的购买,学校都要向职业教育主管部门提出申请,等待审批,学校毫无办学自主权可言。说到底,政府对改制学校进行强力控制的主要动因是害怕对改制学校失去控制力,这是由于长期以来形成的职业教育行政垄断所致。

2. 政府对转制学校强力控制的根源

各级政府是代表国家行使职业教育管理权,在优质职业教育资源的配置和职业教育管理中发挥着主导作用。其一,政府在职业教育改制中的主导地位是由我国职业教育的投入特点和职业教育管理体制决定的。我国地方政府在职业教育发展中负主要责任②,中央政府和地方政府负担主要的职业教育经费,这决定政府代表国家拥有公办职业教育财产的绝对所有权,对职业教育财产的使用、占有、支配、收益等权能的分配拥有决定权,政府在分配职业教育学校的职业教育财产权限中拥有无可置疑的主导地位。在中国的职业教育管理体系方面,“就归属问题来说,国家中央职业教育行政管理机关与各地职业教育行政管理机关相互之间具有着上下级的联系,同样各职业教育行政管理机关隶属于同级政府部门的主管,表现了某种从属性”③。职业教育行政管理机关是为了地方政府部门的一个职能部门而产生的,当然要受到所辖的中央政府或地方人民政府主管。职业教育行政管理机关有着完全的地方政府职能性质和特色不足为

---

① 肖华杰:《政府和社会资本合作(PPP)法律机制研究》,吉林大学法学院2020年硕士学位论文,第105页。

② 职业教育实行“地方负责,分级管理”的体制。在职业教育的经费投入方面,实行国务院和地方各级人民政府根据职责共同负担,省、自治区、直辖市人民政府负责统筹落实的体制。

③ 肖华杰:《政府和社会资本合作(PPP)法律机制研究》,吉林大学法学院2020年硕士学位论文,第106页。

怪,因为各级职业教育管理机关承担了本地基础职业教育的发展计划、校园布局、基本教学政策的制定与实施、人才调配、职业教育经费管理工作与运用等,政府因享有绝对的职业教育领导权而在职业教育改制中居于主导地位。其二,职业教育市场的有限性决定了政府要在职业教育改制中发挥主导和协调作用。具有一定公益性色彩的职业教育以向社会输送后备人才为目的,因此职业教育市场不能完全等同于经济市场,职业教育价格不可能完全根据市场供求来决定,职业教育发展目标也不能完全靠市场的职业教育消费者需求来决定。职业教育市场是有限的市场,其市场化运作是局部性的,以不损害职业教育的公益性、国家的职业教育权威性、职业教育自身的规律性、维护受职业教育者合法权益为尺度,只能在某些环节和方面进行市场化运作。市场化运作能使职业教育更有效率、更注重受职业教育者的个性化需要,而这也正是官僚式的层级化管理所欠缺的。但是,如果将职业教育完全市场化不仅会影响整个职业教育的公益性,而且会给整个职业教育带来灾难性后果,因为市场化浓重的商业性将掩盖职业教育的终极目的,使职业教育成为经济发展的工具。最有力的例证就是,近年流行的职业教育产业化思潮,使某些个人、单位或部门借职业教育产业化、市场化运作来实现其个人、单位或部门经济利益。但是我们不能只看到职业教育市场化的弊端,而无视其效率化运作,否则只会造成职业教育发展的停滞和落后。职业教育市场的有限性决定了政府在职业教育改制中的主导和协调作用。

3. 政府对转制学校强力控制的弊端

在缺少相应的制衡机制的情况下,政府对转制职业教育管理的主导地位容易形成政府强力渗入的诸多弊端。

(1)职业教育科层制管理弊端。政府官僚科层制管理体现了现代管理对效率的追求。“纯粹的政府机构的官僚管理模式对其自身来说,是一种可以实现最大效能的方法,它是对机构人员实施强制性管理的理性方法,在精确度、稳定性、纪律的严明度以及可信度方面均高于其他任何方法。”①然而,科层制过分依据规则行事,导致可能的目标置换和僵化行事,上下级之间的权威性服从,易出

① [英]托尼·布什:《当代西方教育管理模式》,强海燕主译,南京师范大学出版社 1998 年版,第 52 页。

现沟通障碍和利益纷争,易用部门目标取代组织目标;按规则行事,往往使人缺乏创造力,组织也倾向于保守与守旧。我国职业教育科层制管理体制有科层制的通病,不但管理低效,且滋生腐败,导致一方面职业教育资源紧缺,另一方面腐败浪费的现象严重。

职业教育主管部门属于典型的科层制组织,除一般的科层制管理弊端外,还存在职业教育决策方面特有的弊端:职业教育决策往往迟钝,认识职业教育政策问题和做出职业教育决策的过程比私人机构更长,花费的时间也可能更多,决策并解决问题的效率和效果经常大打折扣。职业教育主管部门的决策也常常失误,科层制结构中的部门利益纷争往往使简单的问题复杂化,政府官员有时不负责任地制定政策。职业教育领域官僚科层制管理低效、僵化的弊端,近年来成为众矢之的,也成为各国职业教育体制改革的主要目标。在改制职业教育管理中,官僚科层制的等级式的管理,造成相关信息不畅通,学生和学校的需要得不到满足,优质职业教育资源不能得到最有效的配置与利用。特别是政府过度干预改制学校内部管理,造成职业教育行政部门对改制学校管理不到位或管理越位现象严重,使改制学校低效运转。

(2)政府的"寻租"行为阻碍改制学校的改革进程。近年来,职业教育市场的不断发展催生出职业教育领域内的政府寻租现象,比较典型的是政府通过优质公立职业教育学校改制,利用优质职业教育资源寻租。我国一直以来的重点学校制度,造成学校两极分化,优质职业教育资源有限,无法满足学校学生及其家长对优质职业教育日益增多的需求,优质职业教育资源供需矛盾日益紧张,也为政府利用优质职业教育资源的管理权进行寻租创造了条件。我国公建的职业教育学校均归人民政府统一管辖,由人民政府代表国家对职业教育行使政府的权力,同时也代表国家享用学校的财产所有权,有权对各学校进行人财物的资源调配,甚至有权出卖学校、新建学校。于是出现了政府有违基础职业教育公平原则,把职业教育的优质教学资源出卖给个人、支持优质学校按分数收取学费、支持名校建民校并收取高额学费等现象。政府利用对名校办民校和高收费的政策支持,对高收费学校按比例提成,利用权力牟利。

政府对改制职业教育学校强力渗入的权力来源于政府的行政管理权。改革开放以后,中国由政治统一的社会逐步进入"契约性社会",契约要逐渐代替行政成为重要的社会整合机制。但契约"在目前发挥作用的程度,绝不能估计得过高。从整个社会历史来说,我国现仍处在一个过渡性阶段。在这种阶段中,社会融合明显落后于社会分离过程,这将造成社会生活的各种障碍"①。以新的契约性社会融合机制取代行政性体制需要一个过程,行政性机制仍在社会中发挥重要的作用。特别是我国政治体制改革落后于经济体制改革,政府在我国社会改革领域仍拥有绝对的优势,既可以为改革提供制度支持和行政保障,也可以利用主导地位为自己谋取利益。中国社会学家孙建平曾指出,当时中国的"利益均衡机制却并未相应地构建出来,当经济社会中的利益集团开始产生的时候,尤其是当某个层次的政府机构或部门本身已经形成了利益中心的时候,就开始成为扭曲制度的主要动力。尤其是政府政策对于制度的歪曲影响,导致一些制度的走向并没有朝着一个有效制度的方向发展,只是不合理的利益瓜分。而在当时的权利分享进程中,弱势群体并没有必要的弱势群体表达自身权利的制度化途径"。在我国经济和职业教育体制改革中,各级政府及其部门大都已经成为相对独立的利益团体,它们属于利益博弈中的强势一方,在社会力量尚未发育成熟,缺失制衡政府力量的时候,政府在职业教育政策的制度和执行方面具有主导性的一面,使政策向着有利于自己部门利益的方向发展。如名校办民校问题、校中校问题等,虽然受到理论界和教育者的强烈批评,却能在社会上依然盛行一时,与地方职业教育主管部门的暗中支持不无关系。某些地方政府甚至直接作为利益集团,开始办民校牟利。

在 20 世纪 90 年代末,职业教育改制是作为改造薄弱职业教育学校的政策提出的。但在实践中,地方政府将优质学校纷纷改制,利用优质职业教育资源牟利。家长要想让孩子考上好的职业大学,就必须选择上好的职业高中,而高额学费成为利益集团直接谋取的利益。

总之,职业教育应该给市场化多大份额？如何进行有限运作？政府如何放权与监督？这需要不断探索。在我国职业教育市场发展初期,职业教育市场出现很多不规范现象,需要规范、完善各种制度,优化市场的运行环境,又需要政府收放得当,做好调控与监督。

---

① 在这个阶段中,存在一个行政性、契约性以及其他整合形式共存的局面。参见张敏:《公私合作中行政优益权的行使及限度》,载《领导科学》2019 年第 22 期。

(三)对公私合作学校的性质存在认识误区

公办职业教育“改制”是指由国家和政府提供土地、校舍及其相关职业教育设施,依照一定的法律程序将公办的职业教育交给具有法人地位的社会团体或个人经营管理。“改制”学校的国有资产的所有权仍然属于国家,但职业教育教学活动所需的运营资金需承办者筹措,在运营过程中可以根据学校运营成本,依据国家标准收取一定的学费。公立学校“改制”改的是学校运行方式,而不是学校财产所有制性质,即从学校财产归属而言,公办“转制”学校仍属于国有学校,只是资产的组织形式和占有形式发生了变化。

为什么这么说呢?这里可借鉴经济领域的公私合作的定性分析。混合所有制与混合经济皆属公私合作性质。“混合所有制市场经济是指公有或私有两种或两种之上所有人制融合和彼此协作的市场经济”①,其代表类型是股份制市场经济,它也是一个国家经济社会市场化步伐加速的主要标志之一。下面以股份制经济的性质为例,借鉴名家之观点进行相关说明。

1. 股份制合作组织的性质

股份制合作组织的性质不能简单地定性为是单一的国有、集体所有,还是单一的私有。总体来说,其性质决定于占有绝对支配地位的资金的性质,也就是说,最关键是看资金控制权握在了谁手里,如果国有或集团控股,份额制资金就带有明显的公共制性质,所以采用份额制就能够扩展对公共资金的绝对支配范围,也就能够扩大资金公共制的市场主体地位。股份制和其他混合所有制经济与股份制一样,对于它们的性质界定这段话同样适用。要辨明其性质,主要掌握以下几点:

第一,从资本的组成成分看,混合所有制组织只是资本的组织形式,是不同资本所有权的融合,所有权属性具有多重性。在由国有资本或者集体所有投资参股时,即使股份制也含有国家成分或者集体所有成分,但这种成分也是属于公有制性质的,也是整个社会公有制经营的有机组成部分。至于私有经济成分,其所有权虽然为私人所有,但资本的支配权已发生变化,受到公有制影响,被用来为社会主义服务。

---

① 张敏:《公私合作中行政优益权的行使及限度》,载《领导科学》2019 年第 22 期。

第二,从控股权角度看,混合所有制组织整体的性质将决定于谁掌握控制权。从理论上来讲,股东在股份制中掌握51%的股份才能取得控股权,实际上,有许多分散的小股东并不参与决策,一般股东只要掌握30%左右的股份就可以取得组织的控股权。所以,国有股份或集体股份只要掌握了控股权,就可以把这类混合所有制看作公有制性质。

第三,从支配关系来看,混合所有制经济组织内部的支配权远远超出所占股份本身的作用。因为资金的多少决定混合所有制经济组织的运营支配权,只要公共资金的控制性地位不变,公资本就获得了整个资金的支配权和运营权,公共资金的支配范围将由此而拓宽,而将非公有资金纳入混合所有制经济组织内为经济与社会服务,公有制的主体能力由此提升。

综上所述,凡是有国有资本、集体资本参与的混合所有制组织,都具有一定的公有制成分和公有性;而公有资本掌握控股权、取得支配地位的股份制组织,其性质应当属于社会主义公有制性质的组织,它是一种新的公有制的实现形式。

2. 公私合作制只是一种社会化的财产组织形式

公私合作制只是一种资本组织形式,它是公有和私有多种资本形式的联合体。就中国目前在经济领域的投资合作情况分析,合作形式包括在公共资金内的国家投资与社会集体资金内的合作,也有在跨区域、跨职能的经营性国有资产内的各类合作、跨区域和跨职能的社会集体资金的各类合作,更有在国家资金、社会集体资金、私营资金、社区劳动者企业个人资金的投资合作,甚至还有资本和劳动者的劳动之间的联合,以及各种类型的国内资本与外国资本的联合等,其联合的内容和形式是多种多样的。

"我国现阶段存在的混合所有制的具体形式主要包括:股份制(如股份公司),股份合作制(如城市和农村合作社),城乡联合制,各类联合组建的集团组织、中外合资合作组织,以及其他资本和劳动相联合的形式等,呈现出一种资本组织形式多样化的局面。"[①]公私合作制不过是一种财产组织形式或实现形式,它可以为私有制所用,为私有制的实现服务,也可以为公有制所用,为公有制的

① 陈婉玲、胡莹莹:《我国PPP模式的功能异化、根源与解决方案》,载《上海财经大学学报》2020年第3期。

实现服务。

我国经济学家王珏指出，“在商品经济条件下，股份制之所以形成的资产组合形态或实现形式，主要是因为商品经济的运行形成某种内部条件，促使了原始所有者再转变为单一所有者，单纯所有者再转变为份额，权益再转变为法人财产权。商品经济发展所需要的这些财产关系的发展，同传统私有制和发展我国之间不是一定的联系；由于所有制差异，只影响各自财产关系演交的程序不尽相同”①。

不管人们如何评判“股份制”，中国经济体制改革的实践都已提出并解决了“股份制”问题，“要不要搞”和“如何搞”的选择早已不成问题。

王珏强调“股份制的本质规定性并不姓‘私’，但它也并不等于公有制。股份制的一般性质是：表现为直接社会性占有生产资料的一种特定的财产组织方式或实现方式”②。

所以，公私合作制既可以为私有制所运用，也可以为公有制所运用。因为，一定所有制关系通过公私合作制这种财产组织形式表现出来，有着一系列的财产关系的转化或分离过程，王珏把这一过程作了以下描述：“第一个过程是原始所有权转化为单纯所有权。原始所有权不仅表明主体对生产资料的所有权关系，而且包括从实物到价值形式对财产的实际占有、使用、支配的关系。单纯所有权主要是指主体对财产的价值形式上的所有权关系，而不涉及对财产的实际占有、使用和支配。财产所有者要作为股份投资者，对于一个既定量的财产来说，首先必须放弃对这部分财产的原始所有权，或者具体地说，放弃从实物到价值形式对财产的实际占有、使用和支配的权利，只获得在价值形式上对财产的单纯所有权。这就发生了原始所有权到单纯所有权的转化。这一转化过程没有超过主体对财产所有权关系的范围，但这一过程的完成，使主体对财产的占有关系与实际劳动过程或生产过程分开了。第二个过程是单纯所有权转化为股权。财产所有者以其所有的价值形式的财产，购买公司发行的股票，使单纯所有权转化为股权。这一过程的完成，有两个重要的意义：一是一旦单纯所有权转化为股权，就不会再退股，所有者不是像过去那样对自己的那份财产拥有

---

① 吴立香：《“公私协力”（PPP）法律关系的结构化解析》，载《东南学术》2018 年第 6 期。
② 吴立香：《“公私协力”（PPP）法律关系的结构化解析》，载《东南学术》2018 年第 6 期。

所有权,而是同所有的股东在一起,共同拥有公私财产的所有权。二是在转化为股权后,不管原来的所有者是谁,即财产的所有权是公的,还是私的,都表现出同一的性质,即财产由股东共有、按股权份额获益。这时,实际上已经大体完成了一种所有制关系到另一种所有制关系的财产组织方式的转化。第三个过程是股权转化为法人产权。在行使股权的过程中,全体股东依法赋予公司(董事会为代表)行使经济上的财产所有权的职能,这种公司依法人资格获得经济上的生产资料所有权,被称为法人产权。股权转化为法人产权,是股份制这种财产组织方式的最后完善。这一过程的完成,使原始所有权的特殊社会性质深深地隐藏于经济过程的背后。在股份制企业的经济运转中,法人产权是最现实、最直接、最有实际意义的财产关系。但法人产权本身并没有'公'或'私'的性质,就是说,它既可以是公有财产,也可以是私有财产,当然也可以是公、私结合的财产,一句话,它只是一种财产的组织方式。"①

由此可知,只有把诸如股份制一样的公私合作制理解为一种特定的财产组织方式,才正确把握了它的基本性质。

3. 职业教育"股份制"所面临的"要不要搞"和"如何搞"的最终选择

与目前职业教育改制问题一样,经济领域的"股份制"也曾面临过"要不要搞"和"如何搞"的选择。

当年中国经济中的股份制改革作为新物类,在刚启动时便受到了部分人的强烈反对,反对者中也曾有不少的经济学家。曾经抗议的力度非常巨大,使当时的报刊都没有人再谈股份公司制,有些人甚至于写出了"万言书"对股份公司制予以进攻,抗议者的重要论点是,"股份公司制是资本主义的,实行股份公司制就要复辟资本主义,搞私营"②。直至1992年邓小平同志的南方重要谈话,明确提出了姓"资"还是姓"社"的问题,批评了根深蒂固的"左"的思想,明确提出了"三个有利于"准则后,才真正将这一反对改革的政治力量压下去。当时的提法是"产权改革是绕不过去的攻坚战,股份制是中性的,它既不姓'社',也不姓

① 王珏:《对股份制性质的理论分析》,载《中国社会科学》1990年第6期。

② 张勇:《PPP模式中政府行为的法律规制研究》,对外经济贸易大学法学院2018年博士学位论文,第98页。

'资',可以成为公有制的实现形式"①。

1993 年十四大明确了中国必须走建立社会主义市场经济体制的道路,又因为深圳和广州证券市场的建立并取得了较好的成功,所以在随后的十四届三中全会的决定中,首次明确"国有企业推行股份制",但到这时仍然有人反对股份制,直到 1997 年的十五大指出:"所有体现了社会主义生产规律的经营方式与组合形态,都可以大胆使用。"至此,才再没有人公开反对股份制,大家的思想才有了统一的认识,"如何搞好股份制改革"的问题也才被真正提到仔细研讨的日程上来,由国务院体改委和国家经贸委共同牵头,开展了现代公私合作的股份制试验。十四届三中全会决定指出的对关于将股份制变成公有制的主体形态,对关于保障私人财产权,推动各种资产的自由流转与重组等一系列股份制改革相关理论,使股份制理论在思想认识上有了突破。

大家有目共睹,经济领域的股份制改革已经取得了显著成效。股份制改革已经在大范围的国有企业推广开来,公有制的实现形式也多样化了。实行股份制的企业,其经济效益一般比不实行的企业要好,当然也还有诸如"一股独大"、内部人控制等问题,但只要加强法律规制,其并不能左右股份制正面影响社会发展的大局。因此,从上述内容来看,人们对职业教育领域的公私合作存在认识误区很正常,纠正这一误区也需要时间,更需要政府、社会、学界的努力。

在职业教育学校改制过程中,要弄清楚诸如股份制等公私合作所改单的对象。王珏教授在《正确认识股份制改革的性质》论文中强调,"股份制改造所要改变的并非国有或代表全体民众对工业生产设备的共同所有制,而只是生产资料国有制的传统实现形态,即行政化占有方式"②。生产资料的所有制性质与生产资料的取得方法并不是一回事。所有制性质表明的就是某种生产资料"归谁所有",而占有方式是指这种归属关系以怎样的方式来实现。学校改制所要改的正是这种行政化的占有方式。

我国传统公有制的占有方式是行政化的:职业教育学校产权按行政系统高度集中,不能流动;学校产权在行政条块分割下,难以实现重组和调整;学校产

① 张勇:《PPP 模式中政府行为的法律规制研究》,对外经济贸易大学法学院 2018 年博士学位论文,第 99 页。

② 张勇:《PPP 模式中政府行为的法律规制研究》,对外经济贸易大学法学院 2018 年博士学位论文,第 99 页。

权分布按行政系统条块化,学校成为行政机关的附属物。这种行政化的占有方式,曾经可以迅速集中资源,加速形成大机器生产力,促进国家职业教育的快速发展。但随着生产社会化的到来,我国传统行政化财产占有方式与生产社会化就不再相适应。生产社会化要求全民所有制的占有方式也必须是社会化的,其主要特征是:产权是流动的;资产能够迅速重组和调整;产权以社会化分工网络来分布。我国的股份制改革正是为了解决传统公有制的占有方式而进行的。改制学校公私合作所要改的不是国有制的根本性质,而是改革传统国有制的占有方式。

我们在职业教育领域看到的僵滞和低效率、同质化现象也是传统行政化占有方式带来的弊端。事实上,职业教育改制学校主要指的是管理机制、运行机制的转变,即由公办性转为民营化。如果仅从办学机制和管理体制的视角分析,公私普通转制学校同时具有公立与民营两个成分,就如同在市场经济领域的股份制经营一样,也只是一个社会资本的组合形态,在政府财政支持不够和职业教育优质教学资源紧缺的情形下,公私化转制职业教育在推进学校办学体制改革、增强职业教育的办学活力、吸引社会资本投入办学等方面,都起到了积极作用,特别是职业教育改制,提高职业教育质量,扩大优质职业教育资源,促进了职业教育整体职业教育的发展。因此,我们不能谈“私”色变,不能因为改制学校不姓“公”就对其横加指责,不能给改制学校贴上姓公姓私、姓资姓社的标签,也不能对公办职业教育当亲儿子给予重视,而把改制职业教育当成抱养来的予以轻视,甚至把其赶出家门。

我们应该清楚当初改制政策出台的目的是什么?是改造薄弱职业教育学校还是为了减轻政府财政压力?如果只是减轻政府财政压力,改制过程中优质学校改制就有其合理的一面,如果是改造薄弱职业教育学校,提升职业教育质量,优质学校改制就偏离了这一改革初衷。

因转制职业教育学校的非公非私属性,使其法律属性模糊不清、办学活动不规范,再加上贪污腐败现象、职业教育教学公正失衡问题、国有资产流失问题、学校高价收费问题等,社会各界对其褒贬不一,一时成为社会舆论的焦点,并导致最后被清理的命运。我们不禁要问:清理改制学校就能防止职业教育腐败吗?清理改制学校就能防止国有资产流失吗?清理改制学校就能防止学校乱收费吗?清理改制学校就能保证职业教育公平吗?

四、职业教育公私合作失败的关键因素剖析

（一）职业教育行政垄断

政府在清理改制学校出现的一些错误假设、盲目性行为和认识误区得以可行的第一个关键因素是我国职业教育的行政垄断。

在我国，职业教育行政垄断问题由来已久，本书主要从法学领域对行政垄断进行解析。法学界对于行政垄断的矛盾理解，主要集中在如下两个层面上：一是关于行政垄断的正当和不合理。有专家指出“行政垄断是利用公权力来排斥或控制竞争对手的某种方式，并不以犯罪为前提条件”。[①] 有学者指出“行政部门独占是一个侵害行政权的非法行为”。[②] 二是行政部门独占是一种现象还是一种状态。有学者认为“行政部门独占是依靠行政手段和带有等级性的行政组织维持的垄断状态”，[③]还有学者认为“行政部门独占是当局及其下属机关侵害行政权力制约公平竞争的现象”。[④]

事实上，造成这些差异的根源之一就是对“独占”一词的不同理解，法学中的“独占”一词源自马克思主义经济学，但是由于不同领域的“独占”的概念并不尽一致。市场经济中的独占，通常是指少数的公司或几个人共同独占市场，这是有优劣之分的一项重要市场经济问题。哈耶克指出：“独占有善恶之分，确实存在危险，其实并没有独占，只是对公平竞争的限制，这种以优越特点为基石的独占乃是可以充分称道的。”[⑤]而《反垄断法》中的独占是指“在规定范围内限制有效竞争、破坏规模经济、有损公共权益的独占”[⑥]，是一个“恶”的独占，通常不包含市场经济中所说的“善”的意思。

---

① 张婧：《经济法对公私权益的协调功能研究——以政府与社会资本合作为视角》，载《经济问题》2019 年第 6 期。

② 张婧：《经济法对公私权益的协调功能研究——以政府与社会资本合作为视角》，载《经济问题》2019 年第 6 期。

③ 陈婉玲：《PPP 长期合同困境及立法救济》，载《现代法学》2018 年第 6 期。

④ 吴立香：《“公私协力”（PPP）法律关系的结构化解析》，载《东南学术》2018 年第 6 期。

⑤ ［英］哈耶克：《哈耶克论文集》，邓正来选译，首都经济贸易大学出版社 2013 年版，第 32 页。

⑥ 刘梦祺：《PPP 社会资本方权益法律保护研究》，西南政法大学法学院 2017 年博士学位论文，第 90 页。

法律意义上的行政垄断定义,源于我国《反不正当竞争法》第 7 条的规定,主要涉及三方面的法律内涵:一是实现行政垄断的主体为政府部门及其下属机关;二是垄断主体滥用了政府职权;三是引发了政府排除、限制公平竞争的后果。目前中国的许多立法和条例中所规定的行政垄断范畴均涵盖了这 3 个方面的内容,其内涵也基本相同,以政府主体和所有管理公共事务职权的机构滥用政府职权以及排除、限制公平竞争行为等作为行政垄断要件。

所以,政府垄断,实质上是指政府部门及下属机关超越或滥用政府权力,排斥、阻挠和影响或损害公平竞争秩序的违法行为。表现为行政机关形式上依法管理社会公共事务,但本质却是滥用公权力进行非法垄断。行政垄断问题在政府立法方面的主要体现,是行政部门必须出台具有排除、限制公平竞争内容的条款。在行政执法层面主要表现为超越和滥用行政职权的行政垄断形式,或者表现为有些行政机关根据一些限制竞争性的规定所为,或者是根据其现有职权所作的扩张性解释,抑或由于职责权限模糊所致。行政垄断还会表现为行政不作为,其本质亦属滥用行政权力的范畴。

职业教育行政垄断也是行政垄断的一部分,但基于行政垄断的法律定义,笔者认为职业教育行政垄断就是指地方人民政府及其下属的职业教育行政主管部门超越或者滥用职业教育管理的行政权力,排斥、阻挠和影响或者损害职业教育竞争秩序的违法行为。

职业教育行政垄断带有政府的强制性特点,因此职业教育行政垄断也是以职业教育行政部门管理权为后盾的,职业教育主管部门及其管理人员、公办学校及其管理者借助职业教育行政权的权威,不正当地干预职业教育学校(包括公办学校、改制学校和民办学校)之间的竞争,特别是利用重点校政策性权威,垄断优质职业教育资源,高价出售优质职业教育资源机会,明目张胆地收取高学费,利用稀缺的优质职业教育资源买卖优质职业教育学额,接受学生家长的行贿,实施腐败行为,为政府部门、学校或个人谋取私利。职业教育行政主体所享有的职业教育行政权力具有宪法所赋予的强制性执行能力,就是这种职业教育行政强制力,使政府在职业教育领域有一种几乎呼风唤雨的能力。特别是职业教育行政主体运用政府强制力所出台的法规、规章及其他一些文件等,对职业教育领域公平竞争秩序的破坏性更大,因为其具有可反复使用的特征,并且职业教育规章、条例及其他一些职业教育文件易让职业教育行政垄断行为披上合法的外衣。如果职业教育行政部门的相对人无视职业教育行政部门垄断的存在,胆敢挑战这种强制力,就可能会受到这种所谓“国家强制力的制裁”。

职业教育领域的行政垄断是通过公办学校的占比表现出来的。公办职业教育“一枝独大”是职业教育领域行政垄断的主要表现。

改革开放以来,我国社会和市场经济的发展及改善遭遇了较严重的阻碍,其中一个重要原因就是行政垄断。凭借公权力所形成的行政垄断,行政部门和相关利益团体或利益组织积极配合,在为自己捞取不正当利益的同时,严重削弱了竞争的充分性和社会的公平性,行政垄断在个人身上多以家长制管理、“一言堂”等形式表现出来。行政垄断对经济效率与社会正义的双重损害使其正日益成为社会各界的诟病。

职业教育领域的行政垄断主要是因为职业教育领域的公共权力缺乏有效的约束与监督。实践中,权力过于集中或缺乏监督的领域易产生行政垄断和各种违法乱纪行为。缺少制度性的监督和制约易使掌权者公权私用。国有企业和政府部门出现的领导腐败和腐败窝案现象就是这一问题的有力证明。

在中国发展历经从计划经济向市场转变的特定发展阶段,人的意识形态也发生重大变化,市场意识正逐渐取代政府干预思想,个人利益也敢于与公共利益抗衡。于是,公共权力中的各种违法乱纪行为也越来越严重。有不少经济学家将当前中国各种违法乱纪现象的罪恶根源,指向了公共权力对市场经济影响的过多干涉。他们相信一方面是政府部门不甘心放下手里的权力,而另一方面则是“市场经济在面临国家政府干涉的时刻总会再度坚忍地不肯让步,由此确定了黑市的发展,而且给予它以一种专制的合法性”。[①] 在这种状况下,地方政府部门被热衷于为自身谋利益的利益集团所操控,于是各种违法乱纪行为便产生了。

“缺乏竞争对手的控制极易使政府部门缺乏对效率、效益要求的内在力量和外界压力,沦为政府部门扩张自利的温床。”[②]就行政机构对职业教育事业的

---

① [法]伊夫·梅尼:《“世纪末”的腐败:变化、危机和转化中的价值观》,载《国际社会科学杂志(中文版)》1997 年第 3 期。

② 刘梦祺:《PPP 社会资本方权益法律保护研究》,西南政法大学法学院 2017 年博士学位论文,第 91 页。

行政独占地位而言,其指职业教育行政主管部门利用部门章程或法律授权的公立学校对职业教育的垄断性权利,通过进入壁垒的设定以及相对价格的管理,使职业教育在公立学校内取得特定的优势,进而建立特定的行政垄断地位,而公立学校不但可以凭借其特定的地位影响竞争对手甚至打破公平竞争秩序,同时优质职业教育垄断优质职业教育资源,对择校风推波助澜,高收费、腐败行为盛行。职业教育领域的行政垄断的原因主要有以下几个方面:职业教育行政主管部门追逐经济利益;政府没有把职业教育行政主管部门片面追求业绩行为是否破坏职业教育竞争纳入考核指标;职业教育行政主管部门滥用职权或超越职权制定违法的规范性文件;不合理地行使行政权力等。职业教育领域的行政垄断不仅破坏了非公立学校与公立学校之间的公平竞争环境,而且对职业教育领域的效率、公平竞争以及社会正义构成严重损害,同时动摇了职业教育行政主管部门的行政"威严"和社会公信力,使职业教育行政主管部门的公信力和权威遭到相当程度的削弱和破坏。

制度性行政垄断使政府及其所属部门在不合理地行使行政权力方面有了可能,或者滥用权力或者超越权力制定规范性文件,或者实施种种腐败行为等。因此,正是由于行政垄断的普遍性带来了各种违法乱纪行为的普遍性,各种违法乱纪行为问题不但在改制学校普遍存在,在非改制学校也普遍存在,在职业教育领域普遍存在,在非职业教育领域也普遍存在。单单清理改制学校是不能从根本上防止教育腐败问题、教育公平问题、学校国有资产流失问题、学校高收费问题等各种违法乱纪行为的发生,应该采取相应的法治措施,用公民参与机制、用权利制约权力来对之进行相应遏制。在职业教育改制学校方面主要表现为建立多元主体公私合作的学校产权制度,加强公共权力的制约与监督,将各种违法乱纪行为关进制度的笼子。

(二)政府和学校的自利性

政府在对职业教育改制学校清理过程中所存在的若干误导性假设、盲目化行为、政策误区以及得以可行的第二个最主要因素,是政府和学校的利己主义性。而政府和学校利己主义性又是同政府和学校公共性相对应的。利己主义性是指政府和学校的一种基本特征,以无形的或显式的手段去寻求政府和学校最大的收益为特征。虽然公共性是政府和学校生存的合法性依据和最终利益追求目标,但政府和学校也同样遵循“经济人”假设,即政府不断地要求自己收益的最大化,存在利己主义的需求与欲望。这种过分膨胀的政府和学校利己主义性可能会逐步蚕食政府和学校合法性的基础,而一旦通过政府和学校利己主义性质的制度显示出来,则最终会导致政府的合法性风险的产生。

专家们普遍认为政府和学校利己主义性基本上包括以下三个方面内涵:政府和学校的利己主义性,与政府和学校的公众属性相对;政府和学校利己主义性,是指政府和学校为谋求自己收益最大化的一个特性;政府和学校利己主义性,包括合理的利己主义性和过分膨胀的利己主义性。而所谓合理的利己主义性,是指政府在谋求公共利益最大化的进程中,政府和学校在对优质资源的需要获取与利用时,为了提高自己运转所需的一定投入,如费用、公务费和一定的用度。而过度膨胀的政府部门和高校自利化,则是指政府部门及其人员、学校及其管理人员,为了谋求自己利益,通过一定手段对社会优质资源予以侵占和利用,甚至政府还通过出台优惠政策以获取规制,在社会中获得个人利益或组织的收益。

“经济人”角色是过分膨胀的政府或学校自利性的重要原因。“市场经济人”是西方各国市场经济研究者当作基础假说提出来的,因而又称“市场经济人”假说。“市场经济人”期望以尽可能少的付出,取得最高限度的回报,并因此而不择手段。“经济人”假设也可以应用到政府及其官员、学校及其管理者。在职业教育领域,在优质职业教育中受益的是特殊的社会利益集团,而付出的却是普通纳税人——广大人民的合法权益。在实际社会中,由于人们对职业教育优质教学资源的过度需要,往往使政府部门和学校更热衷扩大校园建设,因此职业教育市场化很容易造成政府部门或学校成本的最大化、职业教育机构膨胀、工作效率降低以及官僚主义,给政府部门官员或学校的管理人员追逐自己私利提供了条件。因为地方政府及其干部、学校及其管理人员都是职业教育权力的主要行使人,政府负责利用职业教育权力管理社会事务,而且对职业教育权力也带有一定限制性,政府可以支配稀缺的优质职业教育资源配置,可以任免地方学校校长的主要职务,对校内特定事务也可以自由支配。行政官员或学校管理人员很容易利用自身的特殊地位,减少个人生产性投资成本,从而提高个人利润。一旦管理体系再出现问题,行政官员或学校管理人员可能会运用管理经验和信息技术优势,滥用权限,获得某些不法利益,侵犯公民的权益。现实中某个人并不可以离开他的个人利益而生存,行政官吏或学校管理者等个人也是在现实经济关系约束下的、和社会中其他个人并没有本质区别的个人。在中国目前的市场经济蓬勃发展时期,不管行政干部或是学校管理者,"人们奋斗所争取的一切,都同他们的利益有关"。实际上,恰恰是由于行政官员或学校管理者的"经济人"行为,才导致作为政府或学校的"经济人"行为。

尤其是,虽然政府具有行政自由裁量权性质,但行政权力也具有自我延伸的性质,政府部门及其人员可以运用自主裁量权的延伸性设租、寻租,以谋求自己权益,由此也为政府行政自利性质的自我延伸创造了机会。市场经济条件下,政府机构和私人都有机会将自身利益边界放大,甚至突破了其权力应有的边界线。所以,盲目膨胀的行政自利现象频发的原因就是机制设置的问题,并不能给行政的扩大设置限定机制。职业教育盲目膨胀的行政自利行为,大致分为如下两种形式:一是由政府部门或教师,出于单位(学校)的共同利益或个性权益,搞"上有规制,下有措施",甚至"变通"措施,最典型的就是以收费或罚款代管理,在职业教育行政管理上表现为"有利就上无利就让"。二是非法行政。即政府为谋求法外利益,不惜违犯法规,甚至破坏法定程序。一直以来,大批的"窝案""串案"表明扩张性自利行为已经走上"集团化"路线。所以政府必须构建起刚性的约束制度,把政府权力运作完全放在阳光下,关进制度笼子里。对于社会利益来说,把公共权益与个别权益、正常权益与不正常权益之间的界限规范化、公正化十分必要。这就是说,部门的决策过程必须公平,由社会团体和公众进行合理的权益表达与监督,唯有如此,政府出台的政策措施才能够代表社会公众利益而并非部门权益,才不会让过度膨胀的政府行政自利性披上"合理合法"的外衣。

目前,我国优质职业教育资源配置的严重失衡,再加上优质学校改制的学校享有跨区招生、高收费等制度性特权,导致家长的身份地位及学生经济条件成了决定一个人能否获得优质职业教育学额的关键因素,由于学生之间这些方面存在很大差距,导致职业教育不公现象突显,职业教育腐败现象日益加剧。现实中,一个人享有优质职业教育资源的机会的多少,很大程度上受制于其家庭经济背景和家长社会地位等因素的影响,职业教育特权化的趋势日益严重。受特权化和金钱崇拜思想的影响,职业教育腐败行为也滋生蔓延。比如,有的官员通过自身享有的某种特权让孩子进入当地最好的职业教育,有钱人利用金钱为孩子取得入学资格，学校也在有限的入学名额中专门为领导干部和有钱人的子女开辟一条“绿色通道”。[①] 这种滥用优质职业教育资源的腐败现象挤占了他人合法获得优质职业教育资源的机会，侵犯了他人的合法权利，也破坏了优质职业教育资源配置的公正原则。

随着民众职业教育需求的不断增长与优质职业教育资源不足之间矛盾的加剧，优质职业教育资源供求失衡的问题日益严重，改制学校领域的“择校”风、“乱收费”现象、权钱交易、权权交易活动日益猖獗也是这一矛盾加剧的现实反映。其主要原因就在于利益行为主体的逐利行为，以谋求自身效益最大化。

职业教育是一种特殊的教育产品，兼有公共物品和私人物品两种特性，这就决定了职业教育必然存在一定程度的自然垄断性，这并非人为造成的，而是由这一特殊产品本身特性决定的，这种垄断的存在使职业教育领域包括改制学校存在大量的权力“寻租”与腐败，从学校利用办学权为本校谋利益，到班主任利用手中的班级管理权为个人谋福利，从“择校”风到乱收费和高收费，一系列职业教育腐败与“寻租”行为均是行政垄断和政府自利性带来的恶果。

（三）职业教育公私合作问题法治性不足

政府在清理改制学校出现的一些错误假设、盲目性行为、认识误区（以下简称错误的改制政策问题）得以可行的第三个重要根源是职业教育问题法治性不足。由于我国当前正处于混合经济时期，现行的制度结构和制度安排还不太完善，是引发错误的改制政策问题的又一个主要因素。职业教育公私合作领域的法治性不足主要表现在三个方面：职业教育制度租金诱使错误的改制政策问题的产生；对政策不规范行为（包括政策的制定与执行）的惩罚力度的疲软使错误的改制政策问题的行为风险和成本降低；职业教育领域的法律制度不健全给错误的改制政策问题以可行之机。

1. 职业教育制度租金诱使错误的改制政策问题产生

在混合经济时期和社会体制转换过程中，由于市场机制很不完善，政府仍在重大的职业教育管理活动中行使着重大的管理职能和直接干预职业教育活动的权力。职业教育主管部门对职业教育的过度干预和管制，极易导致错误的

---

① 刘学民：《试论政府自利性及其矫正对策》，载《郑州大学学报：哲学社会科学版》2003 年第 5 期。

改制政策问题的产生。

一般而言,中国职业教育资源配置体制主要有政府机制与市场机制两个主要方法,前者是以行政权作为职业教育资源的配备方法,后者是以产权作为职业教育资源配置方式。当一种社会的职业教育资源配置完全是由市场机制决定时,就很容易产生一种寻利的社会;当一种社会的职业教育资源配置完全是由政府机制决定时,如果行政权多于知识产权,就很容易产生一种资源"寻租"的社会。

关于政府"寻租"行为,美国公共选择学派代表人物布坎南理解为:"即人类在特定制度环境下,因为政府保护而做出的谋求社会财产转移的活动,但这些努力的直接后果却并非带来社会价值,反而造成了社会财产的浪费。"①也就是说,寻租行为就是人们用非生产性活动、面对政府官员的活动代替生产财富,主要想通过政府保护来获得某种利益。经济学中的"寻租"与政治经济学领域的寻租有所不同,前者是指"某产出因素所有者获得总收入中超出这个因素的机会成本的那部分余额。"②而后者指"由于他人干涉或控制而导致某种社会资产失去提供弹性所产生的等差收入"③。

"寻租"活动往往直接同政府部门的特许、配额、许可、审批、特许权分配等政府管理活动直接相关,在这种管理领域的职业教育资源往往极易被政府部门"暗箱操控",从而人为地导致教学资源的匮乏,而在这种匮乏的背后便是大量的"设租"和"寻租"活动。日益增加的政府干预扭曲了职业教育资源配置的市场机制功能,并刺激租金的供应和需求,因而也刺激了政策不规范行为(包括政策的制定与执行)的增长。个人或私营部门因为从政府部门手中寻求直接的非生产性的租金,以便获取公共合同、优惠政策或提高自身的垄断地位以及获得高质量职业教育资源的机遇,所以总是设法影响政府决策流程、行贿官员或其他有关人士,而公职人员则顺势利用自身手中的公共服务权力,争取到相应的私人利益。"他们不仅扮演一种被动的被使用的人物,也常常积极参加'政治创租'或'抽租'。"④一方通过行政干预人为提高租金,另一方则利用手中权力故

---

① [英]亚当·斯密:《国富论》,胡长明译,人民日报出版社2009年版,第54页。

② [法]参克·夸克:《合法性与政治》,佟心平、王远飞译,中央编译出版社2002年版,第36页。

③ 张国庆主编:《公共政策分析》,复旦大学出版社2004年版,第34页。

④ [法]参克·夸克:《合法性与政治》,佟心平、王远飞译,中央编译出版社2002年版,第36页。

意引诱个人或私立部门割舍一部分既得利益与公职人员分享,制度租金和政策不规范行为(包括政策的制定与执行)于是联姻。

其实,政策不规范行为现象主要产生在政府干预和管制较多的领域,如公有产权、公共开支领域。

在混合经济时期,由于制度的变迁,新旧制度青黄不接——旧惯例和准则不再生效,而新规则还不太完善,于是出现了制度短缺和行政机制与市场机制的相互交织的问题,特别是制度短缺为权力寻租提供了极有利的条件,这也是由计划经济向市场经济转型过程中极易产生政策不规范行为的重要原因。因此,转型阶段的新体制设置十分关键,由于过去人们在对社会公共服务的管理上,习惯于极大地依赖公务人员的指挥,如果没有明确的规范约束,就非常容易形成社会各个部门对同一范畴的涉足,再加上公务人员很容易滥用自由裁量权,产生政策不规范行为就成为一种必然。加之在社会转型阶段,由于政府体制与市场机制之间的互相贯通,以及新旧公共生活秩序之间尚未实现很好地衔接,使得政府特权更广泛地渗入市场经济与社会的其他领域,使市场机制产生扭曲,从而导致了社会公共秩序紊乱。正是在这样纷乱的公共秩序中,各种政策不规范行为借助过渡性运行机制开始滋生。

所有权学说作为中国新制度经济学的关键学说,对公共资源的合理分配是必不可少的,在中国混合经济时期和社会变革的过程中,由于政府特权和社会主义市场机制之间相互交织运作,并且由于政府机制常常凌驾于社会主义市场机制之上,再加上学校产权制度不完善,不少资源配置权限的问题都没有解决,于是出现将学校产权直接公私二元化分。

公立学校的产权制度存在着四大层面的主要特点:产权基础简单、产权非排他性、所有权不能转移性和个人的财产空间狭小。我国公立学校产权模式大致分两种:国有国营模式和所有权与经营权分离模式,前者如军事院校和特种学校,所有权与经营权都属于国家;后者主要是指国家享有所有权(由于国家的虚拟性,一般由政府代行职权),而学校享有管理权和使用权,两者分离。由于我国目前公立改制学校和纯公办学校产权制度具有职业教育资金匮乏、办学体制僵化、产权归属不明、自主办学受制、办学宗旨曲解五大弊端,学校产权责权利关系不明确,导致国有资产流失严重和腐败问题丛生。改制职业教育产权界定模糊、产权主体权责利不清、产权的约束和激励功能否有效发挥、产权收益不规范等问题严重影响了改制学校的进一步改革和发展。因此,完善学校产权制度,明确界定学校产权主体间的责权利,充分发挥产权权能在职业教育全面发展的功能,是解决改制政策问题的一个途径。

2. 对政策不规范行为的惩罚力度疲软使错误的改制政策问题的行为风险和成本降低

缪尔达尔觉得“腐败从根本上讲只不过是‘软权’的一种具体化表现形式而已”。[①] “软权”氛围是指制度、法令、标准等都是一种软性约束,政府对其执行都可以讨价还价,可以有好处时执行,没有好处时让行;可以有“关系”时执行,没有“关系”时不执行。在遵守与实施相关法律法规时,各级政府的公务人员常常站在部门利益或某些利益集团的立场,从事一些违法乱纪行径。在中国的混合经济时代,“软权”氛围现象同样存在,制度林立但形同虚设,“上有政策,下有对策”“屡禁不绝,屡禁屡犯”的现象十分严重,这说明我国需要进一步进行法治建设,创造制度实施的良好环境。“软权”氛围是一个起着极大负面作用的环境,这一环境加大了公共权力行使和自由裁量权的随意性,为公职人员谋取个人私利提供了方便,降低了腐败行为的交易成本和被查处的风险成本,官商勾结成为一种自然的趋势,“软权”氛围因此成为产生权力腐败的温床,结果是各种政策性问题不断产生。

比如,对腐败惩罚力度需要常态高压。“腐败行为被查处概率和被惩罚的力度是影响腐败行为产生的两个重要因素,也是腐败行为效用函数的两个重要变量。”[②]当实施腐败活动获得报酬超过被揭发和遭到惩罚的时候,腐败活动就无法得到惩罚,一旦腐败活动不能及时有效地惩罚,将会导致更多的人效仿腐败分子,贪污的出现概率将会越来越大。反之亦然,如果反腐败的制度健全,反腐力度足够大,腐败的成本够高,当进行腐败活动被发现和受到制裁的成本大于获利收益时,腐败行为者就会有所顾忌,腐败发生的频率就会降低。我国曾经腐败程度较高的现状说明被查处概率和被惩罚的力度两个变量都比较低。

---

① [瑞典]冈纳·缪尔达尔:《亚洲的戏剧——南亚国家的贫困问题研究》,方福前译,首都经济贸易大学出版社 2001 年版,第 57 页。

② 陈婉玲:《PPP 长期合同困境及立法救济》,载《现代法学》2018 年第 6 期。

反腐惩处力量的弱化因素大致有三个方面，一是反腐倡廉制度建设的落后，惩治力量不足，弹性过大和刚性不足；二是反腐败机构受到多方控制，直接影响到对腐败行为的惩治力度；三是地方腐败保护主义问题严重。一些地方政府或部门的领导班子通过各种手段阻碍贿赂案件的查办，而这些情形也更加助长了贿赂的滋生蔓延。由此，正如党的十八大以来强调的，反腐要一直在路上，并始终处于常态高压之下。

3. 职业教育领域的法律制度不健全给改制政策问题以可行之机

“国家法律体系制度规范人类的活动的社会发展可能的界限，确定各经济社会市场主体的权责，制约各经济社会实体对利润的无尽要求，降低社会生产成本，促进外部非市场经济活动内部化。”[①]司法机制的实质是在人民内心实现权益利润分配平衡，为人民内心的权益关系调节提供基础。不过，正是由于我国计划经济时代的行政机制惯性，使行政手段一直在人民内心的权益关系调节中占有主要地位，虽然改革开放以来我国的法制体系建设得到了长足发展，但相对于社会发展仍然滞后，行政机制仍然容易成为制度安排的核心，制度供给与制度需求常常通过行政手段促成，最明显的问题就是政策易超越法律之上，使权力腐败产生有了制度土壤。另外，在法制建设方面，常常忽视公民法律精神的培养，行政领域的权大于法、以权压法、徇情枉法的行为在现实中对公民做了一个错误的引导：权大、情大而不是法大，这一情形现实中还时有发生。

同样的问题在我国的职业教育公私合作中同样存在。职业教育公私合作的法制建设滞后，职业教育公私合作的法律法规体系不完备，如职业教育经费立法、职业教育公私合作立法等亟待制定，职业教育改制有法难依的局面时有发生。由于职业教育法律法规规章对相关内容的制度性规制普遍较少，主要是教育部的部门规章，其所规定的内容又多是原则性、描述性的要求，不易量化与实施，因而无法有效发挥其作用，再加上职业教育政策的越位、漏洞，以及职业教育政策执行的监督机制、处罚体系不完善，在职业教育中有法不依、执行不严、违规不究的情况也较为常见。学校法律的不健全导致学校活动主体的行为缺少相应的标准、监督与约束，在这种情况下，权力拥有者为追求个人利益的最大化必然会进行职业教育寻租活动，职业教育腐败也由此滋生与蔓延。职业教

① 吴敬琏：《我们需要的市场经济规则》，载《南方周末》2003 年 9 月 30 日，第 1 版。

育领域的法律制度不健全给政府的一些认识误区和盲目性行为以可行之机。

健全的职业教育管理和监察体系可以划分各个主体的责、权、利，规定各个主体的行为，让整个职业教育领域各司其职，各尽其能，能达到教学机构效能的最优化。但不完善的职业教育管理和监督机制会使一些人投机取巧，即使违法却也能逍遥在法外。绝对的权力产生绝对的腐败，如果缺乏制度约束，掌权者必然会以权谋私，给政府的一些认识误区和盲目行为以可行之机。

（四）“重点”校和“城市”化取向的政策惯性

政府在清理改制学校出现的一些错误假设、盲目性行为、认识误区得以可行的第四个重要因素是“重点”校和“城市”化取向的政策惯性。

职业教育公私合作政策的一个重要误区就是弱势补偿制度缺失。现实中的职业教育平等现象最后都可能回归为制度或体制问题，一方面，实践中的很多职业教育资源不平等本身正是因为制度问题造成的；另一方面，似乎一切的职业教育不平等现象最后都能够通过制度来进行控制。

当前，我国职业教育问题集中体现为职业教育发展不均衡，尤其表现在城乡之间、地区之间、学校之间存在的巨大差距和不均衡，国家对不同层次、类别和地域的职业教育实行了不同的政策执行标准，这种政策性“不公”集中表现为重点与非重点职业教育“二元分割”、城市与农村职业教育“二元分野”。我国目前的职业教育问题主要表现在非示范职业学校和农村职业学校的优质教育资源不足。

1.“重点校”政策之惯性

我国职业教育发展不均衡是人们一致认同的基本事实，学校之间的差距不断拉大，主要归因于职业教育政策的精英化取向。

“精英”是指出类拔萃的人，精英职业教育是指培养高智力、高能力学生的职业教育，职业教育政策精英化取向是指国家把现有的优质职业教育资源，提供给那些“有发展前途”的学生。中华人民共和国成立以来，随着社会生产力和社会科技的发展，对人才的要求更倾向于劳动智力化，早出、多出人才无疑具有特殊的现实意义。职业教育领域实施精英职业教育的场所就是“重点校”“示范校”。“重点校”优惠政策的初衷是“快出人才、出好人才”①,以极大改善发展重点学校办学条件、提高重点学校职业教育质量。在这种政策导向之下,我国出现了一大批具有优质教学资源的“重点校”“名牌校”“示范校”,我国职业教育重点政策对发展重点学校的人才配备、教学投入、职业教育办学条件、职业教育学校管理等作出了十分明确的“斜向”性规范。“重点”政策,是在当时特定的社会背景下产生的。1950 年,是国家开始大量进行国民经济基本建设之时,亟须培养大量人才,但是由于当时的教学资源不足、人才奇缺。为此,政府才采取了一系列重点学校政策。如 1952 年的《关于有重点地办好一些中学和师范学校的意见》,1962 年的《关于有重点地办好一批全日制中小学校的通知》,都预示着国家“重点校”的政策措施初步建立,以后多年国家都出台相关政策方案予以强化②。20 世纪 90 年代中期,国家教育委员会作出了在全国建设近一千所示范性学校的重大决策,标志着中国教育“重点校”政策的最终形成,我国各省地市县以上均相继建立了一批省级重点职业教育学校,学校大多遍布于县级或县以上的城市。随后,国家对重点学校政策的支持力度一直强力不减③。

从宏观来看,重点学校政策在当时中国教学资源匮乏而又“百业待兴”的条件下,对中国社会经济与职业教育发展均起到了至关重要的影响。单就职业教育素质而言,重点体现在培养了一大批教学资源丰富、育人品质较高的职业教育教师,使一批适龄学生及青年接受了较优质的职业教育,给学校带来了一大批“精英”。但从长期来看,“重点校”政策在重点学校建设上的长期规划,形成“小金字塔”结构④,扩大了校际差距。优质的职业教育教学资源逐渐向重点学校倾斜,使优秀的教学资源被少数人所拥有,与薄弱职业教育学校师资投入水平形成很大差距,在促进了部分学校质量提升的同时,也不可避免地增加了城

① 当时,在职业教育资源稀缺的情况下,将公共职业教育资源集中向重点学校倾斜,有其积极意义。

② 1978 年的《关于办好一批重点中小学试行方案》、1980 年的《关于分期分批办好重点学校的决定》都重申办好重点学校的必要性。

③ 2006 年教育部提出:“各地要进一步规范其示范性学校建设与评估工作,调整评估指标和重点强化反映学校实施素质教育、提高教育质量等方面的要求,加大与教育教学密切相关的教师、班额、图书、实验仪器、电教设备等项目的权重,减少不必要的硬件建设要求,引导学校更加重视质量提高和内涵发展,引导学校更加自觉地建设节约、环保、和谐、安全的校园。”

④ 最终形成国家级、省级、地级、县级的“层层”重点学校格局,扩大了校际差距,并在经费投入、办学条件、师资队伍、学生来源等方面向重点学校倾斜。

乡之间、校际之间在资源配置与质量上的巨大差异,引发了职业教育不公平问题。

进入 21 世纪,我国职业教育发展也已经从精英职业教育阶段进入大众职业教育的普及阶段,职业教育平等观念日益深入人心,应如何看待重点学校政策呢?如何看待重点学校的示范作用?

重点学校政策的一个理论基础就是效率优先,对重点学校的评价也是以一些显性指标为依据的,如经费投入、办学设施和条件、师资力量、学校规模等。其实经费投入的提高、条件的优越并不必然意味着职业教育效果更好,职业教育的效益也不仅指经济效益,还有精神效益。从职业教育的经济效益来讲,增加投入与提高效益并不是必然的正相关关系,因为影响职业教育经济效益的因素很多,尤其取决于那些比较欠缺的、比较弱的因素,这与管理学中的"木桶理论"道理相同。盲目要求重点学校的高投资、上规模,不但占用了非重点学校原本可怜的资金,而且导致了有限的教学资源的闲置。职业教育不公平,不但对非重点学校师生和家长是一种沉重的心理打击,同时造成的社会职业教育分层也带来社会化危机。

重点学校的示范作用在现实中也难以实现。长期的重点与非重点的"二元分割"职业教育体制,已在重点与非重点学校间形成两种完全不同的职业教育文化,"重点校"良好的教学条件、师资水平、生源基础是无法给薄弱职业教育学校任何示范作用的,它们之间已很难进行实质性的沟通。而且,重点职业教育的竞争力主要是通过对一般学校的资源挤占和争夺而获得的,这不仅不会有什么示范效应,反而是一种极大的伤害,而且许多重点学校同质化严重,并无办学特色,也无法形成具有感召和示范效应的影响力。

2. 政策的"城市取向"之惯性

我国职业教育发展的"城市取向""非均衡发展"导致了职业教育优质资源的分配和调整明显地向城市、发达地区倾斜,而乡村、落后地区的职业教育优秀资源(如优秀教师和学生)则持续地流入了都市和发达地区,其后果就是城乡之间、地区之间以及校际之间的职业教育资源差异增大,产生了职业教育的不公平。

我国城乡职业教育差距的根本问题在于职业教育政策对城乡职业教育公共资源的分配不公。城乡二元结构的发展模式是我国城乡职业教育差距形成的历史性因素和制度性根源，最明显的就是城乡职业教育经费投入体制的不同。

长期以来，我国职业教育投入严重不足，透析其背后的原因，其中“政策性资源的投入不足值得关注”①。例如，在21世纪初期，国家就已经针对农村职业教育实施了管理体制改革，是对农村职业教育“以县为主”改革的重要推进措施，也是为缓解农村学校教师不足的根本问题所做出的重大改革措施。而有关文件也没有对乡村学校职业教育投资不足做出相关的具体财务规范，如并未对逐县核算财政、逐层落实转移支付、调整乡村财务制度等重要的财务制度作出规范，以至于由于地方政府财力有限，农村职业教育投入不足、农村职业教育管理体制的改革难以落实到位。

两个文件规定的“以县为主”和“共同保障”也存在制度性缺陷。因为地方经济发展水平的不同，以及各地县政府财力差异，尤其是城乡差异很大时，对职业教育的投资方式也有着很大不同，导致了职业教育的地区之间、城乡之间以及跨校间差异特别明显，特别是城乡职业教育之间差距更大。城乡职业教育差异性，主要体现在生均职业教育经费差异性、升学率差异性、师资质量差异性、办学条件差异性等。

四面八方的农村孩子之所以会涌入中小城市争取更好的职业教育，关键就是城乡之间的巨大职业教育差距。所以，中央政府和省人民政府对较薄弱地区职业教育的财政投入责任应有具体规定，在“以县为主”的基础上，要结合地方实际向乡村和贫困地区倾斜。

本章小结

我国职业教育改制学校清理政策是基于职业教育腐败问题、职业教育公平问题、国有资产流失问题、职业教育高收费问题的错误假设基础上来清理职业教育改制学校的。职业教育改制学校清理政策没有区分义务教育与非义务教

① 譬如，关于我国农村职业教育管理体制改革的政策主要有2001年的《国务院关于教育改革与发展的决定》和2003年的《关于进一步加强农村教育工作的决定》，两个文件都是进行农村职业教育“以县为主”体制改革的深化，也是为了解决农村职业教育投入不足的根本问题而进行的改革举措。

育,没有区分优质学校改制与薄弱学校改制,也没有设立区分改制学校发展的好与坏标准,实践中一律"一刀切"的清理做法具有一定的盲目性。在清理改制学校问题上,政府存在二元对立的公私学校区分标准、政府对改制学校强力控制的主观欲望、对公私合作学校的性质的错误判断等意识误区。究其根源,主要是职业教育中存在行政垄断、政府的自利性、我国职业教育改制问题法治性不足和长期形成的"重点"校和"城市"化取向的政策惯性使然。

Chapter 9 第九章

创新篇:职业教育公私合作法治对策

法治是改革实践的升华,为有效化解优质职业教育供给困境、价值困境和资本投入困境,职业教育公私合作法治化应从以下方面予以规制。

一、确立职业教育公私合作的立法价值取向

针对职业教育公私合作采取兼顾公平与效率的“补偿职业教育”法治取向。这里的公平主要是指均衡职业教育资源,而效率主要是指尽可能快速提高职业教育质量。

从职业教育法治这一较为具体的角度上来看,政府对公平和效率的问题所把握的优劣是直接关系到职业教育法治供给最终有效性的一个关键。

公正和效率之间的“相容性”,并不排除二者在“优先性”方面上的法治选择。所谓在公平和效率“优先性”方面的职业教育法治选择,主要涉及的是职业教育法治目标对公平和效率的排序问题。在多元化社会,职业教育发展的总体目标往往呈现出多样性特点,因职业教育法治的制定条件、技术手段以及社会法治倾向等诸多原因影响了多元化的职业教育法治目标实现,对职业教育法治目标作出合理排序,就成为实现职业教育法治选择的有效方法。在对国家职业教育法治目标进行合理排序的过程中,就自

然对公平与效率进行一定排序。在公平与效率双重目标条件下，特定时期职业教育发展的主要矛盾以及经济增长的主要任务，是决定职业教育法治目标排序的关键因素，而社会发展的阶段性特征是决定公平与效率双重目标动态均衡的基本因素，决定着职业教育法治目标中公平与效率的结构关系变化，它也反映出不同利益主体利益关系的调整过程。

由于转型期阶层分化严重，职业教育法治利益调整中的"补偿原则"是不可缺少的。虽然卡尔多的补偿理论受到广泛质疑，但是不断激化的社会矛盾和社会冲突要求职业教育立法对"补偿原则"进行坚守。社会转型期，提高职业教育产品与职业教育服务供给中的效率是职业教育法治的必然选择，而职业教育公平是政府的责任，职业教育产品与职业教育服务供给中的公平的实现，需要一个有效率的法治体制和行政体制作为制度保障。而要满足职业教育法治公平的要求，要尽可能地提高职业教育效率，降低优质职业教育资源配置和职业教育管理权力的分配及运行机制成本。

效率与公平均衡的职业教育法治结构应由政府服务理论、法治目标、管理结构、职权分配和运作成效等构成。职业教育法治首要的是秩序法治，目标是保护职业教育合理有序地发展，职业教育法治的基本目标是最大限度地满足公民享有接受职业教育的基本权利和享有优质职业教育的权利。社会转型期的政府不是"守夜人政府"，而是"秩序的监护人"，监护着社会生活的方方面面，并受宪法制约。一方面政府拥有足够的权力来抵制垄断和特权利益集团对职业教育发展的危害；另一方面政府又必须被宪法限制在仅使用与职业教育发展相适应的行政权力和制约手段。

职业教育法治原本就是一种利益分配的协调，协调处理多元社会条件下的职业教育领域各种矛盾是衡量其合理性的标准。职业教育公私合作法治应在坚守效率与公平的动态平衡（政府与市场的兼顾）中确定自己的新思路。

兼顾职业教育公平和质量，是20世纪80年代以来纵贯美英等多个发达国家职业教育变革的一个重点。我国职业教育改革不仅重视精英职业教育，同时也重视大众化职业教育，在注重提升职业教育效率的同时强调职业教育公平。为进一步提升职业教育的整体教学品质，我们在改造职业教育过程中不妨从域外经验中借鉴一二。

"补偿职业教育"法治是一个兼顾公平与效率的重要职业教育改革方案，其公平主要体现在法治制度的制定目的和具体内容的规定上。该制度以差异与公平为指导准则，目的是在提高效率的同时，提高弱势群体学生的专业水准以提高教学公平，弥补高收入与低收入家庭、少数民族与非少数民族学生之间的差距。制度基于机会平等原理考虑，以低收入的学生作为“补偿职业教育服务”的对象，执行政府免费和优惠午餐项目标准，并强调在资源不足以向所有合格学生提供“补偿职业教育服务”时，执行“双低”制度，即政府优先解决中低收入家庭的低成就学生的职业教育需要。确保有限的政府资金，能够最大限度地推动职业教育公平。调查结果表明，这一制度可以提高学生的学业成就。“补偿职业教育服务”制度试图引入竞争机制来实现政府经费使用的高效率，“补偿职业教育服务”提供者必须通过地方政府职业教育部门的严格评估，才能获得提供服务的资格，提供者只有组织没有个人，有公立部门也有私立部门，有营利部门也有非营利部门，具体包括公立或私立的职业学校、高等职业教育机构、职业教育服务机构、社区组织等。向学生提供更好的“补偿职业教育服务”是这些组织获得经费和吸引学生的前提竞争条件。这保证了政府的资助经费使用的高效性。

“补偿职业教育”法治体现了混合经济条件下行政立法的平衡原则，兼顾公平与效率，并达到了职业教育公平与效率的目的，因此受到了很多学生和家长的欢迎。所以，国家在对薄弱职业教育学校进行改造过程中，可实行下列“补偿职业教育”制度措施：一是以低收入家庭学生为“补偿职业教育”对象，拨付专门的职业教育经费，并强调在资源不足以向所有合格学生提供“补偿职业教育”的服务时，执行“双低”标准，即优先满足低收入家庭的低成就学生的需求。确保有限的政府支出，能够最大限度地提高职业教育公平。二是在制度措施的实施与评估方面，制度措施内容要对需要的各利益相关者的协同与协调作出相应规范，规定利益相关者的范围、责任和义务、完善的监督机制。三是在挑选“补偿职业教育”服务提供者方面进行相关法律规制，关于政府与提供者签订的协议内容要具有可操作性。四是对“补偿职业教育”制度执行的评估进行相关法律规制，评价标准要以向学生提供更好的“补偿职业教育”为前提，保证资助经费使用的高效率。

二、确立职业教育公私合作法治的基本原则①

面对职业教育公私合作过程中遇到的问题,国家和地方政府都曾在个案或者区域性办学体制的变革中尝试予以解决,如浙江椒江施行的“职业教育券”制度,就力求将公办学校与民办学校置于平等的竞争地位;上海与江苏等地对转制学校的调整,就在力求协调公办学校与民办学校间的转换问题。但是,要系统地对职业教育办学体制进行变革,只是这些局部性的、经验性的、策略性的举措还远远不够。作为对职业教育办学体制进行系统性变革的制度,不但要有具体的举措,更为重要的是要有支撑这些举措出台与执行的法治基本原则。结合当前职业教育实践与国家职业教育制度的价值选择,基本上可以归纳出以下职业教育公私合作法治的基本原则。

(一)确保职业教育“质”与“量”的同时,推进职业教育优质工程

对职业教育重要性的强调,用再重的笔墨都不为过,但发展哪个方面的职业教育,却受制于有效的职业教育资源。在改革开放之初,国家对精英人才的迫切需要使得政府在重建职业教育体制的时候,很自然地将“精英职业教育”作为职业教育体制改革的理念,重点学校政策与学校等级制就是这种职业教育体制的产物。但是,随着国家对产业工人与第三产业人才需求的增长以及国民生活水平的普遍提高,社会对“大众职业教育”的呼唤日益高涨,提高国民的整体素养成为当前社会发展的重大课题。因此,我国职业教育体制正逐渐地由“精英职业教育”向“大众职业教育”转变。在这种背景下,将政府的职业教育责任置于职业教育领域,并在职业教育的质量与数量都得到确保的基础上适度发展精英职业教育,成为政府发展职业教育的基本原则。

(二)职业教育“存量”保“均衡”,“增量”扩“优质”

职业教育办学体制改革的目的是使职业教育办学模式从“一元”走向“多元”,在现有办学现状的基础上,为职业教育争取更多的优质职业教育资源。因

① 周彬:《论基础教育办学体制改革中的政策选择》,载《国家教育行政学院学报》2008 年第 3 期。

此，在职业教育办学体制改革中，政府很容易将目前的职业教育资源分为两类：一是现有职业教育资源，我们称为“存量”；二是未来可能争取到的职业教育资源，我们称为“增量”。通过对职业教育资源的划分，似乎寻找到了破解“均衡职业教育”与“优质职业教育”之争的策略：用当前职业教育的“存量”来保证均衡职业教育的实现，用未来可能争取到的职业教育资源，即职业教育资源的“增量”去扩充“优质职业教育”。事实上，当前的职业教育“存量”是以公办职业教育为主、是国家采用财政投入与计划配置的方式进入职业教育领域中的，它本身就含有追求“均衡”的性质；通过办学体制改革而获得的职业教育资源，主要来自两部分，一是当前公办职业教育中优质职业教育资源的再生与扩张，二是社会力量对职业教育的投入，这两部分职业教育资源都是民众采用市场配置的方式进入职业教育领域中的，它本身就含有追求优质的性质。

（三）公办学校与非公办学校的“平等竞争”

从理论上讲，公办学校与非公办学校是国家职业教育发展的两轮，只有两轮合作共进，才能推动国家职业教育系统的良性发展；但从现实来看，公办学校与非公办学校则是一对矛盾体，在职业教育资源、生源、师资队伍、升学比例、社会声誉等方面，都存在明显的竞争。既然职业教育办学体制改革的核心内容是让职业教育的办学模式由“一元”走向“多元”，即吸引更多的社会资源投入职业教育中来，那么鼓励非公办学校理应成为职业教育办学体制改革的必然选择。民营职业教育的蓬勃发展要融入地方职业教育蓬勃发展的总体计划，按需发展，合理布局。由于非公办学校享有先天性的体制优势，因此并不需要对其进行额外的关照，只要给予它与公办学校一个平等竞争的舞台，就算是对非公办学校最大的鼓舞了。一些地方的教育部门在政策中明确规定名校所开办的私立学校应当做到“四独立”①。“四独立”的实现，就等于要求名校将自己办的民办学校推入市场，让他们以与私立学校完全平等的身份参与职业教育市场的竞争。当然，可以要求名校与职业教育联姻，把这种体制确定为增加职业教育资源的两种策略之一，并给予一个平等的竞争舞台。

---

① 即单独企业法人，单独的学院、校舍，单独实施费用成本核算和人员管理工作，单独开展教学。

(四)确保国有资产不流失

要推进职业教育公私合作创新,大方向是要通过体制改革,增加、丰富优质职业教育资源。正如上文所言,增加优质职业教育资源的途径,包括吸引更多的社会资源,也包括公办职业教育中优质资源的再生与扩张。可是,不管公办职业教育中的优质资源如何再生与扩张,确保国有资产在体制改革过程中不被流失,始终是一个不变的原则。有必要出台国有职业教育资产评估及转让立法,规定对公办学校以固定资产模式投入设立民间学校的或改制后涉及其资本流动的,应当按照国家固定资产质量监管的要求,先行向政府相关主管部门申报职业教育建设工程立项,并取得批准后,可委托具备职业教育资产评估能力的中介机构依法实施评价,并对公办学校拟投资民营学校的固定资产、流动负债、无形资产以及其他固定资产按照市场价格实施职业教育资产评价,并按照评估结论合理确认出资额,并报国家对其职业教育固定资产规模承担质量监督管理责任的机关批准。而且,为了确保整个过程的公开与公正,还要求学校资产转让原则上采用公开竞标的方式。

三、明确职业教育公私合作补偿的立法机制

在我国职业教育均衡发展中,不同地区之间、城乡之间、不同学校之间的不均衡发展会制约整个职业教育发展水平的提升。因而,对落后地区、农村、薄弱职业教育学校进行合理的资源补偿,是实现职业教育均衡发展的必然要求。改造我国薄弱公办职业教育学校,不妨借鉴外国的成功经验。

目前,我国的职业教育正面临职业教育投入不足、职业教育财政支出压力过大、学校办学效果较差、缺失科学的管理监督机制等问题。所以,在我国职业教育基础设施建设以及改革学校管理模式等方面引进公私联合管理模式,有着非常重大的现实意义。上述问题虽然已经受到职业教育理论界和地方政府部门的高度重视,而薄弱职业教育学校改革也早已在20世纪90年代初就逐步向前推行,但改革的力度和进程却并不尽如人意。由于目前的职业教育非义务教育财政投入制度,将职业教育和地方的经济社会发展水平紧密挂钩,造成了职业教育发展的严重不平衡,尤其是乡村职业教育发展的严重滞后。此外,职业

教育经费浪费现象也时有发生，投资效益不高。但在职业教育教学基础设施的购置过程中却缺少有效的质量监督机制，导致腐败问题与质量问题的产生。所以，借助国外职业教育机构公私合作管理模式的先进经验，将其引入到我国职业教育投融资和基础设施建设的监管层面上是十分必要的，并作为进一步推进我国职业教育改革和发展进程的有效举措之一。

（一）立法打造高效互通的职业教育信息化系统平台

大力推动城乡职业教育信息化平台设计和推广，为加强职业教育学校专职师资配置与教师队伍培养，实现城乡优质教学资源共建共享，有必要在全国范围内设计和推进城乡教学信息化网络平台建设，让城乡优秀教师在课堂上进行同声传译，并配备专门网络辅导教师，利用专业网络平台开展相应范围的教学辅导，以实现城乡优质教学资源共建共享。

职业教育信息资源系统平台是以职业教育信息资源为内容，结合系统管理软件和职业教育信息资源存储系统，利用网络和通信系统，以满足职业教育服务对象对优质职业教育信息资源的需求为目的，对职业教育信息资源加工处理，方便职业教育服务对象使用信息，并进行有效交流的系统管理平台架构。为推动中国职业教育管理现代化，精心建设高效互通的职业教育信息资源管理系统平台，是为架起我国各级党委和政府部门、全国各类职业教育行政管理机关、学校、社会组织与个人等多元主体联系沟通的桥梁。

由于信息化与计算机技术的蓬勃发展，我国职业教育领域内需要开展互联网＋战略，建设大数据分析教学信息化网络平台，重点包括：一是对各级党委和政府部门、各类学校行政管理机关、职业教育学校、社会组织与个人等多元治理主体和第三方评估机构、职业教育服务对象，通过不同端口纳入本平台；二是应建设互联互通的职业教育课堂教学网络平台。通过本平台和智能客户端，多元治理主体和服务对象就能迅速获取所需的信息与数据，并及时反馈和相互交流，提升职业教育质量与课堂教学质量。最终达成治理现代化的共识，以实现职业教育治理现代化目标。

（二）立法增加政府的投入，吸引多元投资

各国职业教育改革中，政府常常把薄弱职业教育学校的改进作为国家的重

要议事日程来抓，各级政府也常把它作为施政的重要纲领之一，并对薄弱职业教育学校改进计划予以不断完善和系统化。通过出台一系列法律法规，保证薄弱职业教育质量的提升具有一定的持续性。而且，政府对薄弱职业教育质量的提升给予资金、技术支持。如英国国家挑战计划，从实施开始，中央和地方政府就提供了相当数量的资金支持。按照英国国家挑战行动计划，“在 2011 年以前，英国政府为‘国家挑战’行动计划共投资 4 亿英镑。并将一笔约 100 万美元的专项经费，专门用来改善‘国家挑战学校’学生的学习”。[①] 投入不足是禁锢我国落后地区、农村、薄弱职业教育学校教育质量提升的一个主要原因，教学设备落后、优秀师资力量短缺、生源不足是其主要表现，必须首先加大对这些职业教育的资金投入，缓解教学设备落后、优秀师资力量短缺、生源不足的状况，在这一基础上改进课堂教学，才可能提高薄弱学校职业教育质量，从而从整体上提高整个职业教育的水平。

在政府减少财政投入的情况下，公私合作改造薄弱职业教育学校对民间的吸引力并不大，没有谁愿意冒险把资金投入没有太大希望的薄弱职业教育学校。公私合作改造职业教育过程中，政府不能减少财政投入。相反，要在基本经费基础上增加专项资金投入。那种认为公私合作改造薄弱职业教育学校是为了减轻政府的职业教育财政压力的想法是错误的。因为公私合作虽然能缓解政府的职业教育财政压力，但却增加了家长的职业教育负担，特别是较好学校改制，造成诸多职业教育不公问题出现。因此，在国家财力许可的范围内，不断加大职业教育投入力度，尤其是增加职业教育投入，政府要负担起职业教育投入的主要责任，才能有效保证职业教育整体教育质量的提高和可持续发展。在不断加大政府职业教育财政投入的基础上，仿效国外学校公私合作发展职业教育，多方吸引投资，鼓励多元捐资助学。

---

① 这部分资金的分配如下：“国家挑战顾问 2000 万元；用于职业教育的全国领导及其他领导的支持 2000 万元；用于对教学和学习支持 1 亿元；学院项目 1.95 亿元；信托学校 6500 万元。2008 年，英国为改善薄弱校投入的经费达到了 5200 万英镑，这些钱用于教师与助教的聘请和学校管理的改进以及学生的单独辅导。”参见 Your Child, Your Schools, Our Future: Building a 21st century schools system, Department for Children, Schools and Families, http://publications. dcs#gov. uk/。

（三）完善优质职业教育资源配置立法

我国发展公私合作制学校与美国职业教育市场化有明显不同的改革目的，美国是以追求优越，满足家长的择校需求为主要职业教育改革目的，而我国则与英国的职业教育公私合作化类似。我国职业教育的发展方向也是促进职业教育均衡发展并增加优质职业教育供给。如果国家公私合作制的发展目标并非达到社会非义务教育均衡发展，反而加剧地区间、城乡间、校际间的教学资源差别，非但不利于职业教育的均衡发展，也有违职业教育公平，这也是目前将转制学校不分义务阶段与非义务阶段，一律转回公办或转成民办的主要原因。因此逐渐明确转制学校的性质，完善职业教育资源配置制度十分必要，但是我国转制学校的转回趋势并不意味着我国不能有公私合作的职业教育存在，公私合作的职业教育学校仍有存在的合理性和必然性。

长期以来，在我国职业教育领域，政府与民众过于重视学校之间的排名，学生的个性化发展往往被忽视，美国将职业教育市场化的改革目标定位在鼓励学校间的竞争和提高学生学业成绩，这在我国并不适用。与美国追求卓越和个性化职业教育的择校不同，我国择校是由于职业教育发展不均衡、薄弱学校大量存在，人们对优质职业教育资源的需求不能得以满足的情形下自发产生的，对优质职业教育的追求一直是公众追求的目标。因此我国不能模仿美国，即不能以满足择校为目的，把追求优质校作为改革的唯一目的。我国的职业教育公私合作战略应走多元化主体公私联合的发展道路，主要在已有职业教育改制的基础上，通过扩大优质职业教育资源的数量，以实现优质职业教育资源供应的多样化。在不增加受职业教育者经济负担的基础上，利用公私合作的灵活机制，提高职业教育学校的职业教育质量，满足学生优质职业教育的个性化和多样化需求。在进一步明晰公私利益合作制学校对各主体参与者的所有权关系的基础上，进一步促进公私联合，积极培植职业教育中介组织和各种职业教育发展企业，积极引导薄弱职业教育学校实行公私联合式运营，切实防止成绩较好学校公私合作，进一步推动中国职业教育市场公开公平有序竞争，以扩大优质职业教育资源的增量，进一步提升中国职业教育领域的总体教育教学水平。

(四)确立职业教育教师资源配置的法治机制

鲍尔斯认为:“职业教育成功的根本,就是对优秀教师的卓越职业教育。”教师是职业教育改革的关键性资源,欧美国家政府都将大力培养优秀教师、促进教师合理流动作为实现职业教育均衡的重要举措。如在美国,由于经济发展水平的差异,也存在偏远地区和薄弱职业教育学校师资短缺、各地师资配备不均的问题。奥巴马政府为此制定了对优秀教师的职业教育与公平分配等法治措施,建立了专门的职业教育奖励基金,用以嘉奖老师的出色职业教育;设立“职业教育阶梯计划”,鼓励专家型教师和高级教师到落后地区、薄弱职业教育学校去提供培训、指导或任教;实施“教师服务奖励”立法,提高农村教师报酬,使农村教师岗位工资高于城市教师,并且把城市教师到农校支持教学作为城市教师职称评定的依据之一。奥巴马政府通过富于科学性与系统性的师资培训和配置立法推动了职业教育教师队伍的良性发展。

同样,英国政府也十分重视薄弱职业教育学校的教师配备,如英国职业教育行动区计划规定,“要采用优厚待遇和晋升条件吸引优秀师资到薄弱职业教育学校”①。在城市职业教育优异化行动计划中,已有许多重点行动区采取“学科专业快速发展工作小组”和“职业教育助手行动计划”等举措,来提升城乡薄弱职业教育学校教师队伍的教学质量和管理水平,并利用城乡教师学习中心行动计划强化教师的在职培养,让新老师们可以更熟练地使用新的职业教育技术手段,在课堂教学方面也越来越专业化。此外,立法还规定,优秀学校要支持弱势学校,与薄弱职业教育学校共同进步,优质学校的优秀教师要定期到薄弱职业教育学校为教师举行讲座,或通过校际互联网交流教学经验,优质学校与薄弱职业教育学校之间要加强沟通。国家挑战计划提出了扩大“教学优先计划”、提高教师待遇、设立新教育硕士学位等一系列措施吸引优秀教师到薄弱职业教育学校任教。

我国应强化教师制度建设。首先,科学、合理地构建我国职业教育教师编

① 英国教育行动区计划规定:“凡是加盟的行动区薄弱职业教育学校,在教师聘用方面可以不受全国性教师聘任条例的约束,可以以更加优厚的待遇吸引优秀教师充任到薄弱职业教育学校教学第一线。”

制标准,重点向农村地区和薄弱职业教育学校倾斜。尽力实现优秀教师在各个地区均衡调配,加大农村地区和薄弱职业教育学校的教师编制,缩减当地学校班额。其次,加大学校教师培养力度,整体提升教师专业水平,缩小城乡之间、学校之间的师资差距。应针对薄弱职业教育学校师资的实际状况,根据当前教师事业发展的目标以及未来教师的职业教育工作需要,对师资实施以需求为目标的专门培训,形成以师范类学校为主导、综合学校积极参与的职前职业教育体制,以及国家、省、市三级多样化、多元式的职后培训体系,形成包括职前、入职、在职的一体化教师职业教育体系。再次,建立教师合理的、良性的流动机制。如鼓励骨干教师、专家到农村学校进行指导,鼓励师资向农村落后地区、薄弱职业教育学校流动等。在师资待遇和评聘工作上,将对落后地区、薄弱职业教育学校教师实施政府意识倾斜,如提高学校老师的工资待遇,对落后地区、薄弱职业教育学校的老师评价与聘任教师职称为优先,并设置有关对落后地区、薄弱职业教育学校老师的激励性质的职务与荣誉称号等,将老师的在职成长、工资福利水平与专业技能,与对薄弱职业教育学校的学生支援工作的各项标准有机融合,调动学校老师积极服务弱势学生的主动性,进一步增强落后地区的职业教育行为魅力。最后,政府积极推行对教师"差别待遇"的立法措施,针对薄弱职业教育学校和落后地区的教师的医疗、住房、子女职业教育等问题进行制度性倾斜,国家和各级政府需要分地区、分步骤地予以解决,并重点向落后地区或薄弱职业教育学校倾斜。

(五)整合职业教育公私合作的信托模式

独立的地位、强有力的领导、有效的管理、对所有学生的高期望以及高质量的教学是学校提高职业教育质量的必要因素。英国国家挑战计划对薄弱职业教育学校改革成功的经验是,政府除了在政策、管理、财力和物力上不断给薄弱职业教育学校提供必要的支持外,更重要的是实施了信托学校联盟这一举措,争取到校外力量参与学校教学管理、加强学校之间合作与互助,也是提高整体职业教育质量的关键。

英国国家信托学校非常强调与外部伙伴的公私合作,凭借公私合作伙伴所提供的资助改善经营。信托学校的公私合作伙伴可以是商业团体、社区团体、职业教育慈善团体、大学、高等职业教育机构以及进修学院六大类不同的对象,通过与外部公私伙伴之间的长期合作，提升学校的职业教育质量。公私合作伙伴方对信托学校的涉入程度视学校可利用的资源和学校需求而定，信托机构主要在学校所缺乏的资源方面提供适当的资助，薄弱职业教育学校可以以最有效率的方式与合作伙伴合作，但是必须依学校自身的特定条件与专业需要选择合作伙伴。信托机构依学校本身的特定需求提供学校所需的专业能力，以帮助学校实现专业化发展，最终实现政府或地方职业教育当局的政策诉求。公私伙伴关系必须长期维持下去十分关键，因此，学校必须让信托单位愿意且有信心持续接受委托、提供资助，以能保证信托学校持续地成功经营。我国在改造职业教育过程中是许可与第三部门和私立部门长期公私合作的，具体包括商业团体、社区团体、职业教育慈善团体、大学、高等职业教育机构以及进修学院等，这些机构依学校本身的特定需求提供学校所需的专业能力，以帮助学校实现专业化发展，以给予学校所缺乏资源方面的适当资助，提升薄弱学校的职业教育质量。

四、健全多元主体公私合作的学校产权立法

改革是对利益关系的重新调整，我国20世纪90年代兴起的公立职业教育学校改制，是职业教育产权制度改革的一次尝试，要从根本上解决职业教育产权改革中的相关问题，有必要对职业教育服务供给中各主体间角色进行重新分配，对多元主体间关系进行重构、确立多元主体公私合作中的学校产权制度，对职业教育中的多元主体格局给予法治保障。

职业教育属于公共服务领域，职业教育改制将承担职业教育服务的主体从单一走向多元，即从政府部门扩大到私人部门和第三部门等，多元主体的引入形成了职业教育服务市场化改革的基础。职业教育领域的有效竞争不仅要求市场中要有足够的参与主体可供选择，以供在必要的情况下进行职业教育服务承担主体的替换，而且要求各主体之间要拥有相对公平的竞争环境。职业教育服务社会化，既是公众日益增长的优质职业教育服务需求与政府供给能力不足的结果，也是私人部门和第三部门不断发展壮大的结果。而且，传统的行政垄断式的职业教育服务供给的主体分配机制也逐渐被竞争式选拔机制所取代，职业教育服务供给的竞争式选拔机制意味着职业教育服务的供给主体从政府单

向选择走向了提供者和生产者之间双向选择。

具体到职业教育领域的公私合作方面，表现为政府将职业教育生产者与经营者的角色分离，并通过竞争性选择的方式将职业教育生产权和职业教育经营权部分让渡给其他公共部门、企业或社会组织等，这意味着，职业教育在由政府直接和高度介入的制度安排向政府间接和较少介入的制度安排转型。职业教育领域的改革的目标是职业教育供给或职业教育服务中的规划者、出资者、提供者和直接生产者等角色应以市场机制和政府机制有效结合为基础进行合理调配，因为政府机制和市场机制都可能失效，单独的政府机制或市场机制不能完成职业教育供给与职业教育服务在职业教育公平与职业教育效率兼顾的任务担当。职业教育领域的改制不能完全由市场机制来调控，不能完全按竞争性选拔方式提供职业教育供给与职业教育服务，只能少量地引入竞争性选拔方式，以激活公办职业教育长期以来的死水一潭低效率的局面。

职业教育服务供给中多元主体公私合作关系重构的关键在于构建行之有效的制度环境，不仅要激励公共服务供给中多元主体的协作与合作，还需规范并约束多元主体的行为，促使其能按照提高公共服务供给效率和提升公共服务质量目标而行动。格兰德指出："良好的公共服务至少需要包括5个基本属性：高品质、高效的运行和管理、对用户的需求和需要做出积极的反应、与此同时向纳税人负责、还应当具备公平性。"①表明了公共服务供给的效率与质量并重的价值取向。20世纪90年代开始的公私合作伙伴关系模式，为我们解决职业教育改制问题提供了思路。为此，应从以下几个方面确立我国职业教育公私合作的学校产权制度。

（一）明晰公私合作学校各类产权的归属

改制学校国有资产不断流失的根本原因在于学校产权模糊不清。所以，为防止并克服国有资产向私人的非法转移，除严肃财经法纪外，关键是要改革现存的这种"人人是主人，人人不关心，个个都所有，个个不负责"的公有产权占有形式，建立权属明晰、责权利清楚的公有产权占有形式，保障国有资产的保值和

---

① ［英］朱利安·勒·格兰德：《另一只无形的手：通过选择与竞争提升公共服务》，韩波译，新华出版社2010年版，第76页。

增值。具体来讲应采取以下措施：

一是根据“谁投资、谁拥有产权”原则进行产权界定。公办职业教育改制，产权理所当然地归国家所有。公办职业教育与非公共部门(包括私营部门和非营利部门)合作新建的公私合作职业教育，属公私混合所有制。目前由于还没有相应法律依据，其产权认定可以通过两个方法解决：其一，由非公共部门投入的固定资产部分转入借贷，公私合作学校按照约定分期归还，公私合作的所有权应该全部归属于国有；其二，双方约定，在一定时间内公私合作学校与非公共部门投资者按照出资比例分享学校股权，并约定合同期满后学校产权完全转为国有。

二是处理好三个产权关系。第一，要处理好政府与公私合作职业教育学校的产权关系。一方面，公私合作学校享有国家税收优惠、建校划拨用地等优惠政策，这方面所得产权应归改制学校。另一方面，国家无偿划拨和赠送的资金，政府不应追索这部分产权；反之，如果国家是作为投资方，这部分学校产权就应归国家所有，政府有权追索这部分的产权。第二，要处理好其他非公共部门合作者与公私合作学校的产权关系。非公共部门合作者为学校提供的场地、器材、图书等设施设备，产权均应归非公共部门合作者所有，其应获得相应收益。第三，要处理好学校董事会与公私合作学校的产权关系。学校董事会是公私合作学校的管理机构，其成员既是多方合作主体利益的代表，对各主体在公私合作学校的财产负有监管责任，同时还是公私合作学校自有财产的代言人，协助学校法人监管公私合作学校的自有财产。只有明确了这三种关系，才能防止公私合作学校出现权利真空，才可能防止公私合作学校国有资产的流失。

三是建立和完善公私合作学校的学校产权制度。首先必须确立人力资本在学校产权的地位，将无形资产纳入学校产权的计量范围。然后，在宏观管理方面，应就改制中的“成立前提条件、批准职权、地位、产权组织方式、股东的权益分配原理、撤销条款、撤销流程及撤销时的财产处理原理，以及对产权运营中违法行为的责任追究等”，作出明确法律规定。微观方面，公私合作学校要建立健全学校财务管理、资产控制和负债清理等制度。按照公私合作学校要设置的公司财务制度，学校设立专业的财务管理部门，设置具备一定任职能力的专门财务人员，建立财务管理的会计制度，建立完整的财务账簿；要成立学校监事会，监事应独立于股东；学校经常进行财务管理审计，以确保财务收支的真实和合法；建立校内固定资产控制措施，以避免校内固定资产的损失和挪用；对购买、利用和损耗固定资产有专门的控制程序；对重要固定资产的处理，要实行由董事会率先审批、校长后执行原则。

四是规范学校公私合作办学的合同文本。目前，学校公私合作办学的合同文本不太规范，存在权益不清、权责利不明的情况，给日后产生纠纷和国有资产流失埋下隐患，故应当对合同文本规范和完善。公私合作后学校根据公私联合办学的合同，应对双方各自投入的资本、实物或其他固定资产（包括固定或无形资产）按相应数额核算，对各自资产价值、信誉等作出客观评价，并保证各方主体都有能力单独履行自身的社会责任；并清楚各方合作者的所有权、持股的份额及比例；要明确各方合作者资产投入后，投入部分自动成为改制学校的法人财产与所有权分离；应明确规定公私合作学校解散和清算的条件与制度。在财产处理前，先扣除改制学校所欠利息、员工工资、所欠税金，增值部分根据约定由举办者分摊，并不进行与教学相关的项目。

职业教育多元主体公私合作模式的良好运行需要政府，但并非所有的政府都能够给予更好的保障。无所限制的政府不仅不能维护职业教育多元主体公私合作模式的良好运行，还可能会旧病重犯，控制并垄断其运行过程，因此必须建立相关制度对之进行规制。职业教育多元主体公私合作关系的思路是什么？如何构建我国公私合作职业教育的学校产权制度？

在构建我国公私合作职业教育的学校产权制度过程中，传统的管制或控制角色已不再是政府的主要职能，处理政府自身与其他各主体间的关系、承担维护职业教育服务供给网络良好运行、协调网络中其他各主体间的关系才是政府的主要职能。因此，确立我国公私合作职业教育学校产权制度，需要从以下几个方面进行操作：

政府要为职业教育多元主体公私合作的良好关系创造一个良好的制度环境。一方面政府不仅要制定良好规则，还要做一个良好的守规则者；另一方面建立持续的公众参与机制，使公众能够在职业教育多元主体公私合作中获得充分的知情权、表达权、监督权等，保证制度的有效执行，促进职业教育多元主体公私合作中各伙伴之间合作关系的形成，增加主体间的信任，发挥公私各部门优势，保障公共服务的有效供给。

各国实践经验表明职业教育多元主体公私合作供给机制的运行需要明晰

学校产权并对产权主体的行为进行规范。清晰的学校产权界定能激励非政府组织积极参与到职业教育多元主体公私合作的供给过程中来,学校产权制度的建立是一种事前的制度激励,而这无法在市场过程中得以实现。因此,政府在职业教育多元主体公私合作中的制度供给就显得非常重要。

学校产权制度是政府所应该提供的职业教育服务的一种,一个运行有序的社会必须要有系统化的制度激励、约束和监督,职业教育改革需要社会具有良好、完善的制度环境作保障。因而,职业教育多元主体公私合作中对学校产权制度的确立至关重要。具体到我国职业教育公私合作,需要对职业教育多元主体公私合作的产权进行相关界定。

(二)通过立法清楚界定办学积累资产的归属权和收益权

在公办职业教育学校公私合作中,国家仍然拥有公私合作学校原有资产所有权,而公私合作学校只拥有学校资产的占有权和使用权,而公私合作学校逐渐形成后后续积累资产的终极所有权归谁,即办学者的收益权,需要由相关法律制度明确界定,并对执行与监督程序进行相关规制。由于我国没有职业教育公私合作产权的明文规定,关于公私合作学校的财产规范可参照我国的私立高等职业教育促进法及其执行管理条例的规范执行,法律明文规定"由本校所积累的职业教育办学财产,在本校存续时期内由本校所拥有,学校停止职业教育办学活动的应按照国家有关规定条款办理"。我国对终止办学的积累资产多处理为继续由国家或政府投入民办职业教育,此时的这部分积累资产所有权已发生变化,由学校所有变为国家所有。公立的公私合作学校办学积累起来的资产也应该如此,在公私合作学校续存期间归学校所有,在终止办学时学校后积累资产归国家所有。

在学校办学剩余分配方面也是参照民办教育促进法的相关规定,转制学校按一定比例原则预留学校发展基金,剩余的办学收益,一部分用于教师工资返还,另一部分作为办学者的回报和教师的福利发放。如果办学节余支出过多,往往会影响办学积累资金的提取。如果各支出比例不合理,某一项或几项支出过多,办学积累基金就会相应减少,这也是国有资产流失的一个表现。尤其是较好学校的公私合作,如果较好学校公私合作形成的办学节余过多用于教师福利,只是满足学校内小团体利益,却损害了国家利益和学生利益。公私合作后学校尽管享有很大的办学自主权,但学校对办学收益资本的运用仍将接受政府一定的监管和约束,"公私合作学校的学校产权运用将从公示、申请、评价、管理和终止五个环节加以具体规定"①。

公建职业教育学校在"公私合作"试点开始后,出现资产管理多样化的情形,一般涉及3种资产类型:国家教学固定资产、承办者投放的固定资产和学校办学流程中累积的高校固定资产。部分公私合作学校对多样化的教学固定资产管理模式放任自流;有的甚至还没有对公建公私合作学校的国有资产进行过必要的评审与登记;有许多原公办学校校长同样身兼新公私合作的学校法人代表,但因为其拥有"亦公亦民"的特殊身份,导致产权制度紊乱,一旦发生债务问题,最后结果是"钱进民校、债留公校",再加上政府监督不力,有关的立法也不完善,尤其是学校财务制度的漏洞,极易导致经营性国有资产转让、流失,从而使经营性国有资产的保值难以实现。这种状态的长期存在,严重影响了职业教育公私合作试点的成功和继续发展。因此,必须通过立法清楚界定办学积累资产的归属权和收益权。

(三)学校资产分类建账,探索科学管理的法治路径

具体到职业教育多元主体公私合作领域可以采取以下几个方面的应对措施:

1. 对学校资产进行分类建账。明确学校资金分配细节,确保职业教育经费的相关利益主体对此都清楚;制定职业教育经费划拨、分配和使用的手册,对其步骤进行明确规范,并保证学校和中间管理层在相关报告中使用与手册一致的格式,以防备有人从中作假;采取强有力的制裁措施,防止和严厉打击学校内的腐败行为;应成立学校管理委员会,其成员应通过选举产生,既要代表当地社区的利益,又要代表学校和地方政府的利益;校长和行政管理人员要及时接受财经制度方面的培训;相关财务人员和资金管理人员应熟悉财经制度,并要严格遵守,及时发现并制止不端行为;政府相关财政部门必须对学校资金拨付的款项和资金申请报告进行严格审批;审计部门必须对学校的财政经费进行定期检查。

---

① 陈婉玲:《PPP长期合同困境及立法救济》,载《现代法学》2018年6期。

2. 探索科学的教师管理措施。学校管理措施要合法;教师工会要实质性地参与学校管理;教师管理标准要明确、客观,特别是教师招聘、委派和职称评定的过程更应透明、公平;人事管理规范化,相关信息发布要及时;教师行为规范中要设定清晰的职业教育目标,增加规范的可行性,其制定过程应有教师参与,以增加教师行为规范的可信度,教师行为规范目标要广泛传播,以保证规范的落实;应在社会和职业教育行业内建立监督教师职业规范,规范应该明确管理方和被管理方的权利和义务,并定期对从教人员进行培训;严格遵守行业行为规范,形成有利于提高职业教育质量的环境。

3. 探索科学管理的法治途径。政府应认识到在学校相关的合同履行过程中出现偏差会导致费用上升,会降低所提供的货物的数量或服务质量,因此在制定相关政策时应对此进行一定的约束或限定;政府采购过程中要适当放权,因为分权会增强参与度与责任感,有利于减少腐败;职业教育主管部门应该清晰地界定出采购过程中可能发生的腐败行为;国家应参考国际惯例制定学校采购法,明确各个职能部门之间的采购功能和职责;政府、学校和社区要对投标者的诚信进行筛选,包括投标者以前的工作质量、是否按时完成工程等;国家或相关级别的政府应确立与教科书和教学材料相关的政策,明确相关方在教科书和相关材料提供方面的职责;对投标过程进行网络信息公开,使所有利益相关者有机会获得相关信息;学校对工程投标程序和过程应保持透明和中立,并应建立相应的监控程序,让市民或其他利益相关者的代表参与其中。

(四)将公众有效参与提升到法律规制层面

职业教育多元主体公私合作是一个需要多组织合作的过程,在这一过程中要准确反映公众诉求,满足公众的公共服务需求,这需要公众的有效参与。在职业教育多元主体公私合作中,要对公众参与的实体内容和程序进行相关规定:一是职业教育需求的表达机制,二是职业教育服务主体的选择、评估和监督中的参与机制。实践表明,公众参与不仅是职业教育服务供给的起点,还包括提供何种服务政策,如何提供这一服务,如何确保这一服务的落实等问题,这都需要考虑公众意愿——公共利益的问题。同时,公众更是公共服务供给的服务对象,公众对于职业教育服务供给的满意度不仅是职业教育服务供给的目标,也是对职业教育服务供给进行考评和监督的重要依据。

五、完善职业教育公私合作的法律责任

“制度是指在一定的历史条件下形成的政治、经济、文化等各方面的体系。”①腐败是腐败主体实施的一种有明确意图的自主行为，它发生在公共权力的具体运行过程中，与相应制度密切相关，并受行政系统内外诸多因素的影响，因此，腐败行为应是社会多因素综合作用的结果，仅仅在某一方面采取措施很难有效制止职业教育腐败行为的滋生蔓延，有必要运用系统化的制度创新遏制职业教育腐败。

当前我国的职业教育资源配置领域，资源不足与浪费并存，不仅对职业教育的社会公益性损害严重，同时，在职业教育资源配置领域，以公共利益之名侵犯个人利益的事件也时有发生，主要原因在于制度防腐机制运行不规范，给“寻租”腐败等违法行为提供了可乘之机。针对改制（公私合作）学校清理中的4个错误假设，各国的制度防腐经验可为我们提供一些经验与借鉴，我国具体可从以下几个方面完善相关立法机制：

（一）以职业教育立法为先导

针对前文情况，应制定专门的《职业教育公私合作促进法》予以规制。

美国的特许学校政策和英国的职业教育行动区计划都是先立法后实施，以确保公私合作改革的资金到位和改革的方向。美国特许学校不但创办时要依据州的法令，而且学校发展也要依赖法律进行调整。英美国家的职业教育公私合作以政府立法为先导。雄厚的经费供应和强制的立法手段是美国职业教育公私合作制度得以落实的有效保障。美国职业教育公私合作制度多以职业教育立法的形式体现，其所具有的强制性与连贯性保证了美国职业教育公私合作政策的有效性。特别是美国各州政府的特许学校政策的实施，通常都是先制定特许学校法，然后才开始设立特许学校。虽然各州的特许立法各不相同，但在特许学校的开办及运营方面主要内容基本一致。例如，特许学校的申请程序、设立条件、各学区或州对特许学校数量的限制；对申请驳回不服的诉讼等；特许

---

① 《辞海》，上海辞书出版社（缩印本）1989年版，第210页。

学校的校务公开、社会对特许学校校务会议和财政审计的监督。

我国职业教育学校公私合作发展仅以政府部门的职业教育政策为依托，没有相应的法律规范，优质公办学校纷纷转制又没有相应立法加以规制，再加上政策执行效力低，变动性大，以致转制政策出现诸多误区，这不但有违薄弱校改制的初衷，也为地方政府和学校违规寻利提供可能。必须建立完善的职业教育领域的公私合作立法，明确各利益方的责权利，以保证使职业教育改革顺利有序进行。我国职业教育改制失败的一个重要原因就是缺少相应的立法，而以政策为主导，且政策的变动性较大，稳定性较差，刚性不足。因此，我国职业教育公私合作亟须相关立法作保障。因此，我国职业教育改革中的各种问题的治理方式不是清理改制学校，而是要加快职业教育法治建设，把权力关进制度的笼子，让企图进行职业教育腐败与“寻租”的人在法律威慑下自动放弃腐败与“寻租”。

在完善相关立法方面，应采取以下几个方面的相关措施：

首先，要加快职业教育公私合作立法，尽快出台一部《职业教育公私合作促进法》，力求建立完备的职业教育法规体系，让职业教育公私合作有法可依，防止部分不轨者钻法律的空子。同时，立法中要增加公私合作学校教师与公办学校教师同工同酬、公私合作学校学费标准的相关规制。要加强立法执行制度的建设，促进职业教育法规的实施，让职业教育法规充分发挥其监督、惩罚的功能，做到执法必严。

其次，确立职业教育公私合作的评定标准。职业教育的评定标准包括校长水平、优秀教师数量、落后学生占比、基础职业教育设施条件、学生家庭收入等，评定标准一定不能受考分和各高校考生数量的标准控制。只有满足相关条件，才能被评为薄弱职业教育学校，才能被定为公私合作的改革对象，也才能享受国家相关法治规定的权利，接受国家和地方政府的特殊支助。

再次，健全职业教育公私合作学校的资产监管组织机构。健全学校国有资产管理机构，明确其职责，以解决学校产权的管理问题。宏观方面，资产监管组织机构至少应包括国家或地方政府职业教育行政部门、合作各方的领导机关、国家或地方政府国有资产管理部门、职业教育行政部门和合作各方的纪检部门。具体职责如下：国家或地方政府职业教育行政部门既是行政领导机关，又是公私合作学校资产的直接主管部门，对公私合作学校资产特别是国有校舍、器材、设备等管理负有直接责任;合作各方的领导机关主要是通过公私合作学校董事会对学校进行监督管理,合作各方的领导机关要防止董事专权或恶意隐瞒重大事项;国家或地方政府国有资产管理部门在业务方面对公私合作学校进行资产指导,特别是在国有土地资产等方面进行资产指导;职业教育行政部门和改制学校各合作方的纪检部门派驻公私合作学校的代表负有监督管理责任。微观层面,公私合作学校需要健全校内理事会、财政审核机构以及纪律检查机构,具体内容包括:校内理事会作为公私合作高校管理制度的基础,其成立必须维护公私合作学校各方的权益、反映公众参与治理的需要、反映制度管理的科学性和民主化。其人员主要包含合作者任命人员、校领导、职业教育主管部门任命人员、教职员工、学生代表和社区代表。其职责为:拟定转制学校的发展计划,确定学校主要人员任免和职员待遇等事宜,确定学校计划和主要的财务管理活动,并建立规章制度;财政审查机关监督审查转制学校的财务管理活动,规定公私合作学校须设置独立的财务管理组织和人员,并同时受校董会财务管理组织、合作方财务部门、地方职业教育行政部门对财务部门的监管,并按规定同时向三方报告学校财务管理状况;纪律检查机关监督检查转制学校及负责学校财务人员的公务活动,监督检查对公私合作学校仪器设备购买、登记、领取、损耗、交接、管理、更新、折旧等制度的执行情况和贯彻,协助对公私合作学校执行离任审计制度,并对公私合作学校的主要管理者,在其卸任之前对其实施离任审计,将审计结论向社会公布。

最后,明确公私合作学校资产处置原则与程序。公私合作学校是一种新生事物,有可能完全转为公办、民办或倒闭。对于前一种情况,在良好的制度监督下国有资产不会有太多的流失。至于后两种情况,为防止国有资产的流失,应事先对此做出相应规定。对于可能完全转为民办或倒闭的公私合作学校,一是要在职业教育行政部门组织下对公私合作学校进行资产评估;二是按照公私合作学校的公私合作协议,分清合作各方的资产及比例。对于完全转为民办的联盟公私合作学校来说,联盟校应收回其“校名”所有权;合作者可自行“经营”公私合作学校,或由公私合作学校独立“运营”。对于即将倒闭的公私合作学校,应在资产评估以后,以公私合作学校资产进行债务清算,但校园土地排除在外,因为我国实行土地国有制,当初土地一般是无偿划拨给学校的,不能作为资产项目进行抵押还债,这个问题应引起特别注意,不然会造成国有资产的流失。

（二）强化过程性评价机制

一方面，完善职业教育公私合作评估指标体系。职业教育公私合作法治离不开有效的评价机制，“而完善的评价标准是整体规划、分类推进，最终实现缩小校际、城乡之差异和教学质量差异的前提条件，这需要完善公私合作评价的关键要素和监测评价指标”①。我国职业教育公私合作法治，主要取决于职业教育环境、职业教育平台、职业教育机会、职业教育过程和职业教育成果这 5 部分内涵，即形成城乡职业教育公私合作法治的五个一级指标。

职业教育环境包括城乡一体化职业教育制度供给、政府支持力度、学生和家长的满意度三指标；职业教育平台包括平台设计、平台推广、平台应用三指标。职业教育机会主要通过“学校入学率”等能力类指标进行衡量。教学过程主要利用过程一体化教学平台使用率、优质的教学资源均衡配置与职业教育经费投入均等来实现，教学平台的使用率主要涉及平台制度实施力度、教学平台的使用程度、平台技能师资的配置、学习者评价标准、各主体的协调与合作；教学资源均衡配置一般采用“学生均学校数”“学生均专任教师数”“优秀教师占比”“优秀教师占比留任年限”“平台技术教师的专职配比”“平台运用频次”“学生均校舍面积”等能力类指标来衡量；职业教育资金投资均等一般采用“学生均计划内教学公共支出”“学生均计划内教学事业费”“学费”等投资类指标来体现。教学结果也可以通俗地理解为教学质量，一般采用“平台运用效果评价”“初升职高升学率”“大学升学率”“生活能力”“沟通能力”“自我管理能力”等结果类指标进行衡量。

另一方面，也有创新的社会第三方评估机构②。第三方评价一般具有独立性、专业性、权威性特征。现行创新的“第三方评估”模式主要有：高校专家、专业组织、国务院督查、社会代表和民众参与五种评估模式。在创新的第三方评估体系流程中，党委政府及其各相关部门的主要职责是，推动完善相应制度，立

---

① 秦建平、张惠、李晓康：《现代化进程中的城乡职业教育一体化评价研究》，载《教育发展研究》2015 年第 1 期。

② 第三方主要是指处于第一方（被评对象）和第二方（服务对象）之外的一方。由于“第三方”与另外两方并不存在行政隶属关系和利益关系，一般被称“独立第三方”。参见杨明：《教育治理现代化呼唤第三方评价》，载《教育发展研究》2016 年第 3 期。

法提供良好的评估环境,确保第三方评价机构在职业教育公私合作法治中的合法化和独立化,加强对评价公正性与规范性的监督与管理。学校与其他职业教育机构应积极与第三方评价机构建立协作关系,主动利用评价结果改进职业教育教学。第三方评价机构应加强组织机构内部的规范化的制度建设,建立类型化、层次化的专业服务体系,提供独立性、优质化的服务。

创新的社会第三方评价机制要致力于实现新技术手段与评估实践的深度融合。通过高效互通的职业教育信息资源管理系统平台,整合相关信息化数据,通过观测和调研获取数据,构建以知识与技能、能力、社会参与、自主发展、全体发展为框架的职业教育治理效果评价体系。

(三)强化问责机制

完善职业教育公私合作法治的问责执行力,完善问责制执行体系。执行是将制度转化为实践的一个过程。完善职业教育公私合作法治的问责执行力,需要构建完善的问责制执行体系,以避免治理决策执行的走样和失效。

问责是指由于个人不能搞好本职工作时,所应当负有的不良后果责任或强制性义务。完善的问责制执行体系包括体制内问责和体制外问责,其中监察系统问责是行政体制内问责,而人大、纪委、司法和社会监督是体制外问责。完善的问责制执行体系主要包括以下内容:一是明确区域职业教育公私合作法治执行责任主体①;二是明确责任追究程序。在国家职业教育公私合作法律法规实施发生阻滞后,由首先担任制度组织者的地方政府和监督者,在第一时间成立调查小组,小组成员一般包括区域内相关纪检部门、政府部门、相关领域专家、利益相关者群体代表等,充分发动群众,对出现的问题和问题原因深入细致地进行调查,确定责任和相关责任部门及其责任人;三是合理合法地予以惩戒。对相关责任部门及其责任人,依据有关法律、法规、规章制度等规定,依据责任标准,对失职的执行主体进行惩戒;四是公开问责过程与结果。问责过程和结果要通过各种网络、媒体渠道置于广大民众监督之下,让相关的治理主体和广大民众对整个执行过程和结果有一个全方位的了解,以增强问责的力度。

① 建立相关责任标准,明确区域职业教育治理执行组织、组织者及具体执行者的责任,界定不同主体职权范围、规定应完成事项的标准与条件。

职业教育资源配置中的政府问责制度，是指在职业教育资源配置的过程中，根据有关政府部门的职权依法确定其具体负责，并对职权执行的程序、方法和后果等作出事前规制，以严格检查有关政府部门在职业教育资源配置过程中，是否出现行政丢岗行为，并由此对有关责任者和当事人作出事后的责任追究与惩罚，保证公共权力的规范有序运行。问责制应包含以下3个方面的主要内容：问责的目的在于预防与遏制权力腐败，因此，要保证实现资源配置过程的公开、公平与公正；问责的过程包括公共资源开发、配置、管理、评估等一系列过程；问责机制是一种权力制约制度，通过对政府的行政行为的制度化约束和规范，最终实现权责统一。当前公共权力在职业教育资源配置过程中"寻租"与腐败行为频发，主要表现在：一是职业教育资源配置中的权力与责任脱节。在资源配置过程中，公共权力缺乏相应的责任制约机制，致使一些掌权者肆意妄为，寻求部门利益或个人利益最大化。二是缺乏相应的责任追究机制。在职业教育资源配置权力运行过程中，权力常常处于无约束状态，权力监督与制约机制缺失或不完善，导致滥用权力者不能受到应有的法律制裁。三是对领导的专门问责机制不完善。在职业教育资源配置过程中，由于受传统行政惯性的影响，相关政府主管部门在做出决策时，往往是"一把手"说了算，而我国"现行行政问责机制对领导的专门问责不够细化，导致各种权力寻租、以权谋私现象频发"①。

可以从以下三个方面着手强化职业教育领域政府权力的问责机制：(1)完善社会公众的参与机制。地方政府在参与职业教育资源配置过程中，经常会出现寻求地方利益或部门利益最大化的倾向，肆意行使手中的行政权力的事情经常发生，随意干涉职业教育资源配置的程序及结果。因此，为防范政府这种滥用权力的行为，需要引入社会公众的参与机制，使民众对职业教育资源的配置行使自己的发言权，能对政府进行的职业教育资源配置工作依法进行问责，对其行政行为实施有效监控，发挥社会公众的政府问责功能。(2)健全政府问责的回应机制。各级政府在配置职业教育资源的过程中，应及时对社会公众提出的问责事项予以回应，对公众的问题一一做出答复，对权力运行失范之处，应依法进行相应的行政处罚或法律惩罚，并及时对公众做出合理解释，保证职业教

---

① 肖华杰：《政府和社会资本合作(PPP)法律机制研究》，吉林大学法学院2020年硕士学位论文，第181页。

育资源配置权力始终置于公众的阳光监督之下。（3）发挥政府内部问责机制的效能。政府应对自身的职责范围予以明确界定，保证职业教育资源配置职能行使规范，对政府参与职业教育资源配置活动的方式、范围及手段做出科学评估，尤其对参与招标、拍卖、挂牌等市场交易的行为进行严格考核，进一步健全政府内部约束机制，通过报告制度、检查制度等对政府实施内部问责，确保职业教育资源配置权力在运行过程中始终受到责任质询。①

（四）强化过程性监管责任

职业教育公私合作过程中会涉及诸多行政审批事项，如学校办学资格、土地使用、校舍建设、设备更新等，政府有必要加强审批事项的过程性监管。

行政审批制度是计划经济时代的产物，是政府干预经济和社会生活（包括职业教育）的一种重要行政手段，也是政府职能履行的一种基本方式。传统的职业教育资源配置主要以政府的行政审批为主，在浓重的“官本位”社会思潮冲击下，审批成为腐败多发的重灾区，直接造成职业教育资源配置的不公正。审批腐败产生的主要根源在于：一是许可审批的自由裁量权过大，加之部分行政人员的“官本位”思想，为腐败之风、官僚主义作风提供了“土壤”，审批中找关系、托人情、走后门现象成为公开的秘密，权力腐败滋生横行。二是审批程序不规范。由于许多资源审批项目缺乏严格、明确的审批程序及条件，内部操作、“暗箱操作”现象严重，给审批机构及其工作人员寻租和腐败留下可乘之机。三是审批监管乏力。审批腐败的另一重要原因就是重审批，轻监管，由于公共资源的配置权一直以来由行政机关垄断，加之行政审批方面的法律法规不完善，责任追究与监督机制缺乏，导致审批部门及审批人员敢于违法审批、违纪审批、该批不批等情况时有发生，助长了其行政审批的腐败行为。

因此，有必要调整资源审批权限，规范审批程序，加强审批的过程性监管，以遏制审批环节腐败行为的发生。具体来讲：一是完善审批程序。做到以程序控权，降低项目审批的随意性，逐步实现审批程序的规范化和制度化，使行政自由裁量权依法有序地行使。二是公开审批结果。凡不属法定的保密范围的审

---

① 肖华杰：《政府和社会资本合作（PPP）法律机制研究》，吉林大学法学院 2020 年硕士学位论文，第 181 页。

批结果一定要依法公开，特别是涉及公众利益、群众普遍关心的审批事项，要实行“阳光审批”，从制度上确保审批人员的廉洁自律，如可积极推进电子政务，实现网上审批，方便公众及时查询与监督。三是健全审批裁量权的内外部监控机制。不但要加大审批机关的内部监督，建立事项的报告制度，通过廉政考核措施，加强对审批人员的监督力度，同时要充分发挥外部监督的效能，如纪检、监察等部门对审批工作定期与不定期地检查，对审批人员的操作程序实时监控，保证审批过程的公开与公正。四是建立强力腐败惩处机制。在完善审批程序、公开审批结果、健全审批裁量权的内外部监控机制基础上，对行政审批中违法违纪案件要及时彻底查处，相关部门要严把立案、侦查、审理、处分、执行等环节，做到严明办案，对审批腐败行为给予严厉的法律制裁，以案促防，积极发挥惩处在防腐反腐制度中的功效。

具体来说应采取以下措施：

第一，针对改制学校的审批不但要完善审批程序、公开审批结果、健全审批裁量权的内外部监控机制、腐败惩处机制，同时要在选择公私合作学校时设定一定的制度制约机制。外国针对薄弱职业教育学校一般采取倾斜性的补偿政策，并采取对薄弱职业教育学校的标准和条件进行制度性规定，如优秀教师占比、师生比、辍学率、毕业率等都是相关规定的指标，而不是教室是否达标、基础设施是否过硬、一本高考率是多少等。英美国家对公办的薄弱职业教育学校进行特许化经营时，对薄弱职业教育学校在辍学率、毕业率、基础设施、办学条件、师资力量、师生比方面都有严格的评价标准，只有符合这些标准的学校才能划归为公办薄弱职业教育学校，也才能实行特许化经营，政府只对这些符合条件的学校才实施特殊政策。我国应学习各国的界定薄弱职业教育学校的标准和条件的制度机制设计，针对能满足设定基础设施、基本办学条件、优秀师资占比、学习困难学生的占比、家庭困难学生占比、会考达标率等标准做出具体化规定，只有达到这一标准的学校才属于薄弱职业教育学校，才能接受特别支助，实行公私合作化改制。并对改制的薄弱职业教育学校提出相应的质量达标要求。

第二，优化过程性管理，需要做到：一是规范职业教育资源配置的执行管理体系。严格查处执行过程中的不规范问题，约束政府在职业教育资源配置中的自由裁量权，促使其依法行政、公正配置资源，如对改制学校的过程管理中，要实行校务公开，要把涉及学校领导的财产、住房面积、国内外考察、学校招待费等公开；把涉及教师职称评定条件和程序、业务考核标准、奖金分配等公开；要把招生考试和收费情况公开；等等。二是优化执行岗位责任制。对不同职务的完成状况经常开展审核、评价，从而成为职务升迁、奖励处罚的依据，并将之及时公之于众，自觉接受群众监督。此外，应对行政权力干预较大、腐败容易滋生的执行环节进行全程监控，及时发现、曝光、惩处等一条龙式对违规操作行为进行规制。三是加强执行监督力度。如公私合作学校的校长和书记一般都是政府指派，在公私合作过程中很容易出现与职业教育行政主管部门一样的权力垄断现象。因此需要对之采取强有力的监督措施，使其权力置于阳光下，杜绝腐败行为发生。如向社会公开由省政府确定的收费项目和标准、教材费、招生政策、招生指标和招生结果、高考优惠加分条件、基建项目招投标、举报电话等。为此，应建立全方位的立体监督体系。

第三，创新参与式职业教育公私合作法治的监督体系。“社会评职业教育”是创新参与式职业教育公私合作法治监督体系的核心，实质是把职业教育公私合作法治监督权交给利益相关者和社会。其目的是实现公平公正、客观科学的评价监督，增强职业教育工作的有效性。创新参与式监督体系包括监督方式、监督程序与监督内容。公私合作职业教育法治监督体系有利于改进职业教育公私合作的实践成效。

一是监督方式。包括区域党委政府及其主管部门的自我监督、第三方监督、社会公众监督。二是监督程序。采集监督意见、运用监督意见、回应监督意见。三是监督内容。监督内容主要包括三个方面：(1)是否建立了职业教育公私合作经费保障体系。重点监察各级人民政府在职业教育经费投资方面的职业教育领导责任履行状况。(2)将职业教育公私合作法治中的城乡教师一体化放在首要地位。重点监察城乡一体化的职业教育人事制度、教师工资制度、城乡统筹教师专业成长和培训制度、城乡校长队伍统筹建设制度的制定、落实与实施情况。(3)是否建立了与职业教育相适应的协同制度体系，主要是优质数据化、信息化资源的共建共享平台建设制度和相关管理制度。主要监督在协调各治理主体方面的矛盾、利益与冲突方面的政策、体制和机制的创新，是否为疏通职业教育公私合作利益相关者诉求提供快速高效的表达渠道和解决渠道。

本章小结

总之,基于职业教育公私合作的视角,本书对职业教育公私合作法治提出5个方面的相关建议:一是职业教育公私合作立法要坚持兼顾公平与效率的价值取向;二是有效建立我国职业教育资源补偿制度;三是确立公私合作的多元主体学校产权制度;四是完善职业教育公私合作的相关立法,加强公私合作制学校的立法监管;五是完善职业教育公私合作的法律责任。

结　语

本书分析发现，职业教育公私合作法治是我国职业教育治理的主要方式之一。当初，职业教育改革措施实施的主要目的就是为扩大利用职业教育优质资源，以解决人们对职业教育优质教学资源日益增长的需要，从而解决职业教育优质教学资源长期短缺的问题。而我国职业教育学校存在的诸多弊端严重影响了我国职业教育总体质量的提升，因此，要求对职业教育进行公私合作是符合我国职业教育发展的基本国情的。现实中职业教育改制很少成功，关键是政府对职业教育改制投入减少甚至“断奶”。资金投入的充足与否是影响职业教育质量提升的一个关键因素，我国职业教育经费投入严重不足，这已成为职业教育发展的“瓶颈”。应该加大对职业教育学校的投入，吸引社会资本共同办学。清理政策对改制学校“一刀切”式进行清理，并不能解决我国优质职业教育资源与民众对优质职业教育资源需求之间不断激化的矛盾，职业教育腐败、职业教育不公平、学校国有资产流失、高收费问题只是政府清理改制学校的一个错误假设。因此，本书的最终结论是我国职业教育应进一步加大公私合作力度，并加大法治力度。

清理改制学校不是解决职业教育改制过程中出现不良现象的最好方案，就像打开窗子呼吸新鲜空气一样，新鲜空气中有时会伴有灰尘和蚊子，我们不可能因为灰尘和蚊子而拒绝开窗，关键是如何防止灰尘和蚊子进入房间。学校改制过程中出现的职业教育腐败问题、职业教育不公平问题、学校国有资产流失问题、高收费问题需要进行相应的法治规范制约。我国目前对职业教育教学的主要矛盾,是职业教育优秀教学资源不足和当前民众对职业教育优秀教学资源的需要不能满足之间的根本矛盾,我国职业教育改制的本质其实是通过职业教育办学主体多样化改革,解决这一主要矛盾。为此,针对职业教育改革,本书从多元主体公私合作的角度提出以下几方面建议:

首先,职业教育公私合作法治要坚持兼顾公平与效率的价值取向。对职业教育进行公私合作,可借鉴域外经验,制定"补充职业教育服务"制度措施。其次,有效建立我国职业教育资源补偿制度。一是增加政府的投入,吸引多元投资;二是完善职业教育阶段优质职业教育资源配置机制;三是重视职业教育的教师资源配置;四是有效整合薄弱职业教育学校与社会、企业、个人多方优质职业教育资源。再次,确立公私合作的多元主体学校产权立法。一是政府要为职业教育供给或职业教育服务多元主体间的关系创造一个良好的法治环境;二是通过立法清楚界定职业教育改制中办学积累资产的归属权和收益权;三是对学校资产进行分类建账,探索科学治理的法治途径;四是强调公民有效参与。最后,完善职业教育公私合作的相关立法。一是尽快出台一部《公私合作职业教育促进法》;二是完善相应法律责任强化评价与问责机制,并加强过程性监管。

职业教育公私合作从总体而言增加了优质职业教育资源的供给、盘活了职业教育原有的职业教育资源,使老百姓有更多机会享有优质职业教育资源。因此,应该在不断完善法治设计的前提下继续推进。我们的政府应该不只是公办学校的政府,也应是民办学校的政府,中国的职业教育不能只有非公即私两种情形,还应有公私兼具的第三条道路存在,包括国有民办、民办公助、合作制、甚至股份制等形式。因此法治的重点应该是建构一个有利于公私合作的制度环境,尽快建立一个规范职业教育办学主体多样化的混合法治体制。目前,公办职业教育的垄断地位没有发生根本改变,不利用公办职业教育的资源整合。同时,也要看到世界性的职业教育公私合作的国际趋势,民间机构和个人同样可以提供公共服务。政府有必要在确保公平性的前提下,针对我国目前存在的大量职业教育,加大改造力度,积极推进多元主体公私合作,加快这些职业教育供给的转型,实现我国职业教育质量的整体提升。

参考文献

一、著作

[1]刘泽华、张荣明等:《公私观念与中国社会》,中国人民大学出版社2003年版。

[2]孙立平:《博弈:断裂社会的利益冲突与和谐》,社会科学文献出版社2006年版。

[3]郑鹏程:《行政垄断的法律控制研究》,北京大学出版社2002年版。

[4]刘春:《权力的陷阱与制约——西方国家政治腐败透视》,中共中央党校出版社1998年版。

[5]华民:《西方混合经济体制研究》,复旦大学出版社1995年版。

[6][美]保罗·萨缪尔森、[美]威廉·诺德豪斯:《萨缪尔森谈效率、公平与混合经济》,萧琛译,商务印书馆2012年版。

[7][美]加尔布雷斯:《经济学与公共目标》,于海生译,华夏出版社2022年版。

[8][英]雷纳特·梅因茨:《统治失效与治理能力问题——对一个理论范式的评价》,周红云译,载俞可平编:《治理与善治》,社会科学文献出版社2000年版。

[9][英]鲍勃·杰索普:《治理的兴起及其失败的风险:以经

济发展为例的论述》,漆芜译,载俞可平编:《治理与善治》,社会科学文献出版社2000年版。

[10][美]戈登·塔洛克:《寻租——对寻租活动的经济学分析》,李政军译,西南财经大学出版1999年版。

[11][新西兰]杰瑞米·波普:《制约腐败——建构国家廉政体系》,清华大学公共管理学院廉政研究室译,中国方正出版社2003年版。

[12][美]金伯利·A.艾略特主编:《腐败与全球经济》,刘勇、李宪译,北京出版社2000年版。

[13][美]道格拉斯·C.诺思:《经济史中的结构与变迁》,陈郁、罗华平等译,三联书店出版社1994年版。

[14]林毅夫、李周等:《中国的奇迹:发展战略与经济改革》,上海三联书店1994年版。

[15]《经济社会体制比较》编辑部:《腐败:货币与权力的交换》,中国展望出版社1989年版。

[16][德]埃瑞克·G.菲:《新制度经济学》,孙经纬译,上海财经大学出版社1998年版。

[17][加]耶斯考比:《公共部门与私营企业合作模式:政策与融资原则》,杨欣欣译,中国社会科学出版社2012年版。

[18][美]E. S.萨瓦斯:《民营化与公私部门的伙伴关系》,周志忍译,中国人民大学出版社2002年版。

[19]何寿奎:《公共项目公私伙伴关系合作机理与监管政策研究》,西南财经大学出版社2010年版。

[20]王增忠:《公私合作制(PPP)的理论与实践》,同济大学出版社2015年版。

[21]何春丽:《基础设施公私合作(含跨国PPP)的法律保障》,法律出版社2015年版。

[22]任志涛:《PPP项目合作治理及其互动机制研究》,化学工业出版社2015年版。

[23]胡夏枫:《立法与改革:1978—2018年法律修改实践研究》,中国政法大学出版社2018年版。

[24][英]爱德华·法夸尔森等:《新兴市场公私合作模式》,唐李雅宁译,中国电力出版社2015年版。

[25]袁桂林:《中国教育改革开放40年　高中教育卷》,北京大学出版社2019年版。

[26]王泽彩、贾康:《政府和社会资本合作模式典型案例》,山西经济出版社2016年版。

[27]Sclar, Elliott D., *You Don't Always Get What You Pay For: The Economics of Privatization*, lthaca, NY: Cornell University Press, 2000.

[28] Grimsey D., Lewis KK., *Public Private Partnerships*, Chelt-man, UK: Edward Elgar, 2004.

[29] Dan-in Greimsey, Mervyn K. Lewis, *Public Private Partnerships: The Worldwide Revolution in Infrastructure Provision and Project Finance*, Edwar Elgar Pub, 2007.

二、论文

[1]邢磊:《转制学校的利弊分析与趋势展望》,载《吉林省教育学院学报》2008年第1期。

[2]鲍劲翔:《论财政教育支出效率与公共教育服务政府采购》,载《中国政府采购》2005年第1期。

[3]谢炜、陈进红:《教育公共服务的国际经验及其借鉴》,载《内蒙古师范大学学报:教育科学版》2008年第3期。

[4]徐建华:《深化公办改制学校办学体制改革的策略选择》,载《教育发展研究》2010年第17期。

[5]王桂云、李涛:《政府自利性与合法性危机——一种基于公共选择理论的分析》,载《社会科学家》2010年第8期。

[6]王桂云、李涛:《巩固和加强政府合法性基础的路径选择——政府自利性与合法性关系视角的思考》,载《兰州大学学报:社会科学版》2011年第1期。

[7]杨挺:《教育产权问题研究综述》,载《民办高等教育研究》2004年第1期。

[8]刘泽云:《我国高中阶段教育政府投入的实证分析》,载《教育发展研究》2008年第19期。

[9]沈百福:《我国高中阶段教育投入评价》,载《上海教育科研》2009年第11期。

[10]孔令帅:《兼顾公平与效率:美国补充教育服务政策评析》,载《比较教育研究》2010年第9期。

[11]韩淑慧:《区域平衡发展公平与效率关系探析》,载《中国经济导刊》2012年第2期。

[12]陈阵香、陈乃新:《PPP特许经营协议的法律性质》,载《法学》2015年第11期。

[13]邢会强:《PPP模式中的政府定位》,载《法学》2015年第11期。

[14]王守清、刘婷:《PPP项目监管:国内外经验和政策建议》,载《地方财政研究》2014年第9期。

[15]李霞:《公私合作合同:法律性质与权责配置》,载《华东政法大学学报》2015年第3期。

[16]郑娟、谭光兴:《公私合作(PPP):独立学院运行机制探讨——基于制度逻辑的视角》,载《高教探索》2016年第8期。

[17]王天义、韩志峰、李艳丽:《PPP的国际镜鉴与启示》,载《重庆社会科学》2016年第10期。

[18]徐琳:《法国公私合作(PPP模式)法律问题研究》,载《行政法学研究》2016年第3期。

[19]张杨:《公私合作的行政法规制研究》,载《人民论坛·学术前沿》2017年第22期。

[20]陈少强:《政府和社会资本合作的概念辨析》,载《经济研究参考》2017年第49期。

[21]罗冠男:《意大利PPP法律制度研究》,载《行政法学研究》2017年第6期。

[22]郑雅方:《论我国PPP协议中公私法律关系的界分》,载《行政法学研究》2017年第6期。

[23]徐玖玖:《走出公私合作制的落地难困境——外部性视野下PPP制度

供给的经济法回应》,载《江西财经大学学报》2017 年第 3 期。

[24]郭燕芬:《公私合作伙伴关系(PPP)事前评估——基于中国和澳大利亚的对比分析》,载《当代经济管理》2017 年第 12 期。

[25]田晓伟:《促进民间资本参与教育服务供给的治理分析与机制构建》,载《清华大学教育研究》2017 年第 5 期。

[26]吴立香:《"公私协力"(PPP)法律关系的结构化解析》,载《东南学术》2018 年第 6 期。

[27]陈婉玲:《PPP 长期合同困境及立法救济》,载《现代法学》2018 年第 6 期。

[28]刘飞:《PPP 协议的法律性质及其争议解决途径的一体化》,载《国家检察官学院学报》2019 年第 4 期。

[29]张敏:《公私合作中行政优益权的行使及限度》,载《领导科学》2019 年第 22 期。

[30]徐玖玖:《公私合作制 PPP 项目法律激励机制的制度重估及其优化》,载《商业研究》2019 年第 6 期。

[31]张婧:《经济法对公私权益的协调功能研究——以政府与社会资本合作为视角》,载《经济问题》2019 年第 6 期。

[32]陈婉玲、胡莹莹:《我国 PPP 模式的功能异化、根源与解决方案》,载《上海财经大学学报》2020 年第 3 期。

[33]孙谋轩、朱方伟:《公私制度逻辑冲突与社会资本在 PPP 项目中的合作行为研究》,载《南开管理论坛》2021 年第 7 期。

[34]赵海峰:《民办高校股份制"双法人"治理模式研究》,载《中国高教研究黑》2019 年第 6 期。

[35]张中华:《完善办学体制机制,推进高校治理能力建设》,载《中国高等教育》2014 年第 1 期。

[36]涂云新:《教育综合改革背景下教育立法的理念、问题与对策——"教育改革与教育法治"学术研讨会综述》,载《复旦教育论坛》2015 年第 4 期。

[37]聂竹明、刘钊颖:《优质教育资源共享制度变革:从科层制到社群化》,载《中国教育学刊》2017 年第 5 期。

[38]李帆、刘群:《谋划教育治理的现代化格局》,载《人民教育》2019 年第

11 期。

[39]张文显:《国家制度建设和国家治理现代化的五个核心命题》,载《法制与社会发展》2020 年第 1 期。

[40]魏文松:《我国教育法治建设的核心内涵、实践历程与前景展望》,载《现代教育管理》2021 年第 1 期。

[41]戚晓思:《教育治理体系与治理能力现代化的研究进展与展望》,载《河南社会科学》2018 年第 2 期。

[42]沈亚平、陈良雨:《现代化视域下中国教育治理体系的重构》,载《湖北社会科学》2015 年第 8 期。

[43]李伟涛:《教育现代化监测评价研究——一个制度分析框架》,载《教育发展研究》2015 年第 1 期。

[44]赵磊磊、代蕊华:《区域教育治理、内涵、目标及路径》,载《教育科学研究》2017 年第 9 期。

[45]田再悦、陈恩伦:《新时代我国教育的矛盾转向及实践探新》,载《内蒙古社会科学》2019 年第 3 期。

[46]郭滇华:《国家治理视域下的教育治理现代化》,载《理论视野》2018 年第 7 期。

[47]孙远太:《基础教育协同治理的困境及其突破》,载《教育探索》2016 年第 9 期。

[48]刘利民:《新形势下我国基础教育管办评分离思考》,载《中国教育学刊》2015 年第 3 期。

[49]余应鸿、胡霞:《论农村教师的流失及其应对策略——基于城乡统筹视角的分析》,载《教育理论与实践》2014 年第 10 期。

[50]姚松:《大数据与教育治理现代化:机遇、挑战与优化路径》,载《湖南师范大学教育科学学报》2016 年第 2 期。

[51]张进宝、梁跃:《教育治理现代化语境下教育信息化公共服务体系的重构》,载《中国电化教育》2016 年第 4 期。

[52]范魁元、王晓玲:《城乡教育一体化背景下的教育管理体制改革研究》,载《教育科学研究》2011 年第 6 期。

[53]沈亚平、陈良雨:《人民满意视阈下教育治理能力提升途径研究》,载

《学术论坛》2015 年第 6 期。

[54]孙迎春:《政府治理新趋势:整体政府跨界协同治理》,载《中国发展观察》2014 年第 9 期。

[55]申国昌、申慧宁:《推进教育现代化的意义及路径》,载《河北师范大学学报:教育科学版》2019 年第 2 期。

[56]张乐天:《城乡教育一体化:目标分解与路径选择》,载《复旦教育论坛》2011 年第 6 期。

[57]秦建平、张惠、李晓康:《现代化进程中的城乡教育一体化评价研究》,载《教育发展研究》2015 年第 1 期。

[58]杨明:《教育治理现代化呼唤第三方评价》,载《教育发展研究》2016 年第 3 期。

[59]朱鹏:《私校公助:澳门的视点与问题》,华东师范大学教育学部 2007 年博士学位论文。

[60]刘梦祺:《PPP 社会资本方权益法律保护研究》,西南政法大学法学院 2017 年博士学位论文。

[61]张勇:《PPP 模式中政府行为的法律规制研究》,对外经济贸易大学法学院 2018 年博士学位论文。

[62]肖华杰:《政府和社会资本合作(PPP)法律机制研究》,吉林大学法学院 2020 年硕士学位论文。

[63]刘梦祺:《PPP 社会资本方权益法律保护研究》,西南政法大学法学院 2017 年博士学位论文。

[64]韩晴:《国外基础教育公私合作研究及启示》,南京师范大学教育科学学院 2011 年硕士学位论文。

[65]洪秋霞:《基础教育公办民营模式的认可度研究》,厦门大学行政管理学院 2006 年硕士学位论文。

[66]翟月玲:《高中改制政策研究》,北京师范大学教育学部 2014 年博士学位论文。

[67]刘远莉:《优质高等教育机会均等视角下的城乡高中教育资源分布差异研究——基于广西统计数据分析》,广西大学公共管理学院 2021 年硕士学位论文。

[68]侯小雨:《职业教育生均财政拨款制度优化措施研究》,河北科技师范学院职业教育研究院2019年硕士学位论文。

[69]程果:《面向Y学院的地方高职院校教育经费投入的问题与对策研究》,电子科技大学公共管理学院2017年硕士学位论文。

[70]贾康:《PPP——制度供给创新及其正面效应》,载《光明日报》2015年5月27日,第1版。

[71]田辰山:《"供给侧"理论与实践的来龙去脉》,载《人民日报》2016年3月29日,第7版。

[72]李抒望:《再解读:供给侧结构改革深意何在》,载《中国青年报》2016年2月22日,第1版。

[73]王一鸣、陈昌盛、李承健:《正确理解供给侧结构性改革》,载《人民日报》2016年3月29日,第1版。

[74] Sandra Vergari, *Federalism and Market-based Mandate: Policy; The Supplemental Educational Services*, 2 American Journal of Education 32 (2007).

[75] Jody Freeman, *The Private Role in Public Governance*, New York University Law Review V. 01, p. 75 (2000).

[76] Chart A. P. C., Lam P. T. I., Cheung E., Ke Y. J., *Potential Obstacles to Successful Implementation of Public-Private Partnerships In Beijing and Hong Kong Special Administrative Region*, 1 Journal of Management in Engineering 89 (2010).

[77] Gregory, Robert J., *Social Capital Theory and Administrative Reform: Maintaining Ethical Theory in Public Service*, 1 Public Administration Review 63 (1999).

[78] Hague, M. Shamsul, *The Diminishing Publicness of Public Service under the Current Mode of Government*, 1 Public Administration Review 65 (2001).

[79] Blair, T., *Leading the Way: A New Vision for Local Government*, London: IPPR, 1998, p. 13.

[80] Sclar, Elliott D., *You Don't Always Get What You Pay For: The Economics of Privatization*, lthaca, NY: Cornell University Press, 2000, p. 123.

[81] Gold E., Christman J. B., Herold B., *Bringing the Private into the Public: Changing the Rules of the Game and New Regime Politics in Philadelphia*

Public Education, 2 Education Policy 162(2006).

[82] LaRocque, Norman, *Contracting for the Delivery of Education Services: A Typology and International Examples*, Education Forum, 2006, p. 20.

[83] *The Role and Impact of Public-Private Partnerships in Education and Public Private Partnership in Education-A Report by Education International*, Education International, 2019, p. 45.

[84] Anne O. Krueger, *The Political Economy of the Rent-Seeking Society*, 64(3) The American Economic Review 291 - 303(1974).

[85] Jagdish N. Bhagwati, *Lobbying and welfare*, 14 (3) Journal of Public Economics 355 - 363 (1980).

三、电子文献

Kobe, *Lessons from other countries about private schools aid. Higher public funding for private schools always means more government regulation*, U. S. Center on Education Policy(Jan. 10, 1998), http:/leric. ed. gov/ERICDocs/data/ericdocs2sql/content storage 01/0000019b/80/76/ao/27. pdt.

后　记

2000年,我国法硕专业实行全国联考,限招非法律专业考生,即现在的法律硕士非法学专业。我有幸参加了2001年的招生考试,并被郑州大学法学院顺利录取。由于备考研究生仅仅半年时间,对于法律专业知识还是一头雾水。全日制硕士研究生三年,我疯狂地恶补法学专业知识,不敢有丝毫的懈怠,认真学习法理学、宪法学、民法学、刑法学、国际公法、国际私法、国际经济法、法制史等,我用两年时间,把法学专业知识的短板补齐。当时,我对行政法学特别感兴趣,原因在于我丈夫是一名基层公务员,在他长期的工作过程中,我发现当时我国乡镇干部在工作过程中简单粗暴的现象比较多,比如计划生育超生,公婆或者娘家父母会被关押、房屋会被拆除、家里的牛会被牵走、粮食也可能会被拉走,这些简单粗暴的行为引发了我的思考,这些行为合法吗?是否应该承担相应的法律责任?于是,我开始大量阅读关于行政法学的相关书籍,并最后选取了行政法学作为研究方向,我的硕士毕业论文《进一步完善我国行政责任法律规制研究》荣获优秀硕士论文。

2004年硕士毕业后,我毅然选择了聊城大学法学院(当时是政法学院,2008年法学院独立出来,成为聊城大学法学院)。在多年的教学研究过程中,我发现现行的教育领域存在诸多问题,比如重点学校政策问题、学生成绩排名问题、同一个省份不同地市高考录取分数相差悬殊问题、老师的成绩完全用学生的成绩来衡量问题等。这种教育现象促使我思考相关的教育问题，我开始对教育法学产生了兴趣，于是从2009年开始备考博士，2011年才被北京师范大学教育学部的教育政策与教育法学专业录取为博士研究生。报考北京师范大学教育学部是因为教育法学被设在了教育学门下，据说全世界的教育法学，只有我国的香港特别行政区和台湾地区是设在法学门下。于是乎，我的专业再次交叉，即教育学与法学的交叉。

虽说博士三年是在职学习，但是我几乎没有请过一次假，唯一的一次是母亲去世。那是一个飘雪的夜晚，弟弟打来电话，说母亲已经撒手人寰。我买了凌晨一点的车票往家赶，望着窗外皑皑白雪，泪水止不住地流，北京到聊城900多里的路程，感觉好远好远！当我冒雪赶回家的时候，母亲已躺在灵床上！抚摸着母亲温温的身体，突然质疑，自己上学值不值？抛家舍业，不能照顾孩子和父母！此时此刻，真正感受到了“子欲养而亲不待”的真正含义。父母永远不会站在原地等你，他们老去的速度远远超出你的想象。送走母亲三天后，我急忙返回学校准备博士毕业论文答辩，毕业论文是《改制高中政策研究》，也荣获优秀论文。

博士毕业后，回到聊城大学法学院继续自己的教学与研究，也许是教育学基础有点薄弱，教育法学的研究始终起色不大，直到2019年山东省“十二五”教育规划项目“山东省教育治理体系与治理能力现代化政策研究”和2020年的山东省社科规划项目“PPP法律规制困境及化解路径研究”的结题，才令我豁然开朗。由于两个课题都面临结题，写作过程中，两个课题的内容交叉写作，才使我思路大开。由此，我查阅了大量的公私合作的相关内容和教育治理体系与治理能力现代化政策方面的相关研究，这虽然是两个互不相干的课题，但是我在查阅资料的过程中突然发现，我的博士论文和我现在要研究的教育治理问题，完全是可以与法治相结合的。此时，我有了著书立作的想法，在这两个课题的基础上，选取了我感兴趣并且认为比较重要的一个问题，就是职业教育公私合作法治问题展开研究，并形成了本书的体系结构。

所有的学术成果都是在前人研究的基础上继续进行的，本书的研究也不例外。在本书的写作过程中，我参考了大量的学术著作、期刊论文、博士论文、硕士论文，并向潜心科研的前辈进行请教，在此一并深表感谢！本研究得到了北京师范大学袁桂林教授和刘复兴教授等多位教授的指导,在此表示诚挚的感谢!同时感谢我的同事杨道波、王涛、孙洁丽三位教授在专著出版方面的帮助与指导!

翟月玲

2022年7月13日于山东聊城